《地方治理与公共服务研究文库》

　　本著作属于国家社科基金项目(10BGL061)"西部大开发与贫困地区农村基础设施服务保障机制研究"的结题成果。

公共服务保障机制

——基于贫困地区农村基础设施建设的经验证据

靳永翥　赵龙英　著

中国出版集团
世界图书出版公司
广州·上海·西安·北京

图书在版编目（CIP）数据

公共服务保障机制：基于贫困地区农村基础设施建设的经验证据/靳永翥，赵龙英著. —广州：世界图书出版广东有限公司，2016.5
ISBN 978-7-5192-1419-7

Ⅰ.①公… Ⅱ.①靳…②赵… Ⅲ.①不发达地区—农村—基础设施建设—研究—中国 Ⅳ.①F323

中国版本图书馆 CIP 数据核字 (2016) 第 118067 号

公共服务保障机制——基于贫困地区农村基础设施建设的经验证据

策划编辑	孔令钢
责任编辑	黄　琼
出版发行	世界图书出版广东有限公司
地　　址	广州市新港西路大江冲25号
http://	www.gdst.com.cn
印　　刷	北京振兴源印务有限公司
规　　格	710mm×1000mm　1/16
印　　张	16.5
字　　数	285千
版　　次	2016年5月第1版　2016年5月第1次印刷
ISBN	978-7-5192-1419-7/D・0138
定　　价	50.00元

版权所有，翻版必究

目 录

1 导 论 ·· 1
   1.1 选题背景与研究价值 ·· 1
   1.2 研究文献回顾 ··· 3
   1.3 考察范围与研究对象 ··· 11
   1.4 研究方法与理论假设 ··· 15
   1.5 主要观点与预期成果 ··· 33

2 贫困地区农村基础设施服务保障机制研究的基本理论 ················· 37
   2.1 理论基础 ··· 37
   2.2 相关概念辨析 ··· 52
   2.3 农村基础设施服务保障机制的理论研究框架 ····························· 59

3 西部大开发背景下的农村基础设施服务提供 ································ 65
   3.1 西部大开发缘起、政策设计及其内涵 ······································· 65
   3.2 西部大开发与西部农村基础设施建设 ······································· 75

4 贫困地区农村基础设施服务提供的实践历程 ································ 88
   4.1 贫困地区农村基础设施服务提供的决策保障 ····························· 88
   4.2 贫困地区农村基础设施服务提供的资金保障 ····························· 97
   4.3 贫困地区农村基础设施服务提供的质量保障 ···························· 105
   4.4 贫困地区农村基础设施服务提供的后期维护保障 ···················· 113

5 贫困地区农村基础设施服务保障机制的案例研究 ······················ 121
   5.1 贫困地区农村基础设施服务决策保障机制的案例研究 ············ 121

  5.2 贫困地区农村基础设施服务资金保障机制的案例研究 …………… 142

  5.3 贫困地区农村基础设施服务质量保障机制的案例研究 …………… 154

  5.4 贫困地区农村基础设施后期维护保障机制的案例研究 …………… 170

6 贫困地区农村基础设施服务提供的保障机制创新 ……………………… 187

  6.1 决策保障机制运行中的问题呈现与机制创新 ……………………… 187

  6.2 资金保障机制运行中的问题呈现与机制创新 ……………………… 198

  6.3 质量保障机制运行中的问题呈现与机制创新 ……………………… 209

  6.4 后期维护机制运行中的问题呈现与机制创新 ……………………… 218

7 结论与讨论 ………………………………………………………………… 227

  7.1 背景再现、方法设计与研究过程 …………………………………… 227

  7.2 主要研究结论 ………………………………………………………… 229

  7.3 对可能产生争议问题的进一步阐释 ………………………………… 232

  7.4 研究不足与展望 ……………………………………………………… 234

参考文献 ……………………………………………………………………… 236

附录一 ………………………………………………………………………… 248

附录二 ………………………………………………………………………… 250

附录三 ………………………………………………………………………… 251

附录四 ………………………………………………………………………… 253

附录五 ………………………………………………………………………… 255

后　记 ………………………………………………………………………… 257

1 导　　论

1.1 选题背景与研究价值

1.1.1 选题背景

1.1.1.1 理论背景：起点公平理论和需要层次理论

在西方学者的著述中，公平理论研究包含了制度公平和分配公平；集团公平、分部化公平和代际公平；起点公平、机会公平和结果公平以及相对公平和绝对公平的多重不同内涵的表述。相对于本选题而言，则更多侧重于起点公平的检视。起点公平是人类获得生存发展权的基础性资源条件，因此，其一般通过政府代理或运用公权力对公共资源进行强制性配置的方式加以保障。在当代，基本生存权（条件）已经成为衡量社会公平的最基本尺度。而与市民一样拥有中国国籍的生活于贫困偏远山乡的农民，何尝不应该得到最基本的生存条件保障？按照马斯洛需要层次理论的解释，生存条件（通路、通水、通电等）作为人的最低层次需求，且具有公共物品属性。如果自身缺乏能力去满足，则应由国家负责提供，也是制度正义的基本体现。在社会主义初级阶段，在贫困地区，只有低层次的公共需求得到极大满足，才能具备共同富裕的条件，农民群众也才可能产生对于更高层次幸福即小康社会的追求。

1.1.1.2 政策背景：西部大开发、地方政府职能转型和新农村建设战略实施的需要

中央在 2000 年制定的西部大开发战略旨在用东部沿海的剩余经济发展能力提高西部的社会经济发展水平、巩固国防。2006 年中央通过的"西部大开发十一五规划"中将基础设施建设新突破作为目标之一，在开发理念上注重质量和效益，在开发机制上注重政府引导和市场运作，在政策上注重差别化支持，且此后得到快速发展。

2012年2月通过的"西部大开发十二五规划"中更是将交通和水利作为西部基础设施改善的两个关键环节。同时，2006年3月全国人民代表大会（后简称"人大"）通过的"国家十一五规划"明确了两个重要任务：一是要深化行政体制改革，建设服务型政府；二是建设社会主义新农村。在贫困农村，二者紧密相关。由此，加大农村基本公共服务提供力度、创新服务机制就成为强烈的公共诉求。当代的公共管理者需要逐步养成积极应对问题的态度，勇于接受环境挑战并抓住机遇为百姓排忧解难；而公共需求急增和公共服务短缺则是当代地方政府面临的一对矛盾和普遍性社会问题。

1.1.1.3 现实背景：基础设施发展的城乡二元矛盾和（贫困）农村基本公共服务供给的窘境

有学者曾引用一组数据对农村基本公共服务需求进行说明：1996年全国有83%的村不通自来水，13%的村不通公路，93%的村接收的电视信号相当微弱，53%的村不通电话，72%的水库水渠不能正常灌溉。[1]而这些问题主要集中于贫困农村地区。致富难、上学难、看病难和出行难反映出贫困农村地区基本公共服务严重短缺的真实状况，而其中基础设施建设和管理存在的问题则更为突出。

1.1.2 研究价值

1.1.2.1 理论价值

一是依据相关约束变量，设计一个我国贫困地区农村基础设施建设和管理的制度性分析框架，尝试理论突破；二是运用前述一般的理论分析模型，结合定点考察的可参考数据资料，对贫困地区农村基础设施服务保障机制运行中存在的问题进行深层次剖析，并提出创新服务保障机制的解决之道。

1.1.2.2 实践价值

通过本研究，使社会尤其是决策层认识到贫困地区农村基础设施供给的严峻形势，共同携手为解决城乡和中西部差距、扶贫以及建设和谐新农村而出谋划策，以利于国家做出更恰当科学的制度安排，充分体现社会主义制度的优越性和制度正义，

---

[1] 余世喜等.中国农村公共服务存在的问题及其原因分析[J].南方农村，2006（3）.其中数据来源于1997年第一次全国农业普查报告，时间范围为：1996年1月1日至12月31日。

建设贫困地区的和谐新乡村，实现城乡一体化战略。

1.2 研究文献回顾

1.2.1 国外研究文献回顾

国外关于基础设施的研究是从罗森斯坦·罗丹对基础设施即"社会先行资本"概念的提出正式开始的，继其之后，越来越多的学者对这一领域进行系统深入的研究，其中主要的研究内容可概括为：对基础设施概念及外延、基础设施的制度供给、投融资制度及效果评价等方面的研究。

1.2.1.1 概念及外延

1940 年代经济平衡增长理论家罗森斯坦·罗丹 (1943)[1] 在其论文《东欧和东南欧国家的工业化问题》中首次提出"社会先行资本"(Social overhead capital) 概念，将基础设施定义为社会先行资本，强调在一般产业投资之前，一个社会应具备的在基础设施方面的积累。他认为其包括诸如电力、运输、通讯之类的基础产业，它构成社会经济的基础设施结构，不仅能带来规模经济效益降低企业成本，还能使整个社会的获利能力有所提高。罗森斯坦·罗丹所分析的更多是指企业生产环境下的基础设施。其后沃尔特·罗斯托 (1988)[2] 在其《经济成长阶段》一书中指出基础设施的先行建设是一国经济起飞的一个必要但不充分条件，从最广泛的意义上说，必须有最低限度的先行社会基础资本建设，同时还应大力发展基础设施。具体而言包括：随着经济发展的推进，基础设施的投入量应不断增加；政府的基础设施投资建设部门对经济发展负有至关重要的责任；其他部门的发展应建立在基础设施的基础上。斯蒂格勒茨也对基础设施的概念进行了阐述，认为基础设施是"社会管理资本"。[3] 此后，世界银行 (1994)[4] 从网络特性上把基础设施划分为经济基础设施和社会基础设施，其中，经济基础设施包括公共设施 (电力、电讯、自来水等)、公共工程 (道路、

---

[1] 罗森斯坦·罗丹 (Paul Rosenstein-Rodan). 大推进理论笔记 [M]. 美国圣马丁出版社，1966：56-57.
[2] 罗斯托. 从起飞进入持续增长的经济学 [M]. 成都：四川人民出版社，1988.
[3] 斯蒂格利茨 (George Joseph Stigler). 经济学 (第二版)[M]. 北京：中国人民大学出版社，2000：932.
[4] 世界银行 .1994 世界发展报告 [R]. 北京：中国财政经济出版社，1994.

大坝、运河设施)、其他设施(市间铁路、市区交通、港口及飞机场等);社会基础设施包括文教、科研和医疗保健等内容。其从理论上对基础设施的内容进行了一个比较明确的、系统的归纳。

1.2.1.2 基础设施供给制度

早期,国外对农村基础设施供给制度的研究大多是在公共物品供给的框架中进行和展开的。根据公共经济学理论,公共物品不同于私人物品,其具有效用的不可分割性、消费的非竞争性和非排斥性的特征,正是因为此类属性,"外部性"问题随之产生,市场提供就不可避免地会出现"搭便车"的情况。因此,对于那些投资规模大、回报周期长的农村基础设施只能由政府来对融资的责任进行承担。但是越来越多的研究强调,农村基础设施并不都是纯公共物品,很多基础设施具有不同程度的排他性和竞争性,属于准公共物品,因此,供给主体并不只局限于政府。埃莉诺·奥斯特罗姆(2000)[1]在其《公共事物的治理之道》一书中,在政府和市场之外创新地提出了治理公共事物的第三条道路,即自主组织治理。另外,埃莉诺·奥斯特罗姆和其他学者还研究发现,必须按照农村基础设施的不同规模来设计相应的供给制度,政府、市场和农民在不同规模的农村基础设施供给中扮演的角色存在很大的差异;同时,她还建议建立多中心供给制度。E·S·萨瓦斯(2002)[2]的研究表明,没有任何理由可以证明公共服务必须由政府机构来提供,而摆脱政府公共服务低效率和资金不足困境的最好出路是打破政府的垄断地位,积极实行公共服务的民营化,建立起公私机构之间的竞争。世界银行(2004)[3]通过对农村电力和通信设施的研究,认为相对于一般的公共物品,这两种农村基础设施具有较强的商品性,因此更加适宜采取"私人生产合约"的供给模式。公共经济学认为,由于信息不对称、社会需求的偏好加重困难等一系列问题,单一的由政府提供的公共物品和服务,例如基础设施等的提供效率并不高,因此大多数的公共产品的供给应该采取公私合作形式。

1.2.1.3 关于基础设施投融资方面的研究

其主要关注基础设施的投资主体、筹资渠道、筹资模式等内容。经济学家亚当斯

---

[1] 奥斯特罗姆. 公共事物的治理之道 [M]. 上海:上海三联书店,2000.

[2] E·S·萨瓦斯. 民营化与公私部门的伙伴关系 [M]. 中国人民大学出版社,2002:6.

[3] WELLENIUS B, FOSTER V, MALMBERG-CALVO C. Private Provision of Rural Infrastructure Services : Competing for Subsidies[R/OL]. 2004.

密(1979)[1]把基础设施建设看作是国家的一项职能,认为农村基础设施投资研究发展中国家有义务修建公路、桥梁和运河,以及建立保护通商贸易的守备队和防御工事等。19世纪后,经济学家萨伊(1803)[2]在其研究中认为,公共教育费用有助于财富的增长。另外,他还在其著名的消费理论中,把非生产性消费划分为两个部分:一是个人消费,二是政府消费,提出政府消费应用投放于交通运输设施(桥梁、运河、铁路等),他反对无效的公共建筑,例如凯旋门、宫殿等。著名经济学家约翰·梅纳德·凯恩斯则认为,政府投资基础设施不仅是出于政治上的需要,同时还是促进经济发展的重要手段。

1.2.1.4 基础设施的效果评价

20世纪70年代末,新公共管理运动的兴起,同样改变着政府对包括基础设施在内的公共产品供给与生产的方式,强调引进企业部门的竞争机制是提高公共服务管理绩效的重要手段之一[3]。在实证研究方面,Aschauer(1989)[4]使用生产函数的方法,对美国的基础设施与经济增长的关系做了研究,结果表明美国的基础设施对经济增长的贡献相当大。1994年世界银行的年度发展报告也首次将基础设施作为主题进行系统研究的报告,指出基础设施存量增长1%,国内生产总值(GDP)就会增长1%。也就是说每增加一单位的基础设施的投入就会获得人均一单位GDP增长。埃莉诺·奥斯特罗姆、拉里·施罗德等(2000)[5]认为,农村基础设施绩效评估的标准包括两方面的内容:一是总体绩效标准,二是间接绩效标准。总体绩效标准主要指经济效率,通过财政平衡实现公平、再分配公平、责任和适应性等方面的内容;而间接绩效标准则主要包括生产成本和交易成本两个方面。他们还指出,间接绩效标准对于基础设施的绩效评估是非常有用的。

1.2.2 国内研究文献回顾

在公共服务提供机制研究方面,国内最有代表性的是陈振明教授及其课题组的

---

[1] 亚当·斯密.国民财富的性质和原因的研究[M].北京:商务印书馆,1979:284-285.
[2] 萨伊(1803),王福生译.政治经济学概论[M].北京:商务印书馆,1997.
[3] 张钢.公共管理学引论[M].杭州:浙江大学出版社,2003:276-277.
[4] Aschauer, D. A. Is Public Expenditure Productive[J].Journal of Monetary Economics.1989, 23: 177-200.
[5] 埃莉诺·奥斯特罗姆,拉里·施罗德,苏珊·温.制度激励与可持续发展——基础设施政策透视[M].上海三联出版社,2000:127-144.

系列研究成果，靳永翥教授在其著作《公共服务提供机制：以欠发达农村地区为研究对象》（社科文献出版社，2009）中理论分析的基础上，进行了大量的有特色的实证研究或个案研究。具体到农村基础设施服务保障机制，目前的研究进展主要包括：农村基础设施建设的决策、投融资、生产与监督、绩效评估与维护等相关机制的研究。

1.2.2.1 定义及属性分析

我国大多学者对农村基础设施的定义与世界银行所给的定义是很相似的，一般认为，农村基础设施是指那些为农民的生产和生活服务的使用期限较长的设施。于水等(2010)[1]指出，农村基础设施涵盖农村经济、社会、文化发展及农民生活提供公共服务的各种要素的综合，也就是说农村基础设施不仅包括与农业有关的生产性基础设施，也包括与农民有关的服务性设施。并认为大致可以分为三类：一是生产服务设施，如水利设施、农业科研和技术推广服务机构等；二是生活服务设施，如医疗、文化设施等；三是生产生活服务设施，如教育、道路和通信设施等。于水等还认为农村基础设施具有广泛的外部效应，大部分属于公共产品与准公共产品范围。林万龙(2007)[2]也对农村基础设施的物品属性进行了界定，他指出，农村中的许多公共物品所提供的服务在效用上可以清楚界定和计量，收益可以实现排他或部分排他，具有准公共物品甚至私人物品特征。王昉、江建平(2011)[3]认为，农村基础设施属于准公共物品，具有非排他性（具有明显的外部效益，无法将任何一个社会成员排除在这些设施所带来的好处之外的特性）、竞争性（如公路、供水、通信等）、边际成本趋于零（即在一定的范围内，增加对基础设施提供的产品或服务的消费，不会带来额外的成本）、不可分割性以及基础性等特性。

1.2.2.2 关于农村基础设施建设的决策机制

叶兴庆(1997)[4]认为，首先要建立公共物品的需求表达机制，使乡村范围内多数人的需求意愿得以体现。他认为，可以采取投票方法，由全体农民或农民代表对本社区内的公益事业建设进行投票表决。其次，改革社区领导人的产生办法。乡村两

---

[1] 于水, 蒋辉, 尹倩. 我国农村基础设施建设保障机制研究[J]. 湖北农业科学, 2010（1）.

[2] 林万龙. 农村公共物品的私人供给：影响因素及政策选择[M]. 中国发展出版社, 2007：19.

[3] 王昉, 江建平. 创新投资机制与农村基础设施建设：以长三角区域为视角[M]. 上海财经大学出版社, 2011：54–55.

[4] 叶兴庆. 论农村公共产品供给体制的改革[J]. 经济研究, 1997（6）.

级领导人应真正由社区内居民民主选举产生。通过选举约束，使他们真正对本地选民负责，把增进本地选民的利益放在首位。王广起等(2006)[1]认为，在完善农村基础设施的供给决策上，首先要努力校正基层领导人"个人偏好"，然后要进一步完善"自上而下"的供给决策程序，建立行之有效的监督约束和评价机制，防止政府官员的"设租"、"创租"和"寻租"行为。同时，在有条件的地区，可进行"自下而上"供给决策程序完善的试点。薄磊等(2010)[2]认为，在农村基础设施决策上，要完善农民的需求偏好表达机制。他们指出，要使村民个人的需求成为现实的需要，必须进一步推进村务公开，引导村民积极参与村级决策，在法律上要明确规定村级大会中出席人数要达到全体村民的一定比例(如90%以上)，其决策才算有效，并应以"超过三分之二的多数票"原则作为表决规则。同时，进一步改革完善"一事一议"制度。按照中央政策的设计，"一事一议"制度担负的任务就是：表达农民需求和对公共物品提供进行决策。

1.2.2.3 关于农村基础设施投融资机制的研究

彭代彦(2002)[3]指出，乡镇道路、农村医疗卫生设施在降低农业生产支出、提高农民收入方面有显著作用，建议增加在这方面的投资。徐克勤(2005)[4]认为，政府可以通过发行农村基础设施建设彩票，扩大农村基础设建设资金，并认为发行彩票可被誉为"第二财政"，这是一种募集资金的很好的办法。他还指出，对于那些投资量大、周期长、利润率较高且收益稳定的农村基础设施，如农村电网改造、供水及通讯等，可以采取发行项目债券的形式进行融资。他还提倡PPP(Public Private Partnerships)融资方式，即公共部门和私人企业合作模式，这种模式是指政府、盈利性企业和非盈利性企业基于某个项目而形成的相互合作关系的形式。郭鹰(2008)[5]认为，发展农村基础设施，资本问题是关键，仅靠政府主体是难以达到农村基础设施长期稳定发展目标的。他指出，要解决这一问题，根本途径是在扩大农村基础设施领域投资的同时，加快农村基础设施领域的市场化改革，大力引进民间资本进入农村基础设施领域，促进农村基础设施领域的长期稳定发展。他还强调，民间资本投资农村基础设施领

---

[1] 王广起，张德升.我国农村基础设施供给机制的完善与创新[J].经济纵横，2006（5）.
[2] 薄磊，张晓静，解少勇.农村基础设施建设中农民合作问题的思考[J].商品与质量，2010（7）.
[3] 彭代彦.农村基础设施投资与农业解困[J].经济学家，2002（5）.
[4] 徐克勤.我国农村基础设施融资方式创新初探[J].农村财政与财务，2005（3）.
[5] 郭鹰.民间资本投资农村基础设施的必要性与可行性[J].武汉商业服务学院学报，2008（4）.

域不仅具有必要性，而且也具有现实性。刘放(2008)[1]指出，在农村基础设施的投融资创新方面：一要创新农村基础设施政府投资体制，明确各级政府投资责任，加大国家财政对农村基础设施建设的转移支付；二要引进竞争机制，实现政府主导下的农村基础设施投融资主体多元；三要创新农村金融体制，完善农村基础设施的金融支持体系等。他还强调，要使这些投融资的创新模式得以实现，就必须完善政府在农村基础设施投融资中的职能定位，创造有利于农村基础设施投融资模式创新的政策环境；还要加强农村投融资领域的法律建设，为这些新的投融资模式提供必要的法律保障。李秀梅、席加(2009)[2]鼓励推行BOT(Build-Operate-Transfer)(建设—经营—转让)的融资方式。其代表着一个完整的项目融资概念，它是以政府与私人签订特许协议，由本国或外国公司作为投资者和经营者融资、开发建议，在有限的时间内经营并取得合理回报，按照协议规定，到期交还给政府的一种融资方式。其实质是国家让渡基础设施的建设经营权而最终获得项目所有权的一种融资方式。靳永翥在农村基础设施的实证研究中描述了"关系资本"的内涵及特征，并对实践功能进行了案例分析。[3]

1.2.2.4 关于农村基础设施生产（供给）与监督机制的研究

近十年来，国内学者对农村基础设施供给问题进行了大量的应用性研究，其中主要集中在多元化供给制度和混合型供给制度等方面。黄志冲(2000)[4]率先提出了创新农村公共产品供给机制的主张。他认为，应该在明晰农民投资生产的公共产品的产权关系的基础之上，鼓励农民积极进入农村公共产品的生产领域。在这个前提下，可以通过"公办民助"、"民办公助"等方式让农民参与，打破政府对农村公共物品单一供给的格局。熊巍(2002)[5]指出，我国农村公共产品供给模式表现为政府和私人混合供给，制度内与制度外供给相结合，但总体上表现为供给普遍不足。认为在进行农村公共产品供给决策时，只能选择一种符合我国农民文化特征的公共产品供给模式，即在我国现有条件的约束下，兼顾效率与公平的公共产品次优供给模式：一要借助公共产品最优供给模型建立民主需求表达机制，供应部分地方性公共产品；

---

[1] 刘放.我国农村基础设施建设投融资模式创新研究 [J].中国农业银行武汉培训学院学报，2008（4）.

[2] 李秀梅，席加.农村基础设施建设融资方式思考 [J].经济论坛，2009（21）.

[3] 靳永翥.关系资本：贫困乡村公共服务提供机制研究的新视阈 [J].东南学术，2009（5）.

[4] 黄志冲.农村公共产品供给机制创新 [J].现代经济探讨，2000（10）.

[5] 熊巍.我国农村公共产品供给分析与模式选择 [J].中国农村经济，2002（7）.

二要由中央政府供给全国性公共产品,并按照公平性原则对地方性公共产品给予资助。在这些基础上,他还就农村公共产品供给的改革提出了一些配套措施。徐孝民、程晓晓(2007)[1]指出,近几年来,随着国家财力的不断增强,政府向公众提供公共服务的数量不断增加。但是政府要提高公共服务的质量,就应实现政府职能的转变以及不断地创新公共服务提供机制,这些创新机制主要包括:扩大政府决策的公众参与程度;创建公共产品供给的竞争机制;建立普遍服务的机制;还有就是要建立支出绩效评估体系等。龙兴海、曾伏秋等(2009)[2]指出,我国农村公共服务供给方式的演变可分为三个阶段:人民公社时期、实行家庭土地联产承包责任制后至农村税费改革前及税费改革后。其中第一阶段,农村公共物品和服务的供给相当大程度上是通过集体强制动员和行政拨款的制度安排来实现的,但是由于资金的缺乏、供给方式的单一,极大地制约了人民公社时期农村公共服务的供给数量和质量。在第二个阶段,虽然已经出现了乡镇企业为社区公共服务的供给出资的情况,但是此时地方政府仍是农村公共物品和服务供给的主体。在第三阶段,农村的公共服务供给方式由原来的单一化逐步向多元化转变,如出现了私人通过收费方式为村民提供公共服务、"俱乐部"供给方式以及"自建公助"、"公办民建"等方式,并认为这对建设和完善我国农村公共服务供给体系是非常有益的。莫连光、谢征(2011)[3]在对湖南农村基础设施供给的研究中指出,可以通过"公私部门伙伴关系"模式引进社会资金来对农村的基础设施进行建设,即公共部门通过与私营部门建立伙伴关系提供公共产品或服务的一种合作模式。另外,他还建议推行"一事一议"的筹资筹劳模式,指出对农内农田水利建设、修建村级道路与桥梁等集体生产和公益事业是遵循群众受益、民主决策、财务公开的原则,由村民大会民主讨论决定,由村民委员会负责管理使用的农村公共产品的供给管理模式。

1.2.2.5 关于农村基础设施绩效评估机制的研究

林毅夫(2000)[4]指出,基础设施不足是限制广大农村地区的居民实现其消费意愿的主要原因,以积极的财政政策来加快农村基础设施建设是启动国内需求、消除过剩生产能力最有效的措施,也是当前实现农村劳动力就业和农村产业结构调整、增

---

[1] 徐孝民,程晓晓.创新公共服务提供机制[N].经济日报,2007.
[2] 龙兴海,曾伏秋等.农村公共服务研究[M].湖南人民出版社,2009:42-47.
[3] 莫连光,谢征.湖南农村基础设施供给的社会路径[J].湖南城市学院学报,2011(1).
[4] 林毅夫.加强农村基础设施建设启动农村市场农业[J].经济问题,2000(7).

加农民收入、解决"三农"问题的首要政策。杨军(2003)[1]认为，尽管基础设施投资结构各有其特点，但它的变动也有内在的规律；并认为基础设施投资结构要与社会需求相一致，各国的投资结构变动要与经济增长相适应。基础设施的总支出与总产出之间存在弹性系数；基础设施的投资存量对总产出和部门产出作用明显，不过，基础设施的投资不会立即增加总产出，基础设施投资结构对经济增长的作用也十分明显。鞠晴江、庞敏(2005)[2]运用生产函数模型对农村基础设施进行实证分析后指出，农村道路、电力、通讯和教育基础设施建设水平对我国农业生产、非农生产以及农民的人均收入具有统计上的显著影响，并且对农业或非农生产生活都存在着规模经济效益。蒋时节、申立银等(2010)[3]建立了一套农村基础设施的投资效益评价指标体系，他们指出，首先要遴选出一套评价农村基础设施投资效益的关键指标，该评价指标包括就业效果、提供配套设施能力、空气污染指数、地表水污染程度、水土流失影响指数及固体废弃物污染程度等；其次，探索运用蒙特卡罗模拟（即通过对相关随机变量或过程的抽样来求解数学、物理、工程技术或生产管理等问题近似解的熟知方法）对调查问卷进行处理，克服问卷调查样本不够的缺陷。

1.2.2.6 关于农村基础设施维护机制的研究相对较少

郭瑞萍(2009)[4]认为目前我国农村基础设施养护机制很不健全，这已经严重影响了农村基础设施作用的发挥。她认为农村基础设施养护机制不健全的主要原因在于农村基础设施养护上市场失灵和政府失灵，只有克服这种双重失灵，才能建立符合新农村建设需求的农村基础设施养护机制。她提出了以下几点建议：一是要按照农村基础设施的属性，明确农村基础设施养护责任主体；二是建立稳定的农村基础设施养护资金筹措制度；三是采取多养护的农村基础设施养护方式，提高政府养护的效率；四是加强对农村基础设施养护的管理等。

1.2.2.7 现有研究的缺憾

一是在纯理论研究上，目前尚没有专门从事贫困地区农村基础设施服务保障机制研究的代表性范式或理论模型建构，研究面较为分散；二是在实证研究方面，在

---

[1] 杨军.基础设施投资结构变动决定机制研究[J].湖北经济学院学报，2003（5）.

[2] 鞠晴江，庞敏.基础设施对农村经济发展的作用机制分析[J].经济体制改革，2005（4）.

[3] 蒋时节，申立银，彭毅，杨建伟.农村基础设施投资效果评价的关键指标遴选[J].农业工程学报，2010（9）.

[4] 郭瑞萍.农村基础设施养护机制研究[J].西北大学学报，2009（4）.

中国贫困农村地区，尚缺乏系统性有说服力的研究成果。这也成为本研究的着力点和主要的预期研究目标。

1.3 考察范围与研究对象

1.3.1 考察范围

根据学术需要，下面首先将对考察范围做出界定，然后对研究对象做出说明。

"贫困"是一个相对模糊的概念，也是对一种社会生活状况的概念化描述，其最直观的现实表现就是基本物质需求难以得到满足或者基本生活条件难以为继。随着时空转换和具体环境条件的变化，人们的认识也在逐渐发生变化。学者最早是从经济学视角研究贫困，譬如西勃海姆认为："如果一个家庭的总收入不足以取得维持仅是物质生活所必备的需要，那么，该家庭就是处于贫困状态。"(Zeb Heim, 1898) 此类表述的共同点就是将贫困的内涵限定于较为狭窄的收入概念。之后，对贫困的考察加入了生产方面的因素考量，即除了生活艰难、劳动力难以维持以外，人们更缺乏扩大再生产的物质条件或者简单的再生产亦难以维持。基于此，有学者将前者称为"绝对贫困"，后者称为"相对贫困"（Rowntree，1941）。《1990年世界发展报告》（世界银行，1990）中提出了传统的和广义的"贫困"概念，前者是指某些人或家庭物质匮乏、低水平的教育和健康，后者则是指福利的被剥夺状态，并由此提出两套贫困标准。消费被认为是反映福利状况的首选指标，以（1985年PPP价格）人均日消费支出1美元作为低贫困线，人均日消费2美元作为高贫困线。1998年诺贝尔经济学奖得主阿马蒂亚·森对贫困做出新的定义，贫困不仅仅是收入低下，也是指人类基本能力和权利的（被）剥夺（Sen，1999）。

中国在理论和实践中最初使用此概念主要指物质生活方面，其内涵指称"绝对贫困"。如《中国农村贫困标准研究报告》（国家统计局，1989）定义为"个人或家庭依靠劳动所得和其他合法收入不能维持其基本的生存需求"；再如有学者提出，贫困是指在一定环境条件下，人们长期无法获得足够的劳动收入来维持一种生理上要求的、社会文化可接受的和社会公认的基本生活水准的状态（赵冬媛，1994）。[1]

---

[1] 赵冬媛等.中国测贫指标体系及其量化研究[J].中国农村经济，1994（3）.

学者们对贫困发生的根源进行了理论阐释方面的总结归纳，包括要素稀缺论、地理环境决定论、社会分配论、人口贫困论、市场力量论和人力资本缺乏论等。[1]

其一，要素稀缺论，包括资本稀缺论和自然资源贫乏论。前者认为资本形成是经济发展的约束条件和决定性因素，提出人均收入低、"贫困恶性循环"（纳克斯，1950）、"低水平均衡陷阱"（纳尔逊，1956）是发展中国家贫困的原因。后者认为，自然资源的贫瘠匮乏使得一些地区发展滞后，包括石油、煤炭、气候、土地等。

其二，环境决定论。以孟德斯鸠为代表的地理环境决定论，以唯物主义的物质环境至上论取代传统唯心主义的宗教神权至上论，认为地理环境和气候条件决定个人和民族的性格特征，乃至对政治、军事、经济、文化、艺术、宗教等产生直接影响。

其三，社会分配论，包括劳动力市场解释论、社会分工解释论、权力分配解释论和历史因素解释论等。劳动力市场论认为市场关系决定人的收入与经济地位，使也就是贫困。社会分工论认为社会分工导致收入不平等，所以贫困是必需的和必然的。权力分配解释论认为权力的错误分配是造成不平等和贫困的根源，贫困是因为失去权力，权力集中与决策权集中意味着平等的消失。历史因素论认为发展中国家物质落后或者经济落后是世界殖民主义的产物，西方殖民者通过赤裸裸的手段对亚非拉国家的资源矿产及人力资源进行的疯狂剥夺和统治，最终把贫困积累在殖民地国家。

其四，人口贫困论，包括人口数量挤压论和人口素质挤压论。前者以马尔萨斯为代表的学者认为第三世界人口规模、密度增长过快，造成欠发达国家与发达国家的重要差别。托达罗认为，如果当代国家人口像发展中国家那样增长的话，其工业革命和长期的高增长率是不可能存在的。[2] 此后有三种观点：世界人口增长过快，对生活资料需求过旺，造成贫困；贫困造成人口素质低下和社会负担加重；贫困与民族性有关，贫困经常发生于各国或地区的少数民族或者部落中间。人口素质挤压论认为人的素质分为个人素质论和群体素质论。个人素质论认为个人素质决定个人智商高底，因而决定就业、收入和社会地位，譬如懒汉、残疾人和文盲就会继续贫穷，所以，社会只存在个人贫困或者贫困家庭。群体素质论认为，低收入存在于一个地区或者阶层之中，贫困是一个群体现象，贫困群体与外隔绝，不问政治，并形成一种封闭的价值观且世代相传，导致贫困不断延续，贫困文化就是让穷人接受和适应贫困而非改造贫困的手段。

---

[1] 李秉龙，张立承等．贫困、公共财政与公共物品 [M]．中国农业出版社，2004：6-22．
[2] M·P·托达罗．第三世界的经济发展 [M]．中国人民大学出版社，1988：175．

其五，市场力量论。以古典和新古典经济学家为代表的市场力量论认为，区域差异是由于均衡机制失灵和市场不完善，妨碍了生产要素的自由流动，随着市场一体化，区域差异将会消失，但市场经济在提高效率的同时，也会带来贫富差距拉大，因为生产要素的自由流动剥夺了贫困地区的发展潜力（瓦尔菲斯，1950）。缪尔（《经济理论与不发达地区》1957）的"循环累计因果原理"、弗里德曼的"中心—外围"模型和佩鲁等（1955）提出的"增长级理论"，都从不同侧面对贫困进行了学理解释。

其六，人力资本缺乏论。以舒尔茨为代表的人力资本学派认为，造成贫困的根本原因在于人力资本的缺乏，改进穷人的福利之关键因素不是空间、能源和耕地，而是提高人口质量和知识水平，因为有了人力资本，空间、能源和耕地的增值问题都能通过人类的知识发展来解决。[1] 历史已证明，社会可以通过知识进步来增加资源，人力资本有助于提高劳动生产率。

综上，概言之，贫困地区可以从绝对的角度去理解，也可以从相对的角度去理解。从贫困发生的根源看，本研究所界定的贫困地区更倾向于地理环境决定论，当然，也兼顾市场决定论和人口贫困论的基本观点。贫困农村地区只是基于城乡二元结构条件下对于欠发达地区的地域性分类，或者说它是相对于经济状况相对较好的较为富裕的城镇地区而言的。

综合前述解释，在此将考察范围界定为：本书所研究的贫困农村地区，主要是指我国经济发展水平相对较低，地域相对偏远，交通相对不便，信息相对封闭，市场发育相对滞缓，人口综合素质相对较低以及政府公共服务水平相对滞后的，地处中西部的老、少、边、穷的广大农村地区，因此，在本研究中，可能同时使用"西部地区"和"贫困农村地区"两个不做区分的概念，因为对于贫困而言，西部更有典型代表性。这种界定有如下用意：

其一，从范围界定看。我国贫困农村是作为与富裕城镇相对应的概念，故经济发展水平相对较高、公共服务提供水平相对较好的贫困地区的县级以上城市（不含县级）被排除在本书研究范围以外，同时排除了在东部欠发达农村地区采样的计划。其主要基于如下三点考虑：一是基于本人生活与了解的环境，可以做更深入的观察、问卷与访谈；二是保证贫穷农村地区抽样的代表性；三是东部地区有强大的公共财政资源作后盾，解决少部分地区的贫穷现象问题不大。

---

[1] 西奥多·W·舒尔茨. 论人力资本投资[M]. 北京经济学院出版社，1992：28—29.

其二，从研究内容看。基于宏观的政策因素和制度性因素，本研究从农村基础设施服务保障机制要素模型建构出发，考察分析贫困地区政府在该方面的公共服务提供水平，以及各要素环节政府的行为绩效或项目绩效。

其三，从样本选择看。本研究所选样本，主要以官方公布的经济指标为基准，在选点上兼顾中西部贫困地区的城镇郊区农村、一般农村和偏远山区三个层次。

1.3.2 研究对象

本书将研究对象分为考察层次和研究领域，并做出如下限定：

1.3.2.1 考察层次

设定为县（乡镇）以下（含县）至村庄四个层级：县级层次主要考察全县县情和由县级及上级与县级联合提供的农村基础设施的融资机制、项目生产与质量保障机制等；乡镇层次主要考察由上级出资（因现在的乡镇的公共项目资金一般由上级单位规划、审核与拨付）、乡镇组织实施的一类基础设施建设的服务保障机制，特别是实施体现的政策绩效；行政村层级考察社区集中型农村基础设施的民间协作生产（如村级公路、水库等），村委在基础设施服务提供各环节所扮演的角色及作用，当然，这些项目的最终产出离不开政府的资金扶持；自然性村庄则主要考察村庄基础设施自主生产供给的保障机制，以及"关系资本"的作用。

1.3.2.2 研究领域

由于农村基础设施涉及面广，笔者根据试调查中关于村民需求偏好的问卷统计排序和当前国家的政策倾斜程度，分自然性基础设施（如乡村公路、农田水利设施等）和社会性基础设施（如乡村图书馆）（奥斯特罗姆1998）两大块作为考察研究领域，前者为重点。依据后述的农村基础设施的服务保障机制要素模型，从决策保障、资金保障、生产质量保障以及后期维护保障几方面进行实地调研和个案研究。

基于上述考虑，研究者依靠自身资源，选定我国中西部相邻的鄂西、贵州和湘西（山西一个贫困县是特定抽样对象）的7县9乡（镇）作为考察对象。我们可以通过表1-3-1的资料信息粗略了解这些被考察的地区。

表 1-3-1　调研选定的 7 县 12 乡（镇）的基本情况

考察对象	人口	民族构成	农民人均纯收入	考察乡镇举要	考察行政村举要
湖北省巴东县[1]	49.27	汉族、土家族	3244	野三关镇	下支坪、茶园岭
山西省阳高县[2]	28.73	汉族	3 416.48	下深井乡	贾庄、下堡
湖北省长阳县[3]	40.64	土家、苗、汉族	4 819	渔峡口镇	龙池
湖南省花垣县	30.8[4]	苗族、汉族	3 290[5]	团结镇	尖山
贵州省长顺县	25.26	汉、布依、苗族	5 115[6]	凯佐乡	凯佐、大补羊
贵阳市花溪区[7]	36.72	苗、侗、汉、布衣	8 665	燕楼、高楼坪	燕楼
贵州省黔西县[8]	90.37	苗族、布依、汉族	4 986	新仁、红木	东风、鱼塘

注：耕地面积一般包括旱地和水田，单位（亩），人口单位（万人），人均收入单位（元）。

1.4　研究方法与理论假设

1.4.1　研究方法与技术路线

1.4.1.1　研究方法
由于本书以实证研究为主，所以包括前期实地考察、资料收集，后期资料整理

---

[1]《巴东县 2010 年国民经济和社会发展统计公报》。
[2]《阳高县 2010 年国民经济和社会发展统计公报》。
[3]《2012 年长阳县国民经济和社会发展统计公报》。
[4] 花垣县人民政府网，"花垣简介"，2010 年。
[5]《2010 年花垣县国民经济和社会发展统计公报》。
[6]《长顺县 2013 年政府工作报告》。
[7]《2012 年花溪区国民经济和社会发展统计公报（二号）》。
[8]《2012 年黔西县国民经济和社会发展统计公报》。

与论文撰写等几个阶段,故在此就研究方法和技术路线做出说明,包括实地调查、理论分析和实证研究三种方法;技术路线即由研究方法形成的研究逻辑。

1.4.1.1.1 实地调查

采用抽样问卷、深度访谈和参与观察三种方法。

其一,抽样问卷。在上述所选的 12 个样本乡镇中,每乡镇随机抽取 30—40 户进行抽样问卷,在抽样乡镇全部发放。共发放问卷 500 份,回收有效问卷 437 份。按照农村基础设施服务保障机制的要素模型,分别设计 4 份问卷,在需要调研时发放。各发放问卷从 100 份到 200 份不等,回收有效问卷从 84 份到 168 份不等,因为包括村民配合程度、地理条件、当地科技条件限制和个别村委暗中操控等原因,使得少数问卷采信度较低,但有效问卷的数量和质量比例还是很高的。这是本研究的重点调查方法。

其二,深度访谈。根据考察领域,分别进行了三种类型的访谈:一是选取县、乡(镇)政府主管领导或者相关部门负责人 10 人进行访谈,收集官方信息;二是选取村委主要领导 20 人作为访谈对象;三是选取民间精英人士 30 人进行访谈,了解民众真实想法。

其三,观察。通过村委或民间人士介绍,对本研究具有特别选材意义的农村社区或者基础设施建设活动进行追踪观察,或者就某一基础设施的生产类别进行针对性的事件观察。在上述 4 省共侧重追踪观察了 11 个行政村的农村基础设施建设情况。

1.4.1.1.2 理论分析

其一,在研究进展部分,采用了文献分析和主题分析方法,对中外文献研究进展按照不同的研究主题,分别进行梳理,并进行对比和简评。其二,在核心词汇和相关概念内涵界定上,运用了比较分析方法,厘清概念内涵。其三,在理论建构部分,运用了系统分析和逻辑分析方法,有机整合和借鉴国内外相关研究成果,并提出基本的理论分析框架;其四,在论文撰写和观点论证中,主要运用政策分析和公共管理学的方法,辅以经济学、政治学、社会学以及管理学的基本理论或原理。

1.4.1.1.3 实证研究

其一,统计分析。统计分析就是借鉴运用数理统计方法,对在实地考察中收集到的大量资料进行归类整理、加工、数据分析和结果评价,从中揭示某些必然规律,发现新问题并查找原因,以将其作为下一步贫困农村地区基础设施服务提供体制改革和保障机制创新的重要依据。资料收集主要指前述的抽样问卷和官方资料收集。

根据考察对象要求设计了多份问卷；官方资料收集进行了四个方面工作，如县(乡)情介绍、农村基础设施建设成果展示或者情况汇总。在收集完这些材料后，要求对这些材料进行归类、数据统计和制表处理，并剔除无效问卷和弃掷虚假信息。在制表处理后，还要对表格所反映的数据和统计结果进行性质或程度评价，甚至进行深度原因分析。

其二，个案研究或者案例研究。对抽样对象及其服务活动进行一段时间的连续调查，研究其行为发展变化的全过程，分析这些地区政府在农村基础设施建设服务实践中的运行逻辑或机理，不先入为主，力求不受普遍认知中"想当然"缺陷的干扰，对贫困地区农村基础设施建设采取代表性个案实地调研统计分析和叙事描述相结合的方法，即定性与定量相结合、案例研究与实证研究相结合，从而得出可信的调查结论，保证后续的要素性服务保障机制的问题根源分析的针对性，提高对策建议的实践应用价值。

1.4.1.2 技术路线

本研究的基本思路就是以马克思主义为指导，合理借鉴西方相关领域的研究成果，从政策分析的理论模型建构入手，借助对贫困地区农村基础设施服务提供机制运转现状的抽样调查，运用统计分析、个案分析和数理模型分析，厘清问题及其根源，并提出如何创新贫困地区农村基础设施服务提供机制的政策建议以及目标预期，以逐步增强基层政府的公共服务能力和乡村社会的自助能力，为和谐新乡村建设和城乡一体化做贡献。依据前述，本课题在理论研究基础上主要运用实证研究和案例研究方法。理论研究包括逻辑分析、比较分析和文献分析方法。实证研究包括问卷、访谈和观察，案例研究主要有统计分析、定量与定性结合的分析方法，其中数理模型主要采用层次分析法（在论文集中有所体现）。技术路线图如下。

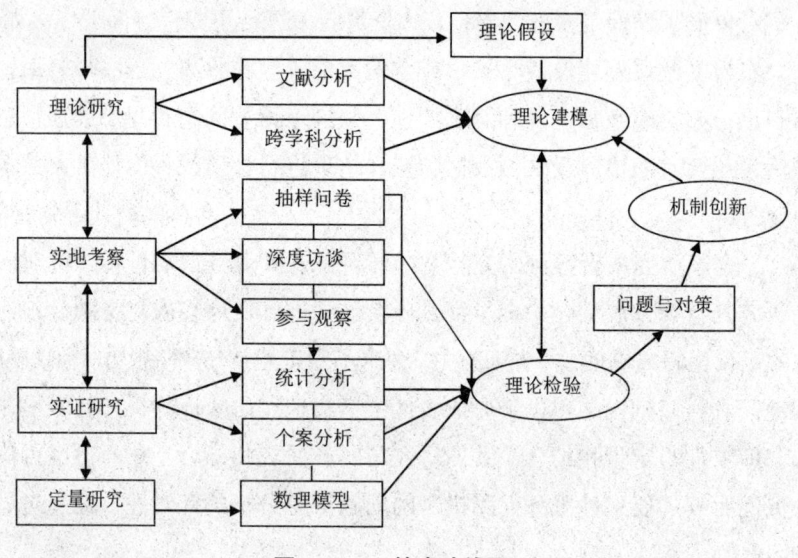

图 1-4-1　技术路线图

1.4.2　理论假设

1.4.2.1　问题导入：政策执行路径是公共服务品质保证和绩效提升的关键变量

传统的政府管理模式已经或正在接受着转型社会公民强烈诉求与繁杂社会问题的多方挑战。因此，基于外压式的或者主动的政府变革或者异彩纷呈的"政府再造"运动(reinventing government)已成为一种全球化潮流，诚如学者所归纳的英美模式、北欧模式和权威主义模式，等等。[1] 政府运行模式已经发生重大转变，譬如从封闭走向开放、从"文山会海式"作业走向电子政府、从有权无责走向权责对等、从人治逐步走向法治，等等。这其中反映为政府理念与职能变化的，就是从管制型政府逐步转向服务型政府。处于转型时期的中国政府在这方面的变化尤其明显，且与之相关的理论引进与创制接踵而至，似乎表明中国存在着明显的"政治—理论"周期，这与西方的"理论—政治"周期属于完全不同的社会运行逻辑。但问题也随之出现：在理论上，"公共服务"能否作为一门独立的科学范式而存在？需要哪些科学或理论与之发生交媾或互补？实践中，传统管制型政府与现在提倡的服务型政府存在哪

---

[1] 陈振明. 公共管理学 [M]. 北京：中国人民大学出版社，2005：112-114.

些不同？是否如公共行政学大师 C. Hood 所言处于"换汤不换药"的窘状？以及，如何改善公共服务质量以重振公民信心、增强政府的社会认同？或许我们可以从政策科学研究中找到一些答案。

实现和维护公共利益是公共政策学研究的永恒课题。早期的政策科学奠基人 H. D. Lasswell、政策分析创始人 C. E. Lindblom 及其后的继任者们，都通过独特视角对公共政策进行了不同理论范式和方法的研究，但公共政策学者们的愿景是趋于一致的，即形成关于公共政策的具有概括性和可靠性的理论，从而能够分析不同的政府机构或不同的政策领域。[1] 在这种理论的引导下，最终能达至实现和维护公共利益的目标。我国的公共政策理论研究自 20 世纪 70 年代末 80 年代初开始，经过多年努力，已初步确立起中国政策科学的基本理论框架，包括政策系统及其运行和"板块式"体系研究。[2] 实践是检验真理的唯一标准，公共政策理论的研究源于实践又服务于实践，当前我国正处于社会转型时期，为公众提供高效优质的公共服务，有效防范转型期出现的社会矛盾，实现和维护公共利益是中国公共政策理论研究亟待解决的课题。

借鉴经济学上"投入—产出"生产理论，公共政策的形成可视为政策构成要素投入与产出的结合，若要使政策产出的目标达到政策效用最大化，必须要对公共项目产出质量的影响因素进行研究。前期研究中，理论界主要将政策制定作为研究对象，典型的如政治黑箱理论和政策黑箱理论 (policy's black-box theory)、政策过程理论和政策议程的研究等。与前人不同，著名的政策执行研究大师 A. Wildavsky 提出了一种假定：政策执行才是影响公告项目产出绩效的关键变量。他与 T. L. Pressman 在对"奥克兰计划"的长期跟踪观察研究中的结论表明，"奥克兰计划"并不是按政策制定者所设想的那样被执行的，并没有取得预定的目标，问题出在它被执行的方式尤其是"联合行动"的困难上。这种观点在当时受到理论界和政府官员们的高度关注，由此引发了政策执行研究的热潮。后续学者如 P. A. Sabatier 和 D. A. Mazmanian 关注的焦点是政策制定者的行为对政策的影响；R. Weatherley 和 M. Lipsky 则认为政策或项目的成功与否依赖于参与执行项目的行动者的承诺与技巧；另有一些学者分别从不同的研究视角提出各种执行理论。[3] 中国学者如陈振明、丁煌等也做了大量研究。

---

[1] 托马斯·戴伊. 理解公共政策 [M]. 北京：中国人民大学出版社，2010(6)：77—80.
[2] 陈振明. 政策科学——公共政策分析导论（第二版）[M]. 北京：中国人民大学出版社，2003：32.
[3] 陈振明. 公共政策学——政策分析的理论、方法和技术 [M]. 北京：中国人民大学出版社，2004：246.

陈振明对中国政策执行中长期存在的"上有政策、下有对策"现象的主要表现、成因及治理对策进行了分析。[1] 丁煌则将政策执行过程因某种消极因素的影响而出现了的不顺畅乃至停滞不前，进而导致政策目标不能圆满实现甚至完全落空的情形称为"政策执行阻滞"，并提出了解决路径。[2] 方法论创新上，谢炜引入经济理论中资源稀缺以及理性人的基本假设，构建了公共政策执行过程中不同主体的博弈模型。[3] 基于此，本研究提出，政策执行路径或方式是公共服务品质保证和绩效提高的关键变量。这就成为本研究的理论预设前提和分析推演的逻辑起点。在文献分析和问题分析的基础上，本研究拟采用逻辑演绎与规范分析的方法，研究我国公共服务提供绩效的影响因素，提出"政策强化"(Policy Reinforcement) 假设，将其作为公共服务绩效提升的关键变量，并对结构性要素及其运行效应进行梳理和归纳。

1.4.2.2 我国公共服务提供品质保证的关键路径——"政策强化"

改革开放已走过了三十多年的历程，中国走上了现代化、市场化、城市化和全球化的发展轨道。国内生产总值已由 1992 年的 2.69 万亿元一跃而成 2011 年的 471 564 亿元，经济总量排名跃居世界第二，人均国内生产总值也迈上 5 000 美元的新台阶。经济发展高速的黄金期往往跟社会矛盾积聚期和凸显期并存，我国社会的主要矛盾已经从人民日益增长的物质文化需要同落后的社会生产力之间的矛盾转变为"公众日益增长的公共品需求同公共品供给短缺低效之间的矛盾"。[4]

社会主义市场经济体系渐趋完善的同时，由政府主导提供、旨在保障全体公民生存和发展基本需求的基本公共服务制度框架初步形成。2011 年 3 月通过的国家经济建设和社会发展的纲领性文件《国民经济和社会发展"十二五"规划纲要》明确提出 2011—2015 年政府的公共服务目标是改善民生，建立健全基本公共服务体系。基本公共服务体系主要是指"学有所教、劳有所得、病有所医、老有所养、住有所居"所涉及的教育、就业、医疗、社会保障和住房五个方面，这五个方面是人民群众最关心最直接最现实的利益问题的集中反映。为进一步落实"十二五规划"纲要提出的构建基本公共服务体系的目标，国务院于 2012 年 5 月 16 日出台了《国家基本公共服务体系"十二五"规划》，明确"十二五"时期基本公共服务的范围、项目、

---

[1] 陈振明. 政策科学——公共政策分析导论（第二版）[M]. 北京：中国人民大学出版社，2003：275.

[2] 丁煌. 我国现阶段政策执行阻滞及其防治对策的制度分析 [J]. 政治学研究，2002（1）：29.

[3] 谢炜. 中国公共政策执行过程中的利益博弈 [D]. 上海：华东师范大学，2007：55.

[4] 杨鹏. 中国社会当前的主要矛盾是什么 [N]. 光明日报，2005-11-17（5）.

重点任务和国家基本标准，并相应提出构建城乡一体化的基本公共服务制度，与经济发展和政府财力增长相适应的基本公共服务财政支出增长机制，政府主导、社会参与、公办民办并举的基本公共服务供给模式以及保障规划实施机制，五个方面的要求互相呼应，互为前提，共同形成基本公共服务体系的五个组成部分。

纲领性与规范性文件的出台，适应现阶段经济社会发展的客观规律，为我国基本公共服务体系的供给主体与供给途径提供了宏观层面的政策导向，保证了政策的适应性、合理性和科学性，为政策有效执行奠定了基础。政府提供基本公共服务主体地位的形成，意味着其政策执行主体的地位也被同时赋予，政府部门对政策的认知是否准确，关系到其对政策的认同与接受程度，关系到公共服务的提供质量。基本公共服务体系建立在一定的社会共识基础上，是公共利益的集中体现，"公共利益是就共同利益对话的结果，而不是个人自身利益的聚集。因此，公务员不是仅仅关注'顾客'的需求，而是着重关注于公民并且在公民之间建立信任和合作关系"[1]。公民作为公共服务供给的目标群体，是公共服务供给质量的直接影响对象，政策决策者可以根据公民对于公共服务的反馈进行政策的修正与完善。现代政策科学的创立者 H. D. Lasswell 在阐述政策科学的基本特征时谈道，其必须具有"发展建构"的概念，它以社会的变化为研究对象，所以必须建立起动态模型；政策执行研究中的系统理论将政策执行理解为政策行动者与环境的相互作用。[2] 由此可见，经济、政治、社会环境的变化是制定公共政策的前提，公共政策的执行结果会给其赖以存在的环境带来影响。

适应中国公共服务绩效提高的要求，政策强化作为政策执行研究中提出的新模式，贯穿于整个政策执行过程的始终，为中国公共服务的供给质量的改进提供了全新的理论思考。

1.4.2.3 "政策强化"的理论渊源

从意识形态的角度诠释，政策作为一种制度输出，是一定社会阶级意志和利益的集中体现。《中华人民共和国宪法》第二条规定："中华人民共和国的一切权力属于人民。"作为中国人民和中华民族先锋队的中国共产党代表着中国最广大人民的根本利益，即政策制定与执行所追寻的目标是最广大人民根本利益的最大化，这

---

[1] 珍妮特·V·登哈特, 罗伯特·B·登哈特. 新公共服务：服务，而不是掌舵 [M]. 北京：中国人民大学出版社, 2010：51–53.

[2] 陈振明. 公共政策学——政策分析的理论、方法和技术 [M]. 北京：中国人民大学出版社, 2004：258.

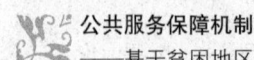

是政策特性的本质体现，同时是政策强化分析的逻辑起点。历史唯物主义的重要论断说明人是生产力中最活跃、最革命的因素，并且充分肯定了人民群众是物质财富和精神财富的创造者。政策科学关心社会中人的基本问题，它的基本目标是端正人类社会发展方向。公共政策的制定、执行、评估过程都离不开全面、深入和系统思考人的基本问题和人类发展的因素。以人为本是中国共产党根据历史唯物主义关于人民是历史发展的主体、是推动历史前进的根本力量的基本原理提出来的，与中国共产党立党为公、执政为民的本质要求完全一致，与政策科学所倡导的价值导向基本一致，同时也成为政策强化模式研究的价值取向。

"政策强化"的政治学渊源可以追溯到"共同体"概念，其最早是由美国著名公共政策学者 D. Stone 提出的。"政治和政策都只能是出现在共同体中，公共政策都是有关共同体的，为的是作为共同体来实现某种目标，共同体的成员身份确定了其社会权利和经济权利，生活在同样的政治规则和治理结构之下，共享作为公民的地位，确定了政治权利。"[1] "共同体"构成、展现并固化了一种保障体系，这个体系以公共性为特质，以公共资源的整合并进行合理分配为方式，以式制化制度体制为载体，以公共利益的实现为根本目标。通过确立人们的各项权利，制定相应的公共政策，并通过政策践行来保障各项权利的平等实现；同时，共同体的公共政策是某种规范制度的输出，规范制度先于共同体内每一个个体的存在，设定并强化了共同体内人们的共同行为规则，即"一种使成员能够判断怎样的行为对组织而言是恰当的"[2] 行动逻辑。就本质而言，这种政治理念社会化策略的工具性演变过程就是从政策问题建构、政策议程与规划、政策制定到政策执行过程强化的实践逻辑。

《中华人民共和国宪法》第六条规定："中华人民共和国的社会主义经济制度的基础是生产资料的社会主义公有制，即全民所有制和劳动群众集体所有制。生产资料公有制从根本上消灭了奴隶社会、封建社会以及资本主义社会中存在的人剥削人的制度，并在此基础上，实行各尽其能的、以按劳分配为主体，多种分配方式并存的分配制度。"社会主义国家的经济制度以及由此衍生的分配制度，使"共同体"中一个人对收益的获得并不损害其他人对收益的获得，由此降低个体行为对集体组织所产生的不合意结果的影响，有效规范、引导、控制着可能出现的组织中的"搭便车"行为。此外也形成了全国人民根本利益一致的共同利益基础。一方面，能正

---

[1] Deborah Stone. *Policy Paradox: The Art of Political Decision making*, 2001: 20–22.

[2] 孙柏瑛. 当代地方治理：面向 21 世纪的挑战 [M]. 北京：中国人民大学出版社，2004：95.

确体现并兼顾各地区人民群众的根本利益，妥善协调各方面的利益关系和矛盾冲突，降低政策执行的成本，彰显制度正义和社会公平；另一方面，政策法定性与政府职责规定性的双重压力与政策实践中的多重强化使得各级官员在现实的公共服务提供活动中必须恪守为人民服务的基本宗旨和信条，否则，将招致不合法的结果和次生的边际负效应。民主科学的决策机制与决策程序、直线职能制的甚或矩阵式的执行机构和制度保障，使实现最广大人民根本利益成为必然，同时为政策强化的理论分析提供了实践观察阵地。

"政策强化"的管理学理论渊源则可以追溯到心理和行为科学家 Burrhus Frederic Skinner 等提出的"强化"理论 (Reinforcement Theory)，亦称为行为修正理论或行为矫正理论。最早提出"强化"概念的是前俄国生理学家巴甫罗夫。在其经典的条件反射试验中，强化指伴随于条件刺激物之后的无条件刺激的呈现，是一个行为前的、自然的、被动的和特定的过程。而在 Burrhus Frederic Skinner 的操作条件反射中，强化是一种人为操纵，是指伴随于行为之后以有助于该行为重复出现而进行的奖罚过程。简言之，该理论认为人的行为是其所获刺激的函数。如果这种刺激对他有利，则这种行为就会重复出现；若该刺激对他不利，这种行为就会减弱直至消逝。[1] 在其后期著作《语言行为》中，Burrhus Frederic Skinner 将强化理论用于研究儿童语言学习过程，并提出儿童学习强化程式三要点：其一，新任务的即时强化而非延缓强化；其二，对正确反应的优先强化逐步转向间隔式强化；其三，错误行为的弱化。并由此提出程序教学五原则：其一，以问题形式向学生呈现知识，让学生"积极反应"；其二，将教材分成若干小的、有逻辑顺序的单元，编成程序，后一步的难度略高于前一步，学习规律遵照"小步子"进行；其三，对学生的反应作做出"即时反馈"，帮助提高学生信心；其四，以学生为中心，学生根据自我学习"好、中、差"程度"自定步调"，鼓励学生按最适宜于自己的速度学习并通过不断强化获得稳步前进的诱因；其五，教学内容由浅入深，避免学生错误反应的反复发生，以"最低错误率"为目标，从而提高学习效率。[2]

将 Burrhus Frederic Skinner 的"强化"理论应用于我国公共服务提供的政策强化

---

[1] 斯蒂芬·P·罗宾斯 (Stephen P.Robbins)，玛丽·库尔特 (Mary Coulter). 管理学（第九版）[M]. 孙建敏译. 北京：中国人民大学出版社，2008：117.

[2] 斯蒂芬·P·罗宾斯 (Stephen P.Robbins)，玛丽·库尔特 (Mary Coulter). 组织行为学（第七版）[M]. 孙建敏译. 北京：中国人民大学出版社，2003：88-90.

分析，可以得出如下理论启示：其一，政策执行强化的基本主体是与某一公共服务项目执行相关的政府部门及各级官员，他们的"选择适应性行为"决定公共服务提供绩效和品质；其二，只有对那些价值定位准确的政策或正确的政策执行行为进行不断强化，公共服务提供绩效和质量才会直接或间接得到改善；其三，政策强化是关于一项公共政策执行中全方位的"强化"过程，从制度体制和结构安排到机制路径的选择和创新；其四，政策强化应当以"正强化"为主，以"负强化"为辅，以此杜绝行政不当、越权与缺位等问题，或者力求避免政策执行中的"目标异化"现象（一些政府官员将施加于公民的"负强化"手段当作政策价值或公共行政目标）。

1.4.2.4 "政策强化"的理论推演及过程模式分析

正确的政策方案要转变为现实，有赖于政策执行的有效性。美国政策学者Allison认为在实现政策目标的过程中，方案确定的功能只占10%，而其余的90%取决于有效的执行。政策执行过程中，存在一些阻碍政策效率最优化并使政策效用在执行过程中被弱化的因素，理论界将其归纳为五种表现形式。分别为政策执行表面化或如荷兰学者H. Bressers和M. Honigh所说的"象征性合作"；政策执行局部化或称作曲解政策的"选择性执行"；政策执行扩大化或是"附加性执行"；政策执行全异化表现为"你有政策，我有对策"的替换性执行以及政策执行停滞化。[1]

对于政策弱化现象的学术研究，学者们从不同的研究角度阐释了此现象产生的原因以及如何应对与解决，为政策强化的研究提供了借鉴价值。归纳如下：

其一，从政治学、政府管理的角度展开研究。丁煌认为，导致政策执行阻滞的直接原因是纵向的政府间权力划分缺乏规范、横向的机构间职能配置交叉重叠，从完善政府行政组织间的职权分配制度、职权配置制度着手解决问题。[2]合法性危机社会现象妨碍政策有效执行，可从提高政府行政绩效以及搞好政府公共关系两个方面夯实政府权威的合法性基础。[3]定明捷则认为，强国家—弱社会的权力格局导致政策弱化，需从关系构建、行为威胁以及第三方干预等途径提高弱势方谈判权力的策略。[4]

---

[1] 陈振明.政策科学——公共政策分析导论（第二版）[M].北京：中国人民大学出版社，2003：280-293.

[2] 丁煌.完善政府系统的权能配置是防治我国现阶段政策执行阻滞的关键[J].南京社会科学，2003(7)：38-39.

[3] 丁煌.论政策有效执行的合法性基础[J].天津行政学院学报，2004(2)：29-31.

[4] 丁煌,定明捷.政策执行过程中政府与公众的谈判行为分析—非对称权力结构的视角[J].探索与争鸣，2010（7）：36-38.

其二，从经济学的角度展开研究。汤法远认为导致政府公共政策执行力弱化的根本原因是执行人员观念系统中"经济人"的价值观念过于浓厚和"道德人"的价值观念过于淡薄，从完善执行制度、严明执行纪律和加强以"执行力"和"道德价值"为主要价值取向的执行文化的建设着手可以强化政府的公共政策执行力。[1] 李晓飞将信息经济学中的逆向选择理论引入政策执行过程，认为政策执行主体的逆向选择与政策目标群体的逆向选择共同导致了政策弱化，并提出了理念层面与制度层面上的对策建议。[2]

其三，从管理学的角度展开研究。何四娥将公共人力资源管理的概念引入政策执行研究，分析了公共政策执行中人力资源管理存在的不足，如随意性较大、管理质量不高、管理效率不高、管理结果偏离预期目标等，并提出了如何加强公共政策执行中人力资源管理的对策研究。[3] 周辉分析了公共政策执行监督的制约因素并提出公共政策执行监督制约因素的解决对策。[4]

综上所述，理论界对于政策执行过程中导致政策弱化现象产生的原因分析各有独特的视角，其中不乏真知灼见。本书将尝试提出一种与政策弱化相对的概念进行探讨。

政策强化（Policy Reinforcement）是与政策弱化相对而言的概念，政策强化的核心在于如何理解"强化"的内涵。如前所述，Burrhus Frederic Skinner 的强化理论认为人或动物为了达到某种目的，会采取一定的行为作用于环境。当这种行为的后果对他有利时，这种行为就会在以后重复出现；不利时，这种行为就减弱或消失。人们可以用这种正强化或负强化的办法来影响行为的后果，从而修正其行为。[5] 同样，政策强化作为一种理论假设，其假定某一执政党为了谋求连任或巩固执政地位，需要将某一项或几项最受绝大多数公民欢迎的或者公众需求最强烈的公共服务项目在不同的战略决策阶段进行环节式、任务型强化，以此达至巩固执政地位、加强社会管理的职能效用最大化。作为执政党的"代理机构"，政府自然成为战略方针具体

---

[1] 汤法远. 政府公共政策执行力弱化的原因及其强化对策—基于执行人员视角的分析 [J]. 毕节学院学报，2006（6）：44.

[2] 丁煌，李晓飞. 逆向选择、利益博弈与政策执行阻滞 [J]. 北京航空航天大学学报（社科版），2010（1）：17-20.

[3] 何四娥. 公共政策执行中人力资源管理存在的问题及对策研究 [D]. 湖南：湘潭大学，2010：26.

[4] 周辉. 公共政策执行监督的制约因素及其解决对策研究 [D]. 湖南：湘潭大学，2011：13.

[5] 钟力平. 斯金纳的强化理论及其应用 [J]. 企业改革与管理，2008（2）：70.

化的任务承担者、政策实践者和项目执行者,其同样适用于分析作为相同政治经济社会环境条件下公共部门行为强化的理论分析或实践抽象,由此推导并构建起关于政策执行过程的"政策强化"理论。

政策强化的过程模式在于政策推行所做的前期准备工作,分为两个部分。政策强化过程模式的首要环节是进行政策执行前的社会政治造势。中国古代文献中对"势"的理解,总是与事物的某种特殊位置以及由此产生的特殊效能有关。古代哲学家荀子说过:"天子者势位至尊,无敌于天下。"《孙子兵法》有云:"计利以听,乃为之势,以佐其外。"也就是说,一项好的计策得以实施,需要进行造势,这样才有利于计策的成功。政策造势的必要性在于能使政策更加有效地执行。

社会政治造势不是无条件的,需要内在因素和环境因素的共同支持。中国共产党一切活动的出发点与落脚点在于全心全意为人民服务,政策的形成与制定都是围绕人民利益为核心,客观上适应了人民大众的共同需要;而政策得以顺利实施就必须建立在让目标群体对政策有所理解的基础上。要做到这一点,政策宣传必不可少。一项政策制定之后,政策宣传的媒介除了报刊杂志、广播电视等大众媒体之外,还通过党政组织系统层层向下传达,以便相关政策能够准确、迅速地达至政策执行者和各阶层群众中;各类政策培训班、各级宣传会议、领导发表的电视讲话旨在加大政策宣传力度,提高党政干部和社会公众理解政策的水平,为更好地执行政策打下坚实基础;各级党政机关单位、企事业单位、各学校、各街道等通过张贴标语、板报、印发政策宣传提纲的方式大力宣传党和政府的各项政策。通过多样化的宣传方式,形成一股强大的社会舆论力量,营造一种有利于政策执行的氛围,创造了有利于政策顺利执行的社会环境。通过政策的社会政治造势,可以让各级领导干部和广大人民群众充分学习、了解、认识并接受党的政策,这样,中国共产党"权为民所用、情为民所系、利为民所谋"的理念才会深入人心,形成一种价值认同,这样才会得到更多的民众支持和拥护。

公共政策的形成和制定,目的是为了最大程度地实现和维护公共利益。始终把最广大人民的根本利益放在第一位是中国共产党的执政基石,是政策形成的出发点。正如政治学家 D. Nice 所说,人们关注的是如何制定出他们所需要的政策。政策强化模式体现了中国共产党的精英政策偏好,即集中代表了公共利益,公共利益高于一切,是中国共产党占主导地位和优先考虑的目标,这也决定了此目标是毋庸置疑、无可争辩的,其他的各项目标都从属于实现和维护公共利益这一根本目标,这是政策得以执行的前提条件。

任何一项政策或公共项目的推行，离不开公众的信任、支持和义务承担，亦即公众普遍承认某项政策是"合法的"。意在愿意接受政策，愿意承担义务，这样不仅能降低政策执行的成本，还能有效促进政治团结和社会整合。社会转型时期，政策强化模式借助的有效承担政策意识社会化职能的主力军是大众媒体和政治组织。大众媒体的功用在于，能引起人们对某个政治事件的注意，引导人们政治心理的发展方向。此外，大众媒体在提供各种信息的同时，直接或间接宣传某种政治观念、政治态度和政治感情，潜移默化地影响公民的政治判断。[1]政治组织进行政策意识形态社会化的过程直接而集中，通过宣传自己的纲领和主张，组织政治活动来影响公众的政治态度。[2]政策政治意识的社会化在其广度、力度和深度上都大大超越了政治造势所造成的影响，是政治造势的进一步强化。

通过前期的政策推行准备，有效地增强了民众对政策的认识和理解，这是政策能否得以顺利执行的必要条件。此外，需要具备一些充分条件才能使一项或几项公共项目的效果得以发挥。无论是西方国家还是中国，公众都希望政府有能力建设一个可以消除各种弊端的社会。实际情况却是政府的权力、资源和能力有限，政府政策的重要性很容易被夸大而且也不能确切地得知政府的政策（即便具有创新性）是否能够治愈全部或者大多数社会弊病。[3]政策资源是否充足是政策有效执行的保障，如果缺乏必要的经费、人力、物力和信息，就无法使政策有效性得以最大程度发挥。任何一项政策最终都要靠执行者来实施，其对政策的认同、对政策执行行为的投入和创新精神、对工作的负责态度、较高的政策水平和管理水平都是执行政策的重要条件。如果地方执行官员尤其是地方领导者缺乏对政策实质的把握能力，就很难争取（和整合）政策执行所需的种种资源，不能做好政策实施的宣传指导工作，制定正确的实施方案，不能沟通和协调各种关系，从而难以有效地执行政策。[4]

政策强化模式假设目标群体接受政策基于以下三个原因：其一，个人服从集体的价值观念。东方文化的主流价值观念长期为集体主义的传统意识所占据，集体主义的价值观倡导个人服从集体，集体重于个人，提倡无私奉献和利他，集体主义是

---

[1] 王浦劬.政治学基础[M].北京：北京大学出版社，2005：360.

[2] 陈振明.公共政策学——政策分析的理论、方法和技术[M].北京：中国人民大学出版社，2004：258.

[3] 托马斯·戴伊.理解公共政策[M].北京：中国人民大学出版社，2010（6）：77-80.

[4] 丁煌.我国现阶段政策执行阻滞及其防治对策的制度分析[J].政治学研究，2002（1）：29.

社会主义社会的价值导向。作为公民个人来说,服从集体利益,是毋庸置疑的。其二,个人利益的实现必须以共同利益的实现为前提。共同利益首先是在经济关系和经济地位基础上形成的,是处于同一社会关系和社会地位中的人们的各自利益的相同部分。共同利益的"第三种利益"特性决定其独特的利益地位和支配地位,使得个体的个人利益实现需以共同利益的实现为前提。其三,社会福利照顾到了个人价值。经济学家 K. J. Arrow 构建了社会福利函数,表明社会福利"能够对个人价值的变化做正向反应,至少不是逆向反应"[1]。社会福利函数以每个个体的价值偏好为基础,照顾到个人的价值偏好。另一方面,公共项目所涉及的利益群体未必都能从中获得利益,他们也许是受损的一方,如拆迁中产生的"钉子户"。如柯武刚所认为的"在信奉集体主义的社会中,如果个人追求的利益与统治者所定义的社会利益不相符之时,统治者就很容易地以'群体利益'或'国民利益'的名义来压制个人"[2]。故此,公共项目的规划生产与公共服务提供应该兼顾效率与社会公平,这也是一个理论与实践上的千年难题。

新公共服务的推崇者 Denhardt 夫妇认为,与政府互动的并不简单地是顾客,而是公民,[3] 他们肯定了社会公平在公共服务中的核心价值定位。政策在得到公民的接受之后得以实施,其推行的效果由各级地方政府逐层进行汇报,这一环节反映的实质是政策效应的评估,评估的重点不仅仅着眼于对目标群体的影响,还必须考虑到对非目标群体的影响。原用以衡量企业绩效管理的方法借鉴到政策绩效评估中是对公共服务提供质量检验研究的创新。如对普遍运用的 360 度绩效考核法(360-degree appraisal)的借鉴,让政策目标群体与非目标群体对政策的制定、执行、效应进行全方位的评估。此外,吴建南等在基于美国顾客满意度指数(American Customer Satisfaction Index)分析基础上构建了公众满意度测评模型以及四级指标体系。其中第一层为目标层,"公众满意度指数"作为一级指标;第二层为因子层,是综合各类公众满意度模型后所确立的因子,即公众信息、公众期望、感知质量、感知价值、公众满意度、公众抱怨、公众信任 7 大潜变量作为二级指标;第三层为指标层,通过前期设置的指标体系雏形,经过优化筛选后所留下的指标,是可以直接测量的三

---

[1] 肯尼斯·J·阿罗. 社会选择与个人价值[M]. 上海:上海人民出版社,2010:27.

[2] 柯武刚,史漫飞. 制度经济学:社会秩序与公共政策[M]. 上海:商务印书馆,2004:90.

[3] 珍妮特·V·登哈特,罗伯特·B·登哈特. 新公共服务:服务,而不是掌舵[M]. 北京:中国人民大学出版社,2010:42.

级指标；第四层为评价方案层，是所调查的样本数据，具体展开为问卷上可测量的调查问题。[1]

1.4.2.5 "政策强化"的具体路径选择

政策执行在理论和实践中都占据重要地位，是政策效用得以实现的重要前提，政策强化强调在政策执行过程中的任务型强化，任务型强化在政策强化运行途径上可概括为五个方面。

1.4.2.5.1 体制制度型政策执行强化

体制是制度的中观层次，具有格局和规则两方面的含义，可以指某些社会分系统方面的制度，如政治体制、经济体制、文化体制、教育体制等。[2]而制度是一个社会的博弈规则，或者更规范地说，它们是一些人为设计的、型塑人们互动关系的约束。[3]政策执行强化模式首先需要围绕当下转型期中国的社会经济政治背景进行构建，因为制度决定了个人的选择集，个人的最大化行为仅仅是被界定在选择集中的一种最大化选择。[4]

中国的改革始于经济体制改革层面，政治体制改革随着经济体制改革的展开采取渐进式的方式进行。某些地区经济体制改革的深入，带动了政治体制改革和政府职能转型。如上海浦东新区综合配套改革、广东深圳推广的公用事业市场化改革以及行政审批制度改革、成都市行政服务中心流程再造等都体现了适应市场经济发展的政治体制改革逐步展开，同时也为其他地区的政治体制改革提供了强有力的示范效应。为适应社会主义市场经济发展的需要，维护市场经济秩序，保护每一个公民平等交易的合法权利，《中华人民共和国物权法》应运而生。它的颁布和施行，成为个人财产权利保护的法律依据，改变了中国封建社会沿袭了几千年的财富观念和财富占有制度，在市场自由交换领域保护个人财产权利。2011年1月由国务院颁布的《国有土地上房屋征收与补偿条例》和近期酝酿修改即将颁布的"新拆迁条例"则从制度保障层面，在政府行政管理和公共服务领域对公民尤其是弱势群体进行了

---

[1] 吴建南，张萌，黄加伟.基于ACSI的公众满意度测评模型与指标体系研究[J].广州大学学报（社科版），2007（1）：17.

[2] 孔伟艳.制度、体制、机制辨析[J]重庆社会科学，2010（2）：96.

[3] 道格拉斯·C·诺思.制度、制度变迁与经济绩效[M]上海：上海人民出版社，2008：3.

[4] 丹尼尔·W·布罗姆利.经济利益与经济制度——公共政策的理论基础[M].上海：上海人民出版社，2006：3.

必要的财产权益保护。

1.4.2.5.2 机构加强型政策执行强化

管理学大师 P. F. Drucker 认为社会已经成为一个组织的社会。在这个社会里，不是全部也是大多数的社会任务是在一个组织里和由一个组织完成的。[1] 公共组织从广义而言，被认为是不以营利为目的而是服务社会大众，提高公共利益为宗旨的组织；狭义上看是行使行政权，达成公共目标的组织。[2] 政府机构属于狭义的公共组织，其存在是为了更好地履行公共服务职能。

为了规范并促进某一行业的发展，政府通常需要设立专门执行局作为职能载体，如设立烟草专卖局、公路管理局和乡镇企业管理局等。如烟草专卖局，从制定烟草行业总体发展规划，烟草的生产、经营、储运工作，到对烟草行业的总体监督管理，每一层面、每一环节都离不开相应的政策导向引导行业的发展。如公路管理局，按照国家的阶段性规划或大政方针以及地方政府的分解型地方发展规划，结合本地的实际，在既定管辖范围内制定年度公路建设规划，勘察、审批属地乡（镇）、村的公路选址或路线图，并通过定期或不定期质量监督检查，发现其中存在的安全或质量隐患，或者检查测量通过外包生产的公路里程和宽度，以保证政策贯彻最终落到实处，人民得实惠，公共利益得以兑现。

1.4.2.5.3 资源集中或专项整治型政策执行强化

或许从广义的"政策强化"理论来解释，新中国建立后的许多国策都强调集中国家力量解决关键的或主要的社会问题，尤其是新千年政府职能转型之后，政府的政策执行也基本按照中央的政策逻辑运行，那就是按照国家战略性规划，结合地方实际，聚集地区资源，分阶段完成社会管理、服务与发展的任务，其具有长期性、承接性、递进性和可预测性特征；而对于非常态事务管理，则通过运行危机管理机制，成立工作小组，完成专项任务，其具有短期性、断续性、突发性和不可预测性的特征。就近期而言，全面建设小康社会，实现中华民族的伟大复兴之梦是中国共产党为之持续努力的历史任务和宏观愿景，而建设小康社会的关键点和难点，最艰巨、最繁重的任务就在农村，"三农"问题是关系党和人民事业的根本问题，也是实现共同富裕首要解决的问题。

改革开放以来，中央在 1982—1986 年连续五年发布以农业、农村和农民为主题

---

[1] 彼得·德鲁克.后资本主义社会 [M].北京：东方出版社，2009：29.
[2] 张成福，党秀云.公共管理学 [M].北京：中国人民大学出版社，2001：130.

的中央"一号文件",对农村改革和农业发展做出具体部署。18年后,2003年12月30日《中共中央、国务院关于促进农民增加收入若干政策的意见》再次回归农业。2006年2月21日,以"建设社会主义新农村"为主题的第七个中央"一号文件"下发。2012年2月,《关于加快推进农业科技创新持续增强农产品供给保障能力的若干意见》出台。至此,中央在新世纪已出台了9个关注"三农"工作的中央"一号文件"。2012年年底则出台了《关于加快发展现代农业进一步增强农村发展活力的若干意见》,更加深入推进社会主义新农村建设。"一号文件"表明了中央决策机构对"三农问题"的持续关注和政治理想,同时警示着各级地方政府的工作重点、政策预期和实施专项政策解决的关键目标指向。

1.4.2.5.4 危机处理型政策执行强化

除了常规政策的形成和制定之外,有关危机、突发事件处理的针对性政策对于决策者而言同样重要。国际社会发展经验表明,转型期国家经济处于黄金发展期的同时也处在社会矛盾凸显期,这最集中也最彻底体现于人与人的关系问题上,"民惧官、弱忌强、贫仇富、官压民、强凌弱、富欺穷"问题层出不穷,当然,究其根源,属于体制改革的副产品,不是因为市场就是因为政府,最终沉积于社会基层,社会问题成了公民合法或非法、积极或消极进行利益诉求的导火索。通过网络就可以了解,近年使用频率最高的敏感词语当属"农二代、官二代、富二代"、"网络反腐、二奶反腐"、"官员淫照事件"、"城管打人"、"钉子户、强拆"和"打砸抢事件",[1]等等,这些问题需要或者已经引起政府高度关注,制定应对策略,并通过危机预警和化解机制进行有效处置。再譬如,近年来由环境问题造成的群体性事件呈渐增之势。仅2005年一年,市场经济发达的浙江省就发生了三起因环境污染而引发的群体性事件。切实治理环境污染,保护环境是政府最重要的公共职能之一,也是政府理所应当提供的公共服务之一。危机管理重在预防,从源头上预防环境群体性事件的产生,首先是要树立"以人为本"的执政价值观,这是构成政府一切执政活动的基础,昭示了政府特定的执政行为。此外,还需要从地方政府的环境管理政策着手,如可以通过引入以"绿色GDP"为核心的绩效核算标准,提升环境风险意识,转变环境管理方式,完善环境管理制度体系,建立健全环境管理机制的方式对环境污染所致的危机进行预防和处理。

---

[1] 资料来源:google 和 baidu 两大门户网站。

资源集中型政策执行强化也许更能解释我国矩阵组织活动中关于危机处理型政策执行强化或者在大型灾难面前的政府决策，这其中最成功的案例当属汶川地震、玉树地震之后的救灾与灾后重建。地震消息播报当日，中央相关部门迅即做出应对策略，成立赈灾小组，并在最短时间内集中人力财力物力奔赴灾区，包括2013年4月20日早上8：02分发生的四川雅安庐山地震。地震当天中午，中央财政即做出决定，募集10亿元支援灾区。同时国务院总理李克强当天即赶赴灾区指导抗震救灾，并将72小时的抢救生命黄金期放在第一位。消防、武警官兵迅速集结力量徒步赶往灾区，不惜一切代价打通被震坏的公路，尽一切可能抢救生命；近邻各省也迅速组织各方面的抢险救援力量赶赴灾区，为灾区救治伤员、提供临时住所和基本饮食等，以稳定人心。并且为了保证政府抗震救灾活动不受太多外在因素影响，从中央到地方的政府部门发出专门通告，包括保障通行力有限的公路顺利畅通、捐赠方式提倡以捐款为主、参与救灾人员的任务分工与协调，以及志愿者服务的暂时限制和无关人员的非请勿入，[1]等等。由此，资源集中型政策强化从一个侧面也体现了民主集中式政府体制的优势，即所谓"集中力量办大事"。从管理学角度理解，集权型体制在政府的某些行政行为方面体现了高效的特征。

1.4.2.5.5 职能转变型政策执行强化

转变政府职能，建立起一个灵活、高效、廉洁的政府，已经成为市场经济改革和社会发展的普遍要求，这也是目前困扰中国地方政府社会管理与公共服务职能定位、行政合法性和政府绩效的、体现于实践与理论的双重难题。由此，有学者提出，为了提高政府公共服务的供给效率，合约制政府（即英国学者Jan-Erik Lane所指的契约型政府模式[2]，或者就如美国学者E. S. Savas研究的西方政府改革中的公共服务民营化实践[3]）构建已刻不容缓。传统意义上的公共部门的僵化治理模式已经无法适应经济社会变革的需要，合约制政府的出现能够使政府迅速了解社会对公共产品和服务的需求，有针对性地调整供给，以达到社会资源配置的有效和平衡。合约制政府的核心价值在于抛弃了传统的产品和服务"自给自足"模式，除了从私人部门购买所需的产品和服务外，为了消除官僚机构和公共企业要价过高行为，还在供给方

---

[1] 上述资料来源于2013年4月20日至4月24日的CCTV-1和四川卫视的全天候抗震救灾新闻播报。
[2] 简·莱恩.新公共管理[M].北京：中国青年出版社，2004：220–238.
[3] E·S·萨瓦斯.民营化与公私部门的伙伴关系[M].北京：中国人民大学出版社，2003：183–215.

面打破公共企业的垄断地位，引入竞争机制，更多地采取合同外包的形式通过招标把公共产品和服务发包出去，由参与的公共企业或是私人企业甚至其他组织进行公平竞标，胜出者获得产品和服务的生产和供给权。[1]

1.4.2.5.6 小结

政策强化理论模式围绕着以人为本的价值导向、以实现和维护公共利益为目标宗旨，是当前中国社会转型期政策理论分析的一次有意义的尝试，必将对中国公共服务的理论研究产生重要影响。本书提出了政策执行路径或方式是公共服务品质保证和绩效提高的关键变量。在文献分析和问题分析的基础上，采用逻辑演绎与规范分析的方法，分析中国公共服务提供的影响因素，提出"政策强化"假设，将其作为公共服务绩效提高的关键变量，并对理论渊源、结构性要素及运行效应进行梳理和诠释，最后对政策强化的具体路径进行了提纲挈领式归纳或例证式阐发。以此作为本书的理论假设，不仅呼应了我国西部大开发背景下贫困地区新农村建设运动和十八届三中全会的精神，而且，对于对于我国政策实践的理论提升或者创新都有一定的学术贡献。

1.5　主要观点与预期成果

1.5.1　主要观点

其一，起点公平应作为我国贫困地区农村基础设施服务提供机制研究的逻辑起点，或者将其作为国家制定扶贫攻坚政策的核心指导思想。从现实的状况分析，农村基础设施尤其是贫困地区农村基础设施远远落后于城市基础设施和发达地区农村基础设施建设的步伐，地区间、城乡间的公共服务差距在拉大，因此，国家提出基本公共服务均等化政策就是要从战略的高度这些关乎中国农村未来发展和整体社会和谐的问题。唯有基础设施（"四通工程"）服务水平的提高，才能逐步解决贫困偏远农村的"上学难、看病难、出行难和致富难"问题。从理论的角度分析，解决贫富差距、地区差距的前提在于解决弱势群体的生存权，譬如最低生活保障、读书、医疗、就业以及基础设施服务提供等，以此实现公共福祉维护公共利益，保障社会

---

[1] 陈振明，贺珍. 合约制政府的理论与实践 [J]. 东南学术，2007（3）：35.

公平与制度正义。

其二，在公共服务提供机制创新研究中应该形成这样一种共识：政府是最重要的和必需的，但却不是唯一的，在农村基础设施服务保障机制研究中更要提倡这样一种基本观点。在全球化、公民社会运动浪潮和"治理"范式改革的影响下，那种全能型政府的时代已经过去，各国政府在职能转型方面正在发生着深刻而明显的变化，服务职能强化已成为政府公共活动的核心价值定位，唯如此，政府才能重拾社会信任和挽回更多的投票，增强其合法性；同时，社会公众对于公共服务提高绩效和政府瘦身、节约的要求越来越强烈，使得政府开始思考一些可以用来替代传统公共服务提供的机制或方式，而理论家们则从抽象的层次思考着一些推进政府公共服务改革的灵丹妙药，譬如第三条道路、民营化、政府服务流程再造、空心化国家、协商民主、多中心治理以及"善治"（good governance，Claude Smouts，1999），等等。各国政府总会选择一种与本国制度背景和社会环境条件相适应的理论，推进各国公共服务提供的改革实践。在核心公共物品提供中，政府可能要唱主角，而在准公共物品譬如收费物品和公共池塘资源的提供中，政府可能要退居次席，或者只是作为一个观察者、裁判或者导师，甚至不发挥作用（governance without governance，J.Rosenau，1995）。正是在这场改革运动中，政府在弱化某些管制的同时强化了某些公共服务职能，创新了公共服务的提供机制，从而无形中提高了政府的综合竞争力和公共服务能力。

其三，影响贫困地区农村基础设施服务提供机制的选择与创新不仅包含内生变量，如机制建构成本、机制运作成本、机制转换成本和原有机制产生的绩效评价等，而且包括外生变量，如地域、信息的影响、参与主体的能力素质、市场化的程度、群众的资金承受能力、政策导向、融资渠道与资源协调配置程度、项目生产中的资金监管和后期维护管理所体现的公共服务的可持续性问题。资金获取和项目生产是基础，但后期管理和输血造血功能势必加强，唯如此，贫困地区农村基础设施服务活动才能走上战略化道路而非样板工程；而基层政府只有引导农民进行基础设施等方面服务提供的机制创新，农民才能增强自我救助和民间合作的能力，在与市场的博弈中探寻更大的致富空间。

其四，基层政府应全方位加强自身服务能力的培养，那种政府全能时代已经结束，政府要做好国家战略安排下的新角色调整，包括：从"划桨者"转向掌舵者和服务员；从政治控制者转向草根民主的驯养师；从公共物品的生产者转向公共服务的安排者、监督员和风险责任承担者，规模型或技术型的农村基础设施服务尽可能通过合同外包生产；政府需要关注和恰当运用贫困乡村草根社会的成长因子和社会资本，让自己减负的同时农村社区物品的自我供应能力得以逐步加强；此外，还需要充分利用关系资本，向外拓展资源争取国内外慈善援助，向上争取更多政策性支持，以缓解城乡、地区间的贫富差距矛盾，为贫困地区的和谐新农村和城乡一体化战略贡献才智。

其五，研究农村基础设施服务保障机制本身需要一个经验主义的研究方法和学习过程。理论上讲，根据农村基础设施服务服务提供环节标准，保障机制可以分为信息导入与政策问题建构机制、公共项目决策机制、基础设施项目外包生产与质量监控机制以及基础设施服务提供的绩效评估与公民回应机制六大要素。但在贫困地区农村基础设施具体的服务提供实践中，并不是理论讨论得那么简单，会出现各环节混杂交织甚至无法界定的情形。因此，跟踪观察与经验主义的研究方法就很重要了，课题研究的本身也是一个社会学习的过程。即便我们提出再理想的对策建议，都需要在实践中得到验证。

1.5.2 预期成果

其一，理论模型建构：试图建立一个关于贫困地区农村基础设施服务提供机制创新研究的一般性理论分析框架，并将基层政府公共服务提供机制创新能力建设植根于具体的基础设施建设与管理活动中以及与社会环境的积极互动中，从而实现多重角色的清晰定位与角色转换，这也是基层政府公共服务能力提升的关键所在。

其二，研究技术路线：本研究从理论假设开始，建构理论模型，力求将纯理论研究与实证研究有机结合，将定性研究与定量研究有机结合，从而形成一整套较为系统的综合性研究方法，以拓展公共管理学的发展空间。

其三，研究结论：既要着眼于贫困地区的特殊性和具体性，又要兼顾政策建议的代表性和前瞻性，避免面面俱到好高骛远甚至理论与实践两张皮的问题。

其四，对策建议：①如何进行机制创新？基层政府的掌舵、裁判、划桨、服务等多种角色如何进行合理运用和协调；市场机制的优势运用及其限度；贫困地区村民的合作意识、合作程度、合作方式与合作精神的培育和创新运用；与信息规劝相关的混合型机制的有效运作，等等；以及如何运用有限的市场竞争植入贫困地区小型而零散的农村基础设施建设的合同外包中，并保证资金的有效监管和村民受益最大化？②如何通过机制创新增强基层政府在贫困地区农村基础设施服务中的能力？包括政府的掌舵能力（项目资金获取、项目筹划、指挥导协调）、划桨能力（项目进展控制和资金监管）以及服务能力（社会动员、了解公共需求和维护公共利益）。③如何通过机制创新逐步增强贫困地区乡村社会的服务自救能力？包括乡村社会的自组织生产能力、参与能力、融资能力和社区项目的自我管理能力。④机制创新将要达到的目标，包括基本目标：解决贫困地区群众的基本生产生活条件和困境，解决出行难和致富难问题；中期目标：树立政府的掌舵大局观和服务意识，培养贫困地区群众的参与习性，让政府、市场和乡村社会自组织共同作用于贫困地区农村基础设施项目生产与管理的全过程，这种多元化的机制创新格局将极大提高服务提供绩效；远期目标：建设贫困地区的和谐新乡村和实现城乡一体化战略。

2 贫困地区农村基础设施服务保障机制研究的基本理论

2.1 理论基础

2.1.1 公共物品理论

2.1.1.1 公共物品的含义

关于公共物品的定义研究，古今中外多位学者都有各自的观点，其中具有代表性的主要有以下几位。

最早较为深入研究公共物品理论的是英国哲学家、经济学家大卫·休谟（David Hume）。他在著作《人性论》中提出："两个邻人可能达成协议，共同在一片平地上排水，但在1 000人之间却难以达成同样的协议，因为每个人都企图坐享其成。"[1] 他认为，某些既能利己又能利他的事情，只能通过集体行动或政府参与来完成。

比较系统地研究公共物品理论始于19世纪80年代。1954年，美国经济学家保罗·A·萨缪尔森（Paul A. Samuelson）在《公共支出的纯理论》(*The pure theory of public expenditure*) 一文中的定义，公共物品是指这样一种物品，"每个人对这种物品的消费，都不会导致其他人对该物品消费的减少。与之相对应的物品为私人物品（Private goods），它是指如果一种物品能够加以分割因而每一部分能够分别按竞争价格卖给不同的个人，而且对其他人没有产生外部效果"[2]。

斯蒂格利茨在其著作《经济学》中指出："公共物品是这样一种物品，在增加一个人对它的分享时，并不导致成本的增长（它们的消费是非竞争性的），而排除

---

[1] 大卫·休谟. 人性论[M]. 关文运译. 陕西：陕西人民出版社，2007.
[2] Samuelson P. A(1954). *The pure theory of public expenditure*. Review of Economics and Statistics.vol.36.

任何个人对它的分享都要花费巨大成本（它们是非排他性的）。"[1]

世界银行在《1997年世界发展报告》中有了更明确的定义："公共物品是指非竞争性的和非排他性的货物。非竞争性是指一个使用者对该物品的消费并不减少它对其他使用者的供应，非排他性是指使用者不能被排除在对该物品的消费之外。这些特征使得对公共物品的消费进行收费是不可能的，因而私人提供者就没有提供这种物品的积极性。"[2]

公共选择范式的创始人之一——詹姆斯·布坎南，另辟蹊径，从物品的供求机制的角度下定义，他说："人们观察到有些物品和服务通过市场制度实现需求与供给，而另一些物品与服务则通过政治制度实现需求与供给，前者被称为私人物品，后者则称为公共物品。"[3]

国外学者提出的关于公共物品的观点各有侧重，但都在公共管理领域和经济领域产生了不小的影响。国内对公共物品的研究起步较晚，大多数理论都是在国外学者研究的基础之上提出的。其中较为有代表性的是上海行政学院曾峻教授对公共物品所下的定义："由公共资金或资源投入用于满足社会公共需要的物品。"[4] 这是从公共物品的投入角度来定义的。除此之外，陈振明在其著作《公共管理学》中对公共物品的定义为："具有消费的非竞争性和非排他性、自然垄断性以及收费困难等特征的物品。"[5]

在国内外学者的理论基础上，笔者给出一个公共物品的定义：在一定范围内人人均可受益，没有人被排斥，增加消费的边际成本为零，即具有非竞争性和非排他性，且不可分割消费的物品与服务。

2.1.1.2 公共物品的特性

根据公共物品的定义，不难看出公共物品具有三个特性：非竞争性、非排他性、不可分割性。

非竞争性（non-competition），是指他人对公共物品的消费并不会影响自身同时

---

[1] 斯蒂格利茨．经济学[M]．北京：中国人民大学出版社，1997．

[2] 世界银行．1997年世界发展报告[M]．蔡秋生等译．北京：中国人民大学出版社，1997．

[3] Buchanan, J. M. Politics without Romance: A Sketch of Positive Public Choice Theory and Its Normative Implications [J]. Inaugural lecture, Institute for Advanced Studies, Vienna, Austria. HIS Journal, Zeitschrift des Instituts fur Hohere Studien 3: B1–B11, 1979.

[4] 曾峻．公共管理新论[M]．北京：人民出版社，2006．

[5] 陈振明．公共管理学[M]．北京：中国人民大学出版社，2003．

消费该产品以及从中获得的效用。诸如公共物品之一是法律，公民在运用法律的武器保护自身利益不受侵害时，并不会妨碍或减少其他人对司法服务的享用，也就是说，增加消费的边际成本为零。

非排他性（non-exclusion），是指某人在享用公共物品时，不让他人使用该物品或服务是不可行的，也是不必要的。诸如公共物品中的国防，这是保卫疆土安全、捍卫国家主权、保障人民幸福的一种人人受益、没有人被排斥的服务。

不可分割性（non-division），是指消费同一种物品时，分割或分开消费都是不可能的，该物品在数量和质量上都是共同的，这样一来，收费就是不可能的，或者提供该物品的成本太高。因此私人部门就不会提供这种物品，只能靠公共部门供给。

2.1.1.3 公共物品的分类

公共物品可以从不同角度划分，目前主要的有以下几种方法：

第一种是从筹资角度将公共物品划分为连续性公共物品和离散性公共物品，前者是由政府征税而提供的公共物品，后者是当有足够的公民来承担公共物品成本时提供，否则就不提供。比如民间组织自发凑钱修建公路，当有足够的钱支付成本时就开工修建，否则就不修建。

第二种是根据有无排他性和竞争性，可将其划分为纯公共物品和准公共物品。前者，是同时具有完全非排他性和完全非竞争性，如国防、灯塔、法律、环境保护等。后者是不完全具有非排他性和非竞争性，在消费上具有非竞争性，但可以排他，称为俱乐部产品，如高速公路收费站、公共游乐场、公共电影院、付费观看的有线电视等；另外一种是消费上具有竞争性，但无法有效地排他，称为公共资源，如公共渔场、牧场等。公共资源产品和俱乐部产品通称为"准公共物品"。具体分类如表2-1-1所示。

表 2-1-1 物品的分类

物品分类	私人物品	公共物品		
		纯公共物品	准公共物品	
			俱乐部产品	公共资源
竞争性	有	无	无	有
排他性	有	无	有	无

第三种是将公共物品划分为有形的公共物品和无形的公共物品。顾名思义，有形的公共物品是指看得见、摸得着的公共物品，如公共图书馆、公共广场等公共设施；无形的公共物品主要是指政府所提供的一些看不见的，却又真实存在每个公民都享用得到的公共服务，如国防、外交、法律等等。

第四种是将公共物品划分为全国性公共物品和地方性公共物品。前者是指由国家和中央政府通过征税提供的物品和服务，如外交、国防、全国性法规等；后者是指由地方政府所提供的物品或服务，如城市基础设施、地方性法规等。

除此之外，国内学者曹现强和王佃利在《公共管理学概论》一书中，把公共物品划分为四类：纯公共物品、俱乐部物品、拥挤性公共物品和混合物品。前两个在前文已经提及，不再赘述；拥挤性公共物品是指具有非排他性，但达到一定使用程度后就具有了竞争性的公共物品，如游泳池、收费公路等；混合物品则是指那些既具有私人物品的性质又具有公共物品的某些特性，如西方发达国家的教育、卫生服务等。

从不同的角度，有不同的划分标准。笔者综合以上几类典型的划分方法，即将公共物品划分为纯公共物品和准公共物品两大类。纯粹公共物品是指具有完全非排他性和非竞争性的物品（或服务）。准公共物品是指在一定范围内具有非竞争性和非排他性的公共物品，即超过一定的临界点，就会产生拥挤。准公共物品又包括公共事业物品和公益物品。如基础教育、公路等公共基础设施属于公益物品；如供电、供暖系统等属于公共事业物品。

总体来说，公共物品的分类不一，各有千秋，并没有统一标准之分，只是在不同的研究领域根据实际问题进行分析研究才具有研究意义。

2.1.1.4 公共物品的提供

从公共物品的特性可以看出，完全由市场经济提供公共物品，通常难以达到预期效率，不能有效地解决资源的优化配置。由于私人部门存在的理由是追求利润，然而公共物品是没有人被排斥、人人均可受益而不用支付成本的物品或服务，其目的在于提高行政效率与生活水平、优化服务质量和资源配置。这样一来，不会有任何人成为公共物品的购买者，都存在"搭便车"心理，私人部门就没有利润可寻，便没有了提供的动力，这就造成市场失灵。由此看来，公共物品的提供必须由公共部门做"领头羊"承担起主要责任，通过征税支付公共物品成本。正如马斯格雷夫所认为的，由于市场存在失灵问题，公共物品和有益物品应由政府提供。[1]

公共物品的提供者故然是公共部门，但其生产者却不尽然。诸如类似于制度、国防的纯粹公共物品，是由政府直接提供。与之不同的是某些准公共物品可以借助市场力量提供，在许多国家和地区，私人部门作为公共物品的生产者扮演着重要角色。现阶段，在公共物品的提供过程中，公共部门并不是大包大揽。政府更多的是承担决策和供应责任，私人部门承担管理责任和生产责任，对委托者和使用者负责。不仅政府提供的公共物品项目，可以通过公开招标的方式承包给私人部门经营生产；而且对于一些已经由政府投资建成的项目，也可以通过合同外包、租赁协议等方式改为企业经营管理。

贫困地区农村基础设施和服务属于农村公共物品，它能够提高农民生活水平、改善农业生产条件、促进农村经济社会发展。尽管中央领导人十分重视农村公共物品的供给，但是，由于自然条件、经济社会状况等因素存在差异，导致我国不同地区农村发展极其不均衡，政府在提供农村公共物品时很难因地制宜。为有效地解决"三农"问题，缩小城乡差距，满足农民的需求，综合考虑，各级部门采用了在理论和实践上皆为成熟的农村公共物品供给的机制。其提供机制包括：

其一，政府供给机制。政府作为农村公共物品的主要供给者，必须承担主要责任。全国性的公共物品，由中央政府负责提供，其他区域性的公共物品由不同层次的地方政府提供。具体来说，农村义务教育、农村合作医疗等公共物品由中央政府统一提供；农民劳动技能培训、农村道路等基础设施建设由地方政府提供。

其二，市场化供给机制。在某些农村公共物品领域可以遵循"谁投资，谁收费，谁受益"的原则，合理引入市场机制，解决农村公共物品的资金短缺、效率低下问题。

其三，自治组织供给机制。对于农村准公共物品的提供可以充分发挥农村自治组织的作用，该组织是指为建成有利于农村发展、生活水平提高的项目，在合作互惠的基础上，农民自发组建的组织。这种组织的存在很好地解决了"政府管不了、市场解决不了、单家独户办不了"的农村公共物品的提供问题。如乡村公路、公共厕所、公共娱乐场所等外溢性较小，且受益人相对固定的俱乐部产品。此时，政府可以通过"公办民助"、"以奖代补"等方式，鼓励和支持农村自治组织生产和提供此类物品。

---

[1] 詹姆斯·M·布坎南，理查德·A·马斯格雷夫，类承曜译. 公共财政与公共选择：两种截然对立的国家观 [M]. 北京：中国财政经济出版社，2000.

其四，混合供给机制。混合供给机制是公共服务提供中供给主体多中心、多元化的制度安排，强调各供给主体之间的融合吸纳和协调合作关系。[1] 具体操作路径可以简单概括为政府主导确定公共服务的需求者和需求量，选择合适的公共服务生产者，联合生产者和受益者监督和评估公共物品供给绩效。

表 2-1-2　农村公共物品供给机制

供给机制类型	主体	资金来源	决策	公共物品
政府供给机制	各级政府	税收	财政预算	纯公共物品、准公共物品
市场化供给机制	市场主体	企业资金	市场决策	准公共物品、私人物品
自治组织供给机制	非营利组织	非营利性收入	集体决策	准公共物品
混合供给机制	主体多元	多元主体联合出资	政府主导、多元主体共同协商	准公共物品、私人物品

农村公共物品的供给主体可以是多元的，每个主体都有各自的优势和局限性，在不同的领域发挥着各自的作用，相互补充，解决农村公共物品供给不足和效率低下问题。在此过程中，政府起主导作用，制定相关政策，创造多元化合作环境，鼓励和支持企业（个人）、非营利组织参与提供公共物品，满足贫困地区农村公共物品需求。

现阶段，西部农村基础设施建设的主要内容是"四通五改"[2] 工程，而"四通五改"工程涉及农业生产基础设施、农民生活基础设施和农村社会事业基础设施，对农村建设具有重要意义。结合上述公共物品的含义、特性、分类以及现阶段在理论上和实践皆以较为成熟的公共服务提供机制，结合"四通五改"工程构建农村基础设施的物品属性分类框架，以进一步强化农村基础设施服务保障机制的特殊性，并为后续对策分析提供引导作用。

---

[1] 靳永翥. 公共服务提供机制 [M]. 社会科学文献出版社，2009：160-162.
[2] "四通五改"是指通路、通电、通邮、通广播电视；改水、改厕、改路、改灶、改造住房。

表 2-1-3　农村基础设施的物品属性分类框架

	通路	通电	通邮	通广播电视	改水	改厕	改路	改灶	改造住房
属性	不完全非竞争性和非排他性	不完全非竞争性和非排他性	不完全非竞争性和非排他性	不完全非竞争性和非排他性	不完全非竞争性和非排他性	竞争性和排他性	不完全非竞争性和非排他性	竞争性和排他性	竞争性和排他性
物品类别	准公共物品	准公共物品	准公共物品	准公共物品	准公共物品	私人物品[1]	准公共物品	私人物品	私人物品
供给机制	政府供给、市场化供给、自治组织供给、混合供给	政府供给、市场化供给、自治组织供给、混合供给	政府供给、市场化供给、自治组织供给、混合供给	政府供给、市场化供给、自治组织供给、混合供给	政府供给、市场化供给、自治组织供给、混合供给	市场化供给、混合供给、自治组织供给	政府供给、市场化供给、自治组织供给、混合供给	市场化供给、自治组织供给、混合供给	市场化供给、混合供给、自治组织供给

2.1.2　起点公平理论

在汉代《说文解字》中，公即平分也。现代汉语词典对公平的解释是在处理事情时要合情合理，不能偏袒哪一方面。而基于治理理念将"公"、"平"紧密联系起来，在古典文献中也有记载，如《吕氏春秋·贵公》，其言："公则天下平矣，平得于公。"[2] 西方对于"公平"一词的理解也源远流长。在古埃及文字中，古埃及人用一根半尺长的木杆来表示"公平"一词；在古希腊文字中，古希腊人则用一根直线来表示。而对公平理论的发展做出了突出贡献的学者要数古希腊的亚里士多德，他把公平、公正、平等联系起来，并对不同领域的公平做了详细的划分，将公平划

---

[1] 注：私人物品与公共物品是一种理论上的分类，在现实中，两者没有绝对的鸿沟，譬如一个人买一件衣服，如果是用作自己穿就是私人物品，如果是用作捐赠，就变成公益物品。沼气池、住房、厕所本来是典型的排他性私人物品，由私人生产私人受益，但对于那些因为贫困、资金缺乏烧柴导致环境破坏的欠发达地区山村而言，这些私人物品在新农村建设运动中却是由国家补贴生产的。

[2] 杜帮云.分配公平论[M].人民出版社，2013：17-18.

43

分为法律公平、政治公平以及道德公平等。[1] 随着公平理论的发展，其已延伸到其他学科领域，例如分配公平、社会发展公平、个人发展公平等。根据分配对象属性的不同，笔者认为分配公平包括私人消费物品分配公平和公共消费物品分配公平。由于我国是社会主义国家，私人消费物品必须分配公平。以按劳分配为主体，多种生产要素按贡献参与分配正是私人消费物品分配公平的体现。而公共消费物品本身就具有公平的特性，即非排他性和非竞争性，多人能从其消费中获益，所以必须保证公共物品消费分配公平。根据时间序列，公平也可以分为起点公平与结果公平。起点公平较结果公平更具激励性，而对结果公平而言，起点公平是其基础与前提。[2] 根据我国现阶段的基本国情，社会发展的任务是实现共同富裕，实现人的全面自由发展。由此我们可以推测出：社会发展公平与个人发展公平属于起点公平范畴，而共同富裕、实现人的自由全面发展属于结果公平的范畴。根据众多学者对公平观的理解，分配公平是社会发展公平与个人发展公平的前提条件。而社会发展公平是个人发展公平的前提条件。

何为起点公平呢？不同的学者有不同的起点公平观，一般理解为在不同的行为主体中，使主体的起点条件平等。杨杨、陈思认为一般的起点公平观只是形式上的公平，就像赛跑一样，仅仅画出一条一致的起跑线，掩盖了事实上的不公平，真正的起点公平还应包括能力与机会的公平，即发展能力与机会的公平。她俩认为要使发展能力公平，在事实上办不到，连形式上也做不到。[3] 笔者也认同这种观点，但是我们不应该为此放弃努力。我们应该在起点公平理论的指导下尽最大努力满足实现起点公平的条件。综上所述，我们可以看出，起点公平包括形式上的公平，还包括深层次的发展能力公平与发展机会均等。至此，我们将反问，什么因素影响起点公平呢？刘尚希认为消费决定起点公平。他也强调个人基本能力是在消费过程中形成的，而且随着消费差距的不断扩大，社会成员之间的能力差距也将不断扩大。所谓的起点不公平也是发展能力的不公平，实际上就是由于消费的不公平所造成的。与分配公平相对应，消费分为私人消费和公共消费。私人消费是以私人的收入或财产

---

[1] 李萍，李志舟，李秋红. 统筹城乡发展与效率公平的权衡[J]. 西南财经大学出版社，2006：17.

[2] 李爽. 起点公平和机会公平是现实分配公平的前提与基础[J]. 中国金融，2007（16）：28-30.

[3] 杨杨，陈思. 起点公平、过程公平和结果公平辨析[J]. 辽宁师范大学学报（社会科学版），2010，33（3）：33-35.

为基础的。公共消费是指对政府提供的公共服务的消费。[1] 这也验证了前文所述分配决定能力。为了论述本课题研究的主题——贫困地区农村基础设施服务提供保障机制，笔者重点关注公共消费对起点公平的影响。

现阶段，城乡之间、地区之间的发展速度不断接近，但是其发展仍差距不断扩大，究其具体原因体现为起点不公平。正如西蒙·库茨涅茨在《各国的经济增长》一书中指出，目前发达国家在过去一个或一个半世纪中能够实现经济总产值和人口平均产值的高速增长率，而目前许多欠发达国家在此期间却未能成功地达到使其进入发达国家行列所要求的按人口平均值及相关的结构，其原因是初期的人均产值水平低，尽管在相当长的时期内有高速增长等。[2] 新中国成立以来，为了加快实现工业化，国家实行农业支持工业、农村支持城市的发展战略，将经济资源和生产要素不断流向工业与城市，尤其是在工业化过程中实行的工农产品价格剪刀差政策，将农业资源用来发展工业。这样，一方面加剧了农业与工业的收益差距，另一方面也抑制了农村的经济发展速度，加剧了城乡发展差距。再随着市场化改革，城乡之间、区域之间的发展差距进一步扩大。市场化改革强调竞争、效率，强调实现资源的最优配置。在进行市场化改革中，城市和农村相比，农村的起点水平低、竞争机制不完善、难以实现资源的最优配置；工业与农业相比，农业生产周期长、前期投入大、效益水平低等。要实现规模经济，获得较高的效益水平，提高竞争力，实现资源的最优配置，各类经济发展资源必然倾向于流向城市和工业，这样也就加剧了城乡发展差距。而且建立特区，优先发展东南沿海的政策，也会促进各类经济资源向东南沿海流动，加剧地区间的发展差距。

综上，无论是政策导向也好，市场化改革也好，这些造成起点不公平的具体原因归根结底是分配的不公平，是公共消费物品分配的不公平。分配不公平的内涵是分配不公正或分配不平等。分配不公正即贡献与收益不对称，包括两种情况：一是贡献大不多得，贡献小不少得；二是贡献大少得，贡献小反而多得。分配不平等即收入悬殊，收入差距超过了广大社会成员所能容忍的限度，包括贡献有差别，但相对于贡献差别而言，收入差距要大得多。[3]

公共消费物品分配属于第二次分配，第二次分配要更加注重公平。政府提供贫

---

[1] 刘尚希.消费公平、起点公平与社会公平[J].税务研究，2010（3）：14–17.
[2] 胡长清.共同富裕论[M].湖南人民出版社，1998：174.
[3] 杜帮云.分配公平论[M].人民出版社，2013：50.

困地区农村基础设施服务属于第二分配的范畴，实际上是政府运用公共资源特别是公共财政资源为贫困地区提供公共服务。受历史因素与政策导向因素的影响，现在贫困地区农村曾经大力支持工业与城市的发展，但并未获得足额的回报。各级政府并没有充分重视改善农村基础设施服务供给状况和增加农民的发展资源与机会，加剧了农村社会发展的滞后状况，即农村贡献大而不多得。而且随着社会发展的滞后，农村居民和城市居民、贫困地区居民与发达地区居民在知识、技能、就业机会等方面将会产生巨大的差距，使其收入差距不断扩大。即在实现收入平等过程中，他们起点已经不公平。根据分配与起点公平的关系，要实现贫困地区农村公共服务供给公平，保障起点公平，就得让承担了公共服务费用的公民和法人（含纳税和实际交费）享受到同等数量和质量的服务，其中特别是让公民享受到福利性质的同等公共服务。[1] 在现实中，公共服务应该按照罗尔斯《正义论》第二原则来供给，即适合于最少受惠者的最大利益。而最少受惠者的确定，罗尔斯认为可通过选择某一特定社会地位或按达不到中等收入水平的一半的标准来确定。[2] 由于历史因素与现实因素的影响，我国现阶段最少受惠者是那些处于弱势地位或社会边缘的人，包括老弱病残以及生活在边远贫困山区的人群。所以在公共服务供给过程中应该尽量倾向于贫困地区农村，完善其基础设施，优化其发展环境。

正如前文所述，分配状况影响发展能力。根据一一对应关系，公共消费物品供给影响社会发展能力，私人消费物品分配影响个人发展能力。

公共消费物品供给怎样影响社会发展能力呢？基础设施是典型公共物品，其具体包括交通、电力、电信、教育、卫生等。基础设施是促进社会发展的一种物质保障，起辅助作用。完善的基础设施能够节约成本、刺激产出、提高生产率，优化社会发展环境，实现各类生产要素的自由流通，增强社会发展能力。杨军根据结构理论分析基础设施对经济增长作用，认为我国基础设施滞后于直接生产发展，基础设施的短缺成为制约经济发展和增长的"瓶颈"。[3] 经济发展与社会发展是紧密相连的，要想实现社会的发展必须提供基础设施服务，以增强社会发展能力。私人消费物品分配影响个人发展能力。私人物品消费受家庭财产与收入的影响。私人消费包括衣食住行消费、通信消费、教育培训消费、医疗卫生消费、文化娱乐消费等。这些私

---

[1] 龙兴海、曾伏秋. 农村公共服务研究 [M]. 湖南人民出版社，2009：11.

[2] 约翰·罗尔斯. 正义论 [M]. 中国社会科学出版社，1988：8、79.

[3] 杨军. 基础设施对经济增长作用的理论演进 [J]. 经济评论，2000（6）：7-10.

人消费直接影响个人能力的形成与发展。财产多或收入水平高，对各类的私人物品的消费就多，个人能力水平相应也较高。例如医疗卫生服务消费不足，个人的身体素质将会受影响；教育培训消费不足，个人的受教育水平将会受到限制，最终导致劳动技能缺乏、创业能力不足，影响个人发展能力。这样个人在实现目标时，就会显得能力不足。这也是起点不公平的体现。从上面内容我们也可以看出社会发展能力影响个人发展能力。公共服务包括教育服务、医疗卫生服务、社会保障服务等。如果社会发展能力强，提供公共服务能力也就强，个人对公共物品的消费也就越多，个人能力的提高就越有保障。以教育为例，教育是培养个人能力的最重要的影响因素。从个人出生到正式就业，学校教育在个人能力形成过程中是关键影响因素，直接影响着个人将来就业创业，影响着个人人生理想目标的达成。要保障个人能力相等，必须保证个人所受教育公平。教育公平是社会公平的基础，教育公平的缺失或受到损害，将极大地影响到其他领域的社会公平，使得其他领域的社会不平等得以延续并进一步放大。[1] 如果社会发展能力强，将有足够的资金提供教育服务，公民个人享受教育资源也就越丰富，教育在培养个人能力的作用就越突出。

　　社会各成员或各地区，要想达到某一目标，除了拥有相应能力外还需要合适的机会，避免有力无处使的尴尬境况。机会公平意味着使行为主体的自主活动能力得到充分发挥并由此取得成就。机会公平是相对的，正如能力公平是相对的，没有绝对的机会公平，但政府与社会要积极采取有效措施营造机会公平的环境。无论其历史背景如何，都应该赋予那些有同样愿望且有能力实现某一目标的地区或个人使用公共服务资源的机会，使其具有成功前景。[2]

　　长期以来，贫困地区农村受地理因素、城乡二元结构、经济发展水平低等因素的影响，所被分配的公共服务资源较城市和发达地区较少，发展能力严重不足，社会发展受到严重的制约，其农村居民发展也受到严重影响。现阶段的农村社会发展落后，农业基础薄弱，农民发展渠道狭小，农民增收困难，正是农村社会发展能力不足、村民个人发展能力不足的表现。完善贫困地区农村基础设施服务保障机制，合理配置基础设施服务资源，给予公平发展机会，能增强贫困地区农村的社会发展能力和农村居民的个人发展能力，在全面实现小康社会和实现共同富裕过程中实现起点公平。综述，要实现起点公平，必须同时实现能力公平与机会公平。

---

[1] 邵蕴然. 教育公平呼唤教育起点公平 [J]. 经济师，2012(8)：41-42.
[2] 杜帮云. 分配公平论 [M]. 人民出版社，2013：136-137.

2.1.3 新公共服务理论

新公共服务理论是以美国公共管理学家罗伯特·登哈特为代表的众多公共管理学者基于对新公共管理理论的反思，特别是针对新公共管理理论之精髓的企业家政府理论缺陷的批判而建立的一种新的公共管理理论。[1] 新公共管理理论崇尚私营机构管理技术，强调分权、委托是医治公共管理机制僵化痼疾的有效方法，主张有限政府，减少政府过度干预，充分发挥市场机制的调节作用。管理的自由化和市场化是新公共管理蕴含的两大支柱理念。

一切事物都是运动变化发展的。尤其是高速发展的现代知识经济社会，人们对教育水平、信息技术、各种知识等拥有强烈的需求；要求高质量的和多样化的产品和服务；随着公民民主意识的发展，要求政府给予更多的利益与自由，而"行动缓慢、刻板、低效率"的官僚制在这种情况下显得力不从心。作为新公共管理理论之精髓的企业家政府理论伴随着官僚制危机而出现。企业家政府理论试图把企业经营的管理技术与方法移植到政府中来，用竞争机制提高政府运行活力，用新的技术与方法提高资源利用率，注重投入产出比，以提高政府绩效。作为企业家政府理论的主要代表戴维·奥斯本认为企业家政府有以下十项基本特征：掌舵而不是划桨；授权而不是服务；把竞争机制注入到提供服务中去；改变照章办事的组织；按照效果而不是按投入拨款；满足顾客的需要，而不是官僚政治的需要；有收益而不浪费；预防而不是治疗；从等级制到参与协作；通过市场力量进行变革。奥斯本提出这十大特征对于我们重新认识政府职责和政府所应扮演的角色具有重要的启示。由于企业家政府本身所具有的价值，推动了西方国家的行政改革。正如美国克林顿总统在戴维·奥斯本、特德·盖布勒所写的著作《改革政府——企业家精神如何改革者公共部门》一书题词一样："每一位当选官员都应该阅读本书。我们要使政府充满活力，就必须对政府进行改革。本书给我们提供了改革的蓝图。"由于我国是社会主义国家，价值取向和资本主义国家的价值取向差异非常大。我国注重公平正义、注重以人为本、注重民主科学、注重公共利益、注重平等团结等。虽然企业家政府理论能够对提高我国政府办事效率、增强政府运行活力、增强政府对公民诉求的回应力等具有重要指导意义，但是其中一部分相关原则的价值取向并不合适我国社会的基本情况。

顾客是一个经济学概念。在市场经济中，顾客在消费过程中一手付费一手获取

---
[1] 王乐夫，蔡立辉. 公共管理学 [M]. 中国人民大学出版社，2008：76.

自己满意的产品。这种情形，我们可以理解为谁付费谁获益，而且付费与获益成正比，即付费多少就能获益多少。政府提供贫困地区农村基础设施服务所消耗的财政资源来自于纳税人。现阶段发达地区、城市地区所缴纳的税额大大高于贫困农村地区，而且为贫困地区农村所提供的公共服务，发达地区很少获益或压根没有获益。这样政府服务的直接受益者与那些必须支付税款的纳税人之间存在利益冲突。显然，企业家政府理论倡导的顾客原则在这种情况下并不合适。而且"顾客驱使制度使选择提供者的决定将不受政治影响"[1]的主张在这种情况下也不合适。但这种情况为什么又会发生呢？因为政府是为它们的公民服务而存在的。[2]而且政府提供公共服务属于第二次分配，在第二次分配中要更加注重公平，要为全体公民的共同利益着想。故，"顾客驱动"的原则会产生分配上的重大难题。丁煌认为之所以会出现这种情况的原因是，在政治社会活动中，政府的顾客与市场的顾客具有差异，政府的顾客所掌握的政治资源差距较大，依据市场机制进行运作会使公共部门的管理者对不同的顾客依照其不同的价值，采取不同的对待方式，甚至抛弃那些相对无价值的顾客。[3]如果按照丁煌的解释，政府将不会大力为贫困地区农村提供基础设施服务，但政府基于社会公平必须为贫困地区农村提供基础设施服务。

掌舵是指政府组织负责制定政策，给执行机构提供资金，并评估他们的业绩。划桨是指政府组织具体负责公共服务的提供。[4]掌舵与划桨分开，能够使政府组织集中精力制定各类影响社会发展的政策，避免政府被各类具体事务所束缚。但是基于贫困地区农村现实状况，政府应该扮演划桨而不是掌舵的角色。其一，获取信息是科学制定决策的前提条件。政府在扮演划桨者角色过程中，通过与贫困地区村民积极进行对话或促成村民积极参与能够了解基础设施服务需求信息，进而有针对性的制定政策，掌好舵。其二，贫困地区农村还不具备成熟的条件使政府组织通过私营化或者其他市场手段使私人机构执行具体的划桨任务。政府只有通过身体力行将基础设施服务提供给贫困地区农村，即政府需认真履行划桨者的职责。其三，政府

---

[1] 戴维·奥斯本，特德·盖布勒.改革政府——企业家精神如何改革者公共部门[M].上海译文出版社，2006：132.

[2] 戴维·奥斯本，特德·盖布勒.改革政府——企业家精神如何改革者公共部门[M].上海译文出版社，2006：119.

[3] 丁煌.西方公共行政管理理论与精要[M].中国人民大学出版社，2005：409.

[4] 戴维·奥斯本，特德·盖布勒.改革政府——企业家精神如何改革者公共部门[M].上海译文出版社，2006：9-14.

认真扮演划桨者角色也是构建服务型政府的内在要求，也是实现服务型政府的途径。在我国贫困地区农村，政府努力提供基本公共服务，认真履行划桨职责，既符合农村社会的实际情况，也能促进地区平等、城乡平等，营造团结稳定的和谐环境，为实现共同富裕创造前提条件。

理论上再完美也需要符合实际情况，正如丁煌所说：理论上再完美的市场，在实际生活中都会产生政治性与社会性的分裂，造成相应的不稳定，企业家政府理论中以市场驱动和市场刺激应用于公共部门的管理和组织原则，将会对制度的不稳定和合成力造成危害，因为在政治领域内的需求和组织行为与市场中的需求与组织行为不同。[1] 而且，强调市场作用的企业家政府理论很有可能会损害诸如公平、正义、代表制和参与等民主和宪政价值。[2] 针对新公共管理理论之精髓的企业家政府理论缺陷，新公共服务理论应运而生。而且新公共服务理论的价值取向符合我国现阶段社会的价值取向，故将之作为本研究的理论基础。

新公共服务指的是关于公共管理在以公民为中心的治理系统中所扮演的角色的一套理念。[3] 新公共服务以民主公民权、社区与公民社会理论、组织人本主义和新公共行政、后现代公共行政为理论来源，主张促进公共服务的尊严和价值；将民主、公民权和公共利益的价值观重新定为公共行政的卓越价值观。具体说来，登哈特的新公共服务理论主要包括下列几种理念。

（1）服务于公民，而不是服务于顾客：公共利益是共同利益进行对话的结果，而不是个人自身利益的聚集。因此，公务员不是要仅仅关注"顾客"的需求，也要着重关注于公民并且在公民之间建立信任和合作关系。

（2）追求公共利益：公共行政官员必须促进建立一种集体的共同的公共利益观念。这个目标不是要找到由个人选择驱动的快速解决问题的方案。更确切地说，它是要创立共同的利益和共同的责任。

（3）重视公民权胜过重视企业家精神：致力于为社会做出有益贡献的公务员和公民要比具有企业家精神的管理者能够更好地促进公共利益，因为后一种管理者的行为似乎表明公共资金就是他们自己的财产。

（4）思考要具有战略性，行动要具有民主性：满足公共需要的政策和项目可以

---

[1] 丁煌. 西方公共行政管理理论与精要 [M]. 中国人民大学出版社，2005：409.
[2] 丁煌. 西方公共行政管理理论与精要 [M]. 中国人民大学出版社，2005：416.
[3] 王乐夫，蔡立辉. 公共管理学 [M]. 中国人民大学出版社，2008：76.

通过集体努力和合作过程得到最有效并且最负责的实施。

（5）承认责任并不简单：公务员应该关注的不仅仅是市场；他们还应该关注法令和宪法、社区价值观、政治规范、职业标准以及公民利益。

（6）服务，而不是掌舵：对于公务员来说，越来越重要的是要利用基于价值的共同领导来帮组公民明确表达和满足他们的共同利益需要，而不是试图控制或掌控社会新的发展方向。

（7）重视人，而不只是重视生产率：如果公共组织及其所参与其中的网路基于对所有人的尊重而通过合作和共同领导来运作的话，那么，从长远来看，就更可能取得成功。[1]

贫困地区农村基础设施服务是一种典型的公共物品。然而，严佳华、何植民认为我国长期以来实行的城乡分割体制与制度，将有限的财力和物力绝大部分投向农村，农村公共物品供给正处于匮乏状态，突出表现为：农村基础设施总体供应不足；供需结构失衡；供给体制不合理；供给资金使用效率低。[2] 针对农村公共物品供给不足的局面，新公共服务理论能够为改善这种局面提供适宜的理论基础。

新公共服务理论主张政府应该服务于公民，而不是顾客。政府为农村地区提供基础设施服务不是服务于其顾客，而是服务于公民。顾客谋取的是个人自私的短期利益，而政府提供的基础设施服务是属于公共物品，具有公共利益的性质。且政府为农村所提供的基础设施服务也不符合支出与收益对等的原则。而顾客在消费过程中坚持支出与收益对等。政府服务于公民，其将关注公民的利益，关注公民长远的需要。

新公共服务理论重视人，而不只是重视生产率、关注公民的利益、重视公民权。现阶段，有些贫困地区农村还存在农民看病难、看病贵、出行不便、教育落后、卫生环境差、家庭生活能源不足等问题。政府基于农村居民切身利益的考虑，加大农村基础设施服务提供力度，能够有效解决上述问题，改变农村基础设施服务不足的境况，进而促进农村居民的全面发展，满足农村居民日益增长的物质文化需求，保障农民的发展权。

---

[1] 珍妮特·V·登哈特，罗伯特·B·登哈特. 新公共服务：服务，而不是掌舵[M]. 中国人民大学出版社，2010：40-41.

[2] 严佳华，何植民. 新农村建设中的公共物品有效供给的路劲选择[J]. 社会科学家，2007（3）：142-144.

新公共服务强调思考要具有战略性，行动要具有民主性。新公共服务理论强调思考要具有战略性意味着在行动中需要树立全局观念，确定长远目标，切不可急功近利，忽视局部利益。贫困地区农村基础设施服务是促进农村经济社会发展的前提条件。完善的农村基础设施能够帮助村民进行生产和生活活动，促进农业、农民、农村问题的解决，加快全面建成小康社会，构建社会主义社会和谐，现实农民的中国梦。故此，将贫困地区农村基础设施服务提供纳入新农村建设的总体规划，纳入西部大开发的总体部署，从战略层面符合贫困地区农村居民的基础设施服务需求愿望，然后有计划有步骤地推行。行动具有民主性意味着要将民主价值和实现民主的方式融入具体的公共服务提供过程中。随着政治民主化进程的不断推进，广大群众的参政议政能力不断增强，民主价值应该扩大其应用领域。十七大报告指出：要从各个层次、各个领域扩大公民的有效参与；要保障人民的知情权、参与权、表达权、监督权。这将公平正义赋予了民主新意，有利于逐步实现政府的治理与基层群众自治良性互动，增强社会自治功能。政府为贫困地区农村提供基础设施服务需要实现决策的科学化和民主化，保障决策的预期目标是满足贫困地区农村居民的需求。如果政府能够保障村民拥有知情权、参与权、表达权和监督权，实现政府与村民的良性互动，将有利于获取村民真正需求信息，进而保障决策的科学化和民主化，最终实现决策的预期目标符合村民的需求。

通过将企业家政府理论和新公共服务理论进行对比发现，新公共服务理论的价值取向、主张符合我国现阶段政治发展、经济建设、社会管理的要求，能够为政府提供农村基础设施服务提供理论指导。

2.2 相关概念辨析

2.2.1 基础设施及其相关概念

2.2.1.1 基础设施概念理解和内涵界定

基础设施（infrastructure），源于拉丁文 infra 和 structure，译为"基础"即"建筑物的最下层部分"，比喻事物发展的起点或根本。"设施"解释为"生产或生活中配备的器械、用具等"。[1]其后在增补本(2000年版)中陈绂、聂鸿音将设施译为"为进行某项工作或满足某种需要而建立起来的机构、组织、建筑等"。可见，随着社会的发展和文化的进步，基础设施的内涵也在不断地发展和丰富。

早在20世纪40年代，北大西洋公约组织将"基础设施"一词最先引用于军事领域，称为"军事基础设施"。在《韦氏辞典》中将其解释为"指用于部队军事行动的基地、服务训练设施等构成的系统"。《RANDOM HOUSE 全文词典》中解释为"一个国家的军事设施包括运送部队所需的公路、机场、港口以及能源设施、供水系统"。军事基础设施的研究与运用充分启发了经济学家对"基础设施"一词的使用。

20世纪40年代后期，西方经济学家试图将"基础设施"一词引入经济研究领域，用其帮助研究经济结构和社会再生产理论中，使之外延扩大到社会基础设施和经济基础设施。正如《美国传统词典》定义的："基础设施是一个社会或团体发挥作用所必不可少的基本的设备、服务和装置，比如交通和运输系统、水和能源管道以及学校、邮局、监狱等公共机构。"《RANDOM HOUSE 全文词典》中也有相关记录："基础设施是服务于国家、城市或区域的基本的设施和系统，比如交通运输、发电站和学校。"

随着20世纪中期世界经济的飞速发展，西方经济学家们把基础设施概念的外延进一步扩大至政治制度、法律体系和社会风尚等新的领域，使其具有了外部性和规模经济的特点。在1982年McGraw-Hill图书公司出版的《经济百科全书》中对基础设施的定义最能代表经济学家们的观点，书中定义为"基础设施是指那些对产出水平或生产效率有直接或间接提高作用的经济项目，主要内容包括交通运输系统、发电设施、通讯设施、金融设施、教育和卫生设施，以及一个组织有序的政府和政治体制"[2]。

"基础设施"一词的含义随着不同领域学者认识的不断深入而不断丰富和变化。为了避免研究使用中难以把握其内涵和外延，世界银行在《1994年世界发展报告：为发展提供基础设施》中给出了比较权威的定义，把基础设施分为经济基础设施和社会基础设施。其中经济基础设施是指"永久性的工程构筑、设施、设备和它们所提供的为居民所用和用于经济生产的服务"，包括这几个方面：第一，公用事业：电力、电信、管道煤气、供水、卫生设施以及排污、固体废弃物收集与处理系统；

---

[1] 陈绂，聂鸿音. 现代汉语词典(第一版)[M]. 北京师范大学出版社，1993.

[2] 吴庆. 基础设施融资指南[J]. 中国投资，2001(1).

第二，公共工程：道路、大坝和灌溉及排水渠道工程；第三，交通设施：铁路、城市交通、港口、水运和机场。将经济基础设施之外的如科教文卫、环境保护等有利于形成人力资本、社会资本、文化资本等，调整和优化经济结构、改善投资环境、推动经济发展的统称为社会基础设施。

基础设施是社会发展和经济增长的重要物质基础。不同领域的学者按照自己的方法，研究解释基础设施的发展，并提出了许多相关发展理论。在我国基础设施概念的提出，早期较为主流的观点是把基础设施看作经济基础设施和社会基础设施的混合体。典型的有于光远主编的《中国经济大词典》将其解释为："基础设施是指为生产、流通等部门提供服务的各个部门和设施，包括运输、通讯、动力、供水、仓库、文化、教育、科研以及公共服务设施。"

综合国内外关于基础设施含义的发展研究，笔者将基础设施区分为狭义和广义基础设施。狭义的基础设施仅指经济基础设施，在2000年和2001年国务院的《政府工作报告》中定义经济基础设施是指在社会生产和人民生活中起基础作用的公共设施和公共工程主要包括道路、铁路、机场、港口、桥梁、通讯、水利工程、城市供排水、供气、供电、废气物的处理等。广义的基础设施不仅包含经济基础设施，还包括有教育、科技、文化、卫生、社会制度等一切可以为社会生产和居民生活提供公共服务的物质工程设施和制度设施，是国家或地区社会经济系统正常运行的保证，是社会赖以生存发展的一般物质条件和制度条件。

2.2.1.2 相关概念辨析

随着基础设施内涵和外延的不断演变，与之相关的概念主要列举如下：

2.2.1.2.1 是经济基础设施与社会基础设施

二战后，经济学家们把基础设施引入经济学领域，并就不同的研究方向给予不同的定义。最具代表性的是《1994年世界发展报告：为发展提供基础设施》，将基础设施分为经济基础设施和社会基础设施，其中将经济基础设施定义为："永久性的工程构筑、设施、设备和它们所提供的为居民所用和用于经济生产的服务，都不同程度地存在着规模经济和外部性。"具体包括：公用事业：电力、管道煤气、供水、卫生设施、排污、垃圾收集与处理系统等；公共工程：道路、水利设施；交通设施：城市交通、铁路、飞机场、港口和水运。"社会基础设施"是相对于"经济基础设施"提出的，是指经济基础设施范围以外的包括科教、医疗卫生等都属于社会基础设施。

2.2.1.2.2 农村基础设施与城市基础设施

"农村基础设施是指与农业生产、农民生活、农村发展密切相关的各类基础设施，是支撑农村经济和社会发展的重要物质基础，也是衡量农村发展水平的重要方面。"[1]一般观点认为，农村基础设施是发展农村经济、改善农民生活、提高农业水平的各种物质基础设施和服务制度的总和。为了强化农村基础设施的作用，2008年党中央十七届三中全会明确提出要健全农村公共设施维护机制，提高农村基础设施的综合利用效能。著名经济学家林毅夫提出"社会主义新农村建设的着手点就是农村基础设施建设，认为农村的基础设施建设既能达到农村的'村容整洁'，又能消化农村过剩生产能力，提高农民收入，进一步促进'乡风文明'"[2]。农村基础设施建设是建设社会主义新农村的重要内容，直接关系到农村面貌的改变、农业生产条件的改善和农民生活质量的提高。中国新农村建设的相关法规文件指出，农村基础设施包括："农业生产性基础设施、农村生活基础设施、生态环境建设、农村社会发展基础设施四大类。农业生产性基础设施：主要指现代化农业基地及农田水利建设；农村生活基础设施：主要指饮水安全、农村沼气、农村道路、农村电力等基础设施建设；生态环境建设：主要指天然林资源保护、防护林体系、种苗工程建设，自然保护区生态保护和建设、湿地保护和建设、退耕还林等农民吃饭、烧柴、增收等当前生计和长远发展问题；农村社会发展基础设施：主要指有益于农村社会事业发展的基础设施，包括农村义务教育、农村卫生、农村文化基础设施等。"[3]

城市基础设施和农村基础设施是根据基础设施建设所处的区域来划分的相对概念。城市基础设施是指为城市居民生活和直接生产部门提供共同公共服务和物质工程设施，是保证城市生存和发展顺利进行的一切要素的总称。从经济活动的性质和作用方式来看，城市设施可以分为三类："一是功能性设施，如工业、建筑业、商业等部门的设施；二是社会性设施，如文化教育、卫生、体育、环保、园林绿化、行政管理部门等；三是基础性设施，包括能源供应系统、水源与给水排水系统、交通运输、邮电通讯系统、生态环境系统和城市防灾系统。"[4]城市基础设施建设，关系到城市的发展面貌、市民的生活质量、生产部门的经济水平，它是达到经济效益、

---

[1] 国家发展和改革委员会.农村基础设施建设发展报告（2008年）[M].北京：中国环境科学出版社，2008.

[2] 林毅夫.对新农村建设的几点建议[J].科学决策，2006.8：28-29.

[3] 孙晖，张雪，孟令一.农村基础设施建设调查研究[J].金田社会视野，2013（5）.

[4] 郝守义，安虎生主编.区域经济学[M].经济科学出版社，1999：357-358.

社会效益和环境效益的必备条件之一。在不同地区、不同时期对城市基础设施的要求有所不同。城市基础设施的建设要充分满足人民日益增长的物质文化需要，同时也要重视环境保护，合理配置资源，促进经济增长和生态保护和谐统一。

2.2.1.2.3 物质基础设施和制度基础设施

目前人们已普遍接受和使用基础设施这一概念，从马克思主义哲学的观点来看，其含义也从最初的"物质基础"走向了"上层建筑"，从物质层面走向了意识层面。在经济学领域中，"社会基础设施"和"经济基础设施"均指可提高人民生活水平，促进经济发展速度的物质保障。然而，在公共服务提供机制中，政府是最重要的主体，但不是唯一。政府更多的是通过制度统治、政策约束和管理协调来界定产权，维护市场竞争机制，保障公共物品和准公共物品的提供过程正常运行。从这个角度来看，政府所提供的政治制度、政策规章、经济制度、管理规范等都属于"制度基础设施"。举例来说，21世纪初，党和国家领导人提出"西部大开发"政策，政策的具体内容就包括了各项基础设施建设的要求，譬如"四通五改六进村"，这就全面涵盖了经济基础设施和社会基础设施的建设，可以把这二者统称为"物质基础设施"。为了贯彻落实西部大开发政策，各级政府因地制宜制定了一系列政策措施，保障西部大开发工作的顺利开展。这一整套制度体系可称为"制度基础设施"。

2.2.2 机制及其相关概念

2.2.2.1 机制与体制、制度

"机制"一词在不同的学科领域有不同的含义，原指一个有机体的构造、功能及其相互关系。现已广泛应用于解释自然现象、社会现象的内部组织和运行变化规律。理解机制这一概念，要把握这两点：一是事物各个部分的存在是机制存在的前提，因为事物有各个部分的存在，就有一个如何协调各个部分之间的关系问题。二是协调各个部分之间的关系一定是一种具体的运行方式；机制是以一定的运作方式把事物的各个部分联系起来，使它们协调运行而发挥作用的。"简言之，机制就是制度加方法或者制度化了的方法。其一，机制是经过实践检验证明有效的、较为固定的方法。其二，机制本身含有制度固化的倾向，而单纯的方式、方法往往体现为行动的一种偏好或经验。此外，一种机制要依靠多种方式才能发挥作用，而单一的方式则在具体行动中同样可以发挥作用。一般而论，机制定位于系统建构和制度理性外

化的工具选择层面，机制既是静态的也可能是动态的，而方式则属于工具层面。当然，制度安排决定工具选择，工具执行的能力则反映制度绩效。"[1]

"机制"一词常常伴随着"体制"、"制度"出现，这三者如何区分，存在怎样的联系呢？

体制通常出现在管理学领域，是指国家机关、企事业单位的管理权限划分、机构设置以及相应关系的制度，即有关组织形式的制度，限于上下之间有层级关系的国家机关、企事业单位，它是国家基本制度的重要体现形式，为基本制度服务。国家基本制度具有相对稳定性和单一性，而体制却灵活多样。从哲学角度来看，体制是生产力、生产关系和上层建筑之间相互联系的纽带。体制和机制的内涵不同，"体制"是管理机构和管理规范的结合体，而"机制"是事物内部相互联系，在机制的建立上，制度的作用更加直观。

一般来讲，制度是指要求大家共同遵守的办事程序和行动准则，也指在不同时期、不同历史背景下形成的法令、习俗、条约、行为规范等。"不以规矩不成方圆"，制度就是为达到组织目标，约束、规范、引导组织成员行为的条文。

在一定条件下，通过建立适当的体制和制度，可以形成相应的机制。从管理机制来说，它的实现主要依靠组织职能和岗位责权的调整与配置，即组织管理体制，以及法律、法规和组织内部规章制度，即制度。同时，要想达到转换机制的目的，也可以通过改革体制和制度来完成。如：计划经济和市场经济是两种不同的体制，在这两种经济体制下，形成与之相匹配的经济运行机制和社会管理机制。当然，机制的建立并不能简单地把各项体制和制度相加，它是一项复杂的系统工程，只有当体制健全、制度合理，体制可以保证制度落实，制度可以规范体制运行，各个部分相互契合、相互补充才能充分发挥作用。

2.2.2.2 公共服务提供机制和公共服务保障机制

近年来，"经济调节、市场监管、社会管理和公共服务构成转型期政府职能的四个基本方面"[2]，其中特别是公共服务提供机制与保障机制成为公共管理研究领域的一个热门话题，与之相关的理论探索和政策研究也越来越多。2008年，胡锦涛总书记在中央政治局第四次集体学习时强调，"按照全体人民学有所教、劳有所得、

---

[1] 靳永翥. 公共服务提供机制 [M]. 社会科学文献出版社，2009：43.
[2] 陈振明. 加强对公共服务提供机制与方式的研究 [J]. 东南学术，2007（2）.

病有所医、老有所养、住有所居的要求,围绕逐步实现基本公共服务均等化的目标,创新公共服务体制,改进公共服务方式,加强公共服务设施建设,逐步形成惠及全民的基本公共服务体系"。要达到领导人提出的要求,必须认真探讨公共服务提供机制,创新提供方式,实现从传统的单一提供模式向多元化提供模式发展。

传统公共服务理论认为,由于公共服务同公共物品一样都具有非竞争性、非排他性以及外部性、投资大等特点,使得市场和社会组织难以提供或不愿意提供。这种情况下,政府或其他公共部门理所当然成为公共服务的唯一或主要提供者,形成传统公共服务提供的政府垄断模式。然而,对于这种政府几乎包揽一切的公共服务模式,人们一直持怀疑态度。这种质疑的声音主要来自两个方面:一是政府失灵;二是由于公共服务有时不完全具有非排他性和非竞争性,它既包括纯公共服务,还包括有介于纯公共服务和私人服务之间的准公共服务。正是这些问题的存在,推动公共服务提供主体进一步发展。

18世纪欧洲,亚当·斯密主张由市场解决资源配置问题。市场是无形的手,能够有效地进行资源配置,达到最优状态。除纯公共物品和公共服务之外,公共资源和俱乐部物品在一定程度上都会产生拥挤,具有私人物品性质。这就使得市场提供具有私人物品性质的混合公共物品成为可能。况且,在新公共服务理论出现后,强调以政府为代表的公共部门要注重服务,而不是掌舵。政府在公共服务提供中,承担决策和供应责任,明晰产权,维护市场秩序,而私人部门负责生产和经营管理。这样,既能引入市场竞争机制,提高公平性和效率;又能打破政府垄断,杜绝低效率和资源浪费。当然,市场不是万能的,本身存在局限性。诸如,偏远农村公共物品和服务的提供是市场忽视的角落。

公共物品和服务除了上述所说由政府和市场供给外,还存在着社会组织自主型供给,这是公共服务提供机制的辅助与补充形式。当政府和市场精力有限时,那些被暂时搁置的本应属于他们的公共物品和服务往往会比实际需要晚来一步。这时,由不同个人或团体自愿组建起来的,为达成共同目标而努力的组织就会很合时宜地出现,暂称其为社会自治组织。这种组织以自愿和利他为前提,相互帮助和自我服务,实现公共服务的自我提供,有效解决政府和市场管理范围的盲区。

"将公共服务提供机制进行明确的分类,其实主要是出于学术研究上的考虑,而现实的公共服务活动中往往是政府代理、市场化和自愿三种机制的混合体。"[1] 这种混合型机制表现为政府、市场、社会团体、个人等多方共同参与的资源配置与公共服务生产与提供的活动流程。其特征是多元共治、合作提供、目标协商、利益共享。公共服务提供机制由传统的政府垄断模式发展到市场供给、社会自主供给，再到多元合作提供，是公共服务提供机制及模式发展变化的一条基本轨迹，见表2-2-1。

表2-2-1　公共服务提供机制

历程	传统模式	发展模式		多元模式
主体	政府	市场	第三方自治	三者混合
特征	政府包揽	放松管制 市场运作	自愿机制 辅助机制	强化政府责任 多中心治理

政府、市场和社会组织在公共服务提供主体多中心发展中，只有遵循公共服务内在规律和实际需求，提供相应的保障措施，才能保证公共服务提供机制的有序、高效运行，这就是公共服务保障机制。其中包括决策机制、资金保障机制、经营管理机制、组织与制度保障机制、绩效评估机制、竞争机制、约束和监督机制等等。资金保障机制是公共服务提供的物质基础；经营管理机制是公共服务可持续发展的保证；组织与制度保障机制是维护秩序、保证公平与效率的工具；绩效评估机制是提高公共服务质量的手段；竞争机制是节约成本、防止权力寻租和腐败的武器；约束和监督机制是提高服务"4E"标准和增加公众满意度的有效措施。

实现全面协调发展、构建社会主义和谐社会是时代主题，提高公共服务质量和效率是时代要求，完善公共服务提供机制是途径，构建公共服务保障机制是前提。

2.3　农村基础设施服务保障机制的理论研究框架

2.3.1　研究逻辑

根据项目研究的逻辑，本研究分为四个专题。

2.3.1.1　一般理论分析和研究模型建构

这是课题研究的基础性工作，研究内容包括：①基本概念范畴的内涵界定及其

---

[1] 靳永翥. 公共服务提供机制[M]. 社会科学文献出版社，2009：52.

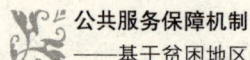

相互关系,如贫困地区,农村基础设施,保障机制、运行方式、制度安排、体制等概念的内涵及区分,以及研究中将要涉猎的关键词汇。②理论假设与理论基础部分,本研究将主要把和政策强化（Police enhanced Hypothesis）作为理论假设。"政策强化"与政策弱化相对而言,作为一种假设,它设想某一执政党为了谋求连任或巩固执政地位,需要将某一项或几项最受绝大多数公民欢迎的或者公众需求最强烈的公共服务项目在不同的战略决策阶段进行环节式任务型强化,地方政府的公共服务活动则成了政策强化的主要途径。具体推论在后续研究中将一一呈现。③分析影响贫困地区农村基础设施服务提供机制选择的条件、原则、动力机制和可能出现的正反两方面后果,如表2-3-1。④分析影响贫困地区农村基础设施服务提供机制选择因素,设定相关变量。⑤依据变量设计研究模型,如图2-3-2。

表2-3-1 影响贫困地区农村基础设施服务提供机制选择的分析层次

条件	自然条件	地域偏僻、居住分散、环境恶劣、信息闭塞、基础设施缺乏规模效应……
	社会条件	国家政策倾斜、融资与资金监管和使用、政府职能转型、市场化程度、乡村民间社会发育状况、人的素质、基础设施的管理能力……
原则	多数受益原则	项目规划的产生方式、资金监管、项目贡献或绩效评估、满意度调查……
	兼顾少数原则	资金解决方式、村民自助与国家补助结合、通过关系资本寻求外围帮助…
	政府主导原则	资源获取和项目配置、生产组织、专家聘请、社会动员、任务协调……
	多元化原则	政府掌舵、市场、合同外包、竞争、关系资本、农民自救、民间合作……
	灵活性原则	机制混合与机制替换、传统有效运作方式的经验吸取与机制创新……
动力机制	内生动力	公共需求与角色定位:正:尽可能满足公共利益;负:"多数剥削少数"
		个人利益与角色错位:正:积极参与;负:"搭便车"与集体行动的破产
	外生动力	政策强化:正:贫困农村基础设施投资增加;负:样板工程和"一阵风"
		政绩驱动:正:官民合作、政府信任度增加;负:浪费和项目的非持续性

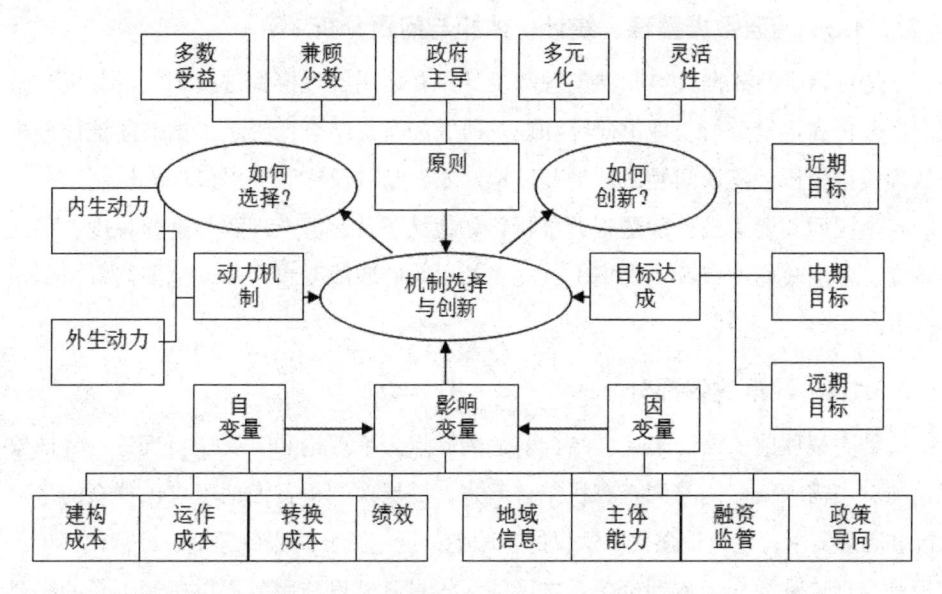

图 2-3-2　贫困地区农村基础设施服务保障机制研究的分析模型

2.3.1.2　实证调研

这是课题研究的重点部分，研究任务包括：①抽样范围的确定。依据课题组织者的资源条件，暂将湖北省巴东县和长阳县、山西省阳高县、贵阳市花溪区周边的乡、毕节黔西县和湖南省花垣县部分乡镇作为主要调研对象，选点从地域交通、人年均收入和民族构成几方面考虑兼顾，以体现选点的代表性。②考察内容的拟定。因为按照世界银行的归类，农村基础设施分为自然性基础设施（大致相当于硬件建设，譬如道路、桥梁）和社会性基础设施（大致相当于软件建设，譬如乡村文化、娱乐设施）。故此，本项目主要将乡村公路和水库水渠小水窖工程（自然性基础设施）等的建设与管理作为贫困地区农村基础设施服务保障机制研究的主要考察内容，在条件允许的情况下对乡村图书馆建设或娱乐设施（社会性基础设施）进行调研。在每一个县选取有代表性的一个项目进行重点考察，兼顾考察其他项目的建设与管理状况，以定量与定性结合的研究方法，进行纵横向的相关数据、质量、性质或程度的对比研究，从政策问题建构、政策制定过程、服务资金投入、基础设施生产、监督和提供责任承担、项目生产的绩效评价、管理和后期维修融资等保障机制以及机制创新方面考察贫困地区农村基础设施服务保障机制的现状及存在问题。③在调研层次上，分为县、乡、村和自然村四个层次进行实地考察。

61

2.3.1.3 调研数据整理、统计、建模与问题分析

一是对调研的数据材料归纳整理和统计，并运用数理模型进行相关性分析，做到定性分析和定量分析、理论研究和规范研究的有机结合；二是根据前述统计分析和数理模型分析，发现问题，从与贫困地区农村基础设施服务提供保障机制选择相关的各个层面和要素进行问题根源剖析，如地域条件、群众理解与合作程度、民众满意度、基层政府的资源（筹集）状况、基层政府职能要求、活动范围与责任兑现程度等。

2.3.1.4 政策建议部分

一是决策理论依据的阐述。结合前述的起点公平理论和需要层析理论，将抽象理论与农民需求偏好问卷调查有机结合起来，深层次剖析贫困地区农民群众的生存状况和心理需求；"政策强化"假设的基础上，运用新公共服务理论、民营化理论、公民社会理论和社会资本理论，对贫困地区农村基础设施服务提供机制创新的必要性和可行性进行论证。二是政策建议的提出。参考国内外基础设施服务提供机制运作的成功经验和教训，结合前述理论依据和西部大开发的政策背景，展开贫困地区农村基础设施服务保障机制的对策建议研究。

四个专题及其逻辑关系如图 2-3-3 所示：

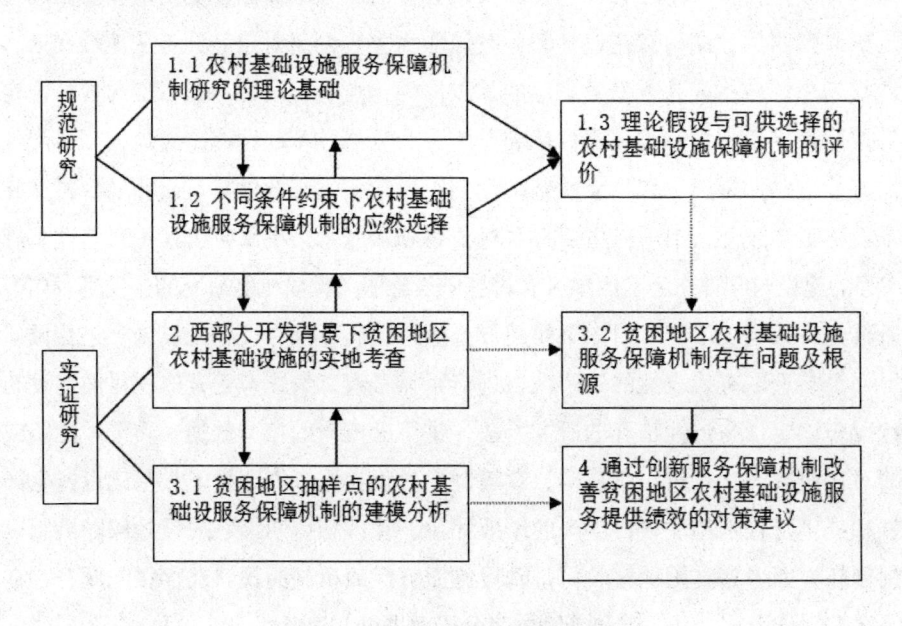

图 2-3-3　四个专题及其逻辑关系

2.3.2 要素模型

关于农村基础设施服务保障机制分类框架，目前尚没有直接可以利用的研究成果。从一般学理分析的角度，依据不同的标准，农村基础设施服务保障机制可以分为不同的类型：根据提供主体的差异，可分为政府直接提供、市场生产与政府供应相结合、民间自助与志愿提供相结合以及多元化提供的混合型机制；根据公共项目资金来源，可以分为中央或地方财政直接投资、市场融资、民间融资和外资借贷等保障机制；根据基础设施服务提供的规则保障层次，可以分为宪法保障、一般法律保障、战略性规划保障和地方阶段性发展规划保障等。本研究拟采用另一分类标准，即根据农村基础设施服务提供相互衔接的不同环节要素，构建一个结构分析模型。

其一，贫困地区农村基础设施服务决策保障机制。政策过程一般包括识别问题、决策制定、决策评估、决策执行，而问题构建和公共项目决策是整个政策的逻辑的起点，决定着项目决策的执行方向和最终的决策效果。问题构建和公共项目决策是一脉相承的，主要涉及村民意见的上传过程如何克服信息不对称的障碍；地方政府如何收集关于农村基础设施服务提供中全面、及时而准确的信息；群众的差异性需求偏好如何转化成集体性需求以及农村公共需求如何达致政府政策信息库并转化为政策问题；探寻结构优良政策问题的建构方法；一项关于农村基础设施的项目申请如何进入政策议程，在我国的具体实践运行中存在哪些新的现象或问题；关于农村基础设施服务提供的公共问题通过哪些触发机制进入地方政府政策议程；地方政府政策议程模型如何建立；探析一项关于农村基础设施项目生产的政策制定的微观流程；政策沟通及其障碍；政策颁布与政策法律化；政策强化假设、推演、内涵、过程及作用。为此，为构建结构优良的政策问题和制定正确的决策，可以强化决策主体权责分配机制、农民需求表达机制、决策程序和方法选择机制、决策信息沟通机制、决策评估修正机制、决策执行监督机制，以完善贫困地区农村基础设施服务决策保障机制。

其二，贫困地区农村基础设施服务资金保障机制。资金是维持贫困地区农村基础设施服务提供不可或缺的因素，离开资金的支持，所有的公共服务供给活动将无法正常运行。为确保服务供给资金的有效运用，可以从强化项目融资渠道或模式、融资过程与风险规避；资金审批、拨付渠道与环节分析；资金使用账目设置与资金使用过程的全方位监管机制等方面着手。

其三，贫困地区农村基础设施服务质量保障机制。农村基础设施服务质量直接体现基础设施服务提供的绩效水平，事关贫困地区居民对基础设施服务使用效用。为了确保基础设施使用者较高的使用效用，需保障基础设施服务有效生产，并得到有效监督，在生产阶段结束后，还应进行以公民回应为主要评估途径的基础设施服务提供绩效评估。故此，需强化基础设施项目外包生产与质量监控机制和基础设施服务提供的绩效评估与公民回应机制。基础设施项目外包生产与质量监控机制包括企业资质鉴定；规避合同外包前的风险；公共物品生产合同后的生产过程监督，项目生产完结的质量验收；生产不达标的追责机制等。基础设施服务提供的绩效评估与公民回应机制包括基础设施服务提供的绩效评估与公民回应机制，包括：绩效评估内容、原则、评估指标设定；绩效评估模型与评估方法确立；针对特定基础设施服务项目的绩效评估活动；基础设施使用的村民满意度调查；村民参与服务提供的程度、方式及层次评价；政府回应村民需求的频次、方式及程度调查等。

其四，贫困地区农村基础设施后期维护保障机制。在我国农村基础设施服务供给过程中，一直存在"重修建轻维护"的问题，而后期维护是延缓设施老化，保障农村基础设施服务的可持续性，使项目投资的净收益流量得到维持。为此，要实现"建养并重"需要强化基础设施后期维护的政策安排或制度化保障；维护资金筹集机制；维护主体与责任分担；常规使用方式、途径；违规使用方式、途径的规则化限定；特殊状况下的及时修复议案建立等。

综上所述，本研究要素分析模型如图 2-3-4 所示。

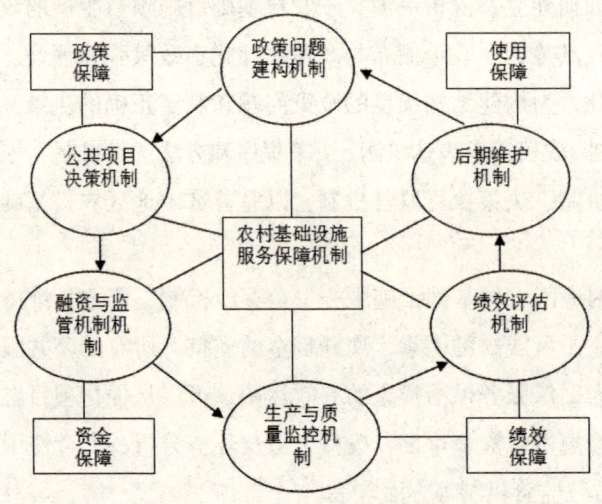

图 2-3-4　农村基础设施服务保障机制的要素分析模型

3 西部大开发背景下的农村基础设施服务提供

3.1 西部大开发缘起、政策设计及其内涵

3.1.1 西部大开发的缘起

邓小平理论是我国进行社会主义现代化建设和西部大开发的指导思想和理论基础。20世纪80年代，改革开放全面展开后，邓小平同志就提出了"两个大局"的战略思想。该思想指出："沿海地区要加快对外开放，使这个拥有两亿人口的广大地区较快地发展起来，从而带动内地更好地发展，这是一个事关大局的问题，内地要顾全这个大局。反过来，发展到一定的时候，又要求沿海拿出更多力量来帮助内地发展，这也是个大局。那时沿海也要服从这个大局。"[1] 随着改革开放的发展，东部沿海地区经济腾飞，党和国家领导人都认识到开发西部已迫在眉睫。

世纪之交，以江泽民同志为核心的党中央，高举邓小平理论伟大旗帜，把西部大开发全面推向21世纪，建设有中国特色的社会主义，迎接中华民族的伟大复兴。1999年3月，江泽民总书记提出，要研究西部大开发战略，加快中西部地区的发展。6月，江泽民总书记号召，要把加快开发西部地区作为党和国家的一项重大战略任务。2000年1月，党中央对实施西部大开发战略提出了明确要求，国务院成立了西部地区开发领导小组，实施西部大开发战略拉开了序幕。从2000年到2002年，国务院分别颁布了《关于进一步做好退耕还林还草试点工作的若干意见》（2000年9月）、《关于实施西部大开发若干政策措施》（2000年10月）、《关于进一步完善退耕还林政策措施的若干意见》（2002年4月）。中央办公厅、国务院办公厅印发了《西部地区人才开发十年规划》（2002年2月）。国务院办公厅转发了国务院西部开发

---

[1] 邓小平. 邓小平文选（第三卷）[M]. 中央要有权威[C]. 北京：人民出版社，1993：277-278.

办《关于西部大开发若干政策措施实施意见》（2000年10月）。国家计委、国务院西部开发办印发了《"十五"西部开发总体规划》（2002年2月）。2002年3月至5月，江泽民总书记在西安和重庆两次主持召开西部大开发工作座谈会，对实施西部大开发的情况进行总结，确定了下一步工作的方向。

西部大开发是一项事关全国发展的系统工程，是一项艰巨的历史任务，它关系到东西部协调发展、最终实现共同富裕的终极目标，关系到民族团结、边防巩固和社会稳定的国家繁荣。在行动初期，必须搞清楚国际、国内发展环境以及西部地区自身发展现状给西部大开发带来的影响。从而分析存在的问题、差距和根源，提出西部开发的思路和办法，为领导人和相关部门决策提供参考。

在新的世纪，国内外经济环境的深刻变化给西部地区发展带来新的机遇和挑战。从国际来看，科学技术迅速发展，经济全球化趋势明显加快，经济结构化积极推进。从国内经济发展分析，我国加入WTO，给西部地区发展提供了前所未有的经济开放环境和技术转移机会，同时也将带来更加激烈的市场竞争和要素争夺。在新的历史背景下，促进西部地区改革发展，要与时俱进，按照邓小平理论指导和"三个代表"的要求，继续推进经济体制和经济增长方式的根本性转变，采取经济结构调整和科技进步的新思路，建立市场导向和宏观调节的新机制，增强规划的宏观性、战略性、政策性，明确西部大开发的目标、方针和任务。

从西部地区自身发展现状来看，促使西部大开发的历史动因主要有以下几点：

第一，经济基础决定上层建筑，经济原因是最主要原因。西部地区包括12个省、自治区、直辖市，面积685万平方千米，占全国的71.4%。自然资源丰富，市场潜力大，但由于自然、历史等原因，西部地区经济发展相对落后，人均国内生产总值仅相当于全国平均水平的2/3，不到东部地区平均水平的40%，[1] 东西部经济差距不仅在经济上制约了东南沿海的发展，而且诱发了一系列社会问题，引起动荡不安。特别是20世纪90年代西部国有企业的大量破产、兼并，国有企业职工大量下岗，群体聚集事件时有发生，成为当时中国社会最突出的问题。再者，西部巨额的社会需求与极有限的市场供应不匹配，在很大程度上制约了东南地区产品的内销。因此，不论是为了东部的再发展，还是为了协调发展，都必须进行西部大开发。

第二，社会原因。走社会主义道路，逐步实现共同富裕。具体是指：一部分地

---

[1] 数据来源于《中国区域经济统计年鉴2003》，表示2002年西部地区经济发展状况。

区先发展,一部分地区后发展,先发展的地区带动后发展的地区,最终达到共同富裕。避免两极分化,避免平均主义。在改革开放条件下,东部地区富起来了,此时的西部地区则面临着一系列问题。一方面西部地区社会秩序开始不稳定,另一方面西部人大批涌入东部,给东部的社会稳定也带来一定的影响,究其原因大概就是人们常说的"穷则思变"。这就导致在经济差异的基础上形成了社会文明的极大差异。各类违法犯罪案件的制造者基本出于西部或其他穷困山区,而富裕的东部不断涌现出贪官污吏,东西部社会文明差距不断拉大,严重影响到社会主义精神文明建设。然而"仓廪实则知礼节",精神文明的建设必须依赖于物质基础,故必须让西部贫困落后地区富起来。

第三,环境原因。20世纪90年代中后期,以洪涝灾害、沙尘暴为主要特征的环境问题成为制约中国经济发展和社会生活水平提高的最主要因素,尤其是东部地区,遭受着更为严重的危害。经研究发现,问题的根源在于西部过度开发导致生态环境的不断恶化。过度开发的原因一是穷,二是科技技术落后。西部地区的人们只是对资源进行大规模的初级开发来获取眼前利益,而没有意识也没有技术能力去改善被破坏的环境。当首都北京、特大城市武汉等遭遇洪涝灾害、沙尘暴时,国家领导人意识到必须尽快解决环境问题。既然西部地区无力自行解决,只有靠外部力量来解决。经讨论决定,中央提出西部大开发总的战略目标:"经过几代人的艰苦奋斗,到21世纪中叶全国基本实现现代化时,从根本上改变西部地区相对落后的面貌,显著地缩小地区发展差距,努力建成一个经济繁荣、社会进步、生活安定、民族团结、山川秀美、人民富裕的新的西部地区。"[1] 由此可见,解决环境问题是西部大开发的着眼点。

第四,文化原因。上层建筑反作用于经济基础。西部地区贫穷落后的根源在于,思想观念落后。诸如惰性文化、孤岛文化和非理性文化。具体表现在安于现状、不求上进、得过且过、保守封建等等。随着现代化社会的发展和进步,西部农耕文化所固有的缺点暴露无遗,加剧了东西部差距。不仅是现代工业文明和传统农业文明的差异,还是市场经济文化和传统农业文化间的差异。因而,西部大开发,文化变革是关键。

世纪之初,国际经济发展深刻变革、国内社会发展步入全新阶段。从全国协调发展大局出发,必须把实施西部大开发作为一项重大战略决策提出来。实施西部大

---

[1] 《西部经济十年发展报告及2009年经济形势预测(上)》,2009年9月17日,中国网。

开发,是贯彻邓小平同志"第三步走"发展战略、逐步缩小地区差距、加强民族团结和社会稳定、推动社会进步的重要创举;是调整地区经济结构、促进资源合理布局、提高经济整体效益与水平的迫切要求;是扩大内需、开拓市场、保持经济持续快速健康发展、实现现代化建设的重大战略部署。实施西部大开发具有重大的政治意义和经济意义,不仅是促进社会经济建设,更重要的是促进社会精神文明建设。

3.1.2 西部大开发的政策设计

3.1.2.1 西部大开发政策问题的建构

政策是国家党政机关和其他政治团体在特殊时期为实现特定社会政治、经济、文化发展目标所采取的政治行为准则,它是一系列策略、条令、措施、方法、办法、条例等的总称。政策既是针对现实中已经出现的问题,同时,它又是在一定的思想理论指导基础上确定的。西部大开发政策就是以江泽民同志为核心的党中央,在邓小平理论指导下,事实上是贯彻邓小平"第三步走"发展战略,做出的重大战略决策。其西部大开发总的战略目标是:经过几代人的艰苦奋斗,到21世纪中叶全国基本实现现代化时,从根本上改变西部地区相对落后的面貌,建成一个经济繁荣、社会进步、生活安定、民族团结、山川秀美、人民富裕的新西部。

公共政策问题的建构是基于对政策问题的理性分析。西部大开发政策问题包括上述所提的经济问题、社会问题、环境问题、文化问题。这些问题事关西部地区社会公众的切身利益,受社会公众普遍关心,涉及范围较广,影响巨大。例如经济问题。西部地区经济基础相对薄弱,自救能力较弱,作为市场最重要的主体——企业发展严重滞后,诸如技术、人才、资金等市场发展资源紧缺,使西部地区的经济发展问题难以通过市场竞争来解决,必须走政府主导下的市场导向型发展路径。[1]

值得庆幸的是,西部开发问题,受到党和政府领导人的高度关注,已经通过政治途径反映到公共决策部门,纳入了公共政策议程。在改革开放之初,国家领导人做国家发展相关战略部署之时,就发展西部贫困地区提出相关政策问题。早在1978年11月,邓小平同志的讲话就已为西部大开发政策的提出埋下了伏笔。他在中共中央工作会议闭幕会上做的《解放思想,实事求是,团结一致向前看》讲话中指出:"在经济政策上,我认为要允许一部分地区、一部分企业、一部分工人农民,由于辛勤

---

[1] 贺东伟,袁博,侯婷. 西部大开发政策与西部经济发展的关联[J]. 重庆社会科学,2009(2):25-34.

努力成绩大而收入先多一些，生活先好起来。一部分人生活先好起来，就必然产生极大的示范力量，影响左邻右舍，带动其他地区、其他单位的人向他们学习。这样，就会使整个国民经济不断地波浪式地向前发展，使全国各族人民都能比较快地富裕起来。"[1] 他接着说："当然，在西北、西南和其他一些地区，那里的生产和群众生活还很困难，国家应当从各方面给以帮助，特别要从物质上给以有力的支持。"邓小平强调说："这是一个大政策，一个能够影响和带动整个国民经济的政策，建议同志们认真加以考虑和研究。"[2] 作为党和国家领导人，邓小平同志的讲话很有见地。加快开发西部地区，缩小东西部差距，关系到党和国家长治久安，关系到全国协调性发展，关系到实现社会主义本质中共同富裕的核心课题。不仅具有重大的经济意义，更具有重大的政治和历史意义。此后，在以江泽民同志为核心的党中央领导下，西部大开发政策被逐步提上议程。

3.1.2.2 西部大开发决策历程

1999年6月9日，江泽民总书记指出："现在，加快中西部地区发展步伐的条件已经具备，时机已经成熟。从现在起，发展西部要作为党和国家一项重大的战略任务，摆在更加突出的位置。"[3]

1999年6月17日，江泽民总书记在西北五省区国有企业改革和发展座谈会上第一次明确提出"西部大开发"的概念，并强调加快发展西部地区，要有新思路，要充分考虑国内外市场需求的新变化，要适应新环境和新的经济体制，遵循客观经济规律。

1999年9月22日，党的十五届四中全会明确提出："国家要实施西部大开发战略。"这实现了区域政策的第三次转移，拉开了第二次西部大开发战略的序幕。

1999年10月下旬，国务院总理朱镕基就西部开发进行调研，在此期间他指出，实施西部地区大开发战略，是一项复杂的系统工程，要有步骤、有重点地推进。当前和今后一个时期，最重要的是抓好以下四个方面的工作：第一，进一步加快基础设施建设。这是实施西部大开发的基础。第二，切实加强生态环境保护和建设。这是实施西部地区大开发的根本，并提出"退耕还林（草）、封山绿化、以粮代赈、

---

[1] 邓小平《解放思想，实事求是，团结一致向前看》，1978年11月。
[2] 《邓小平文选》第2卷，第152页。
[3] 余二元. 挺进大西部[J]. 人民日报，2000（12）.

个体承包"的措施。第三，积极调整产业结构。这是实施西部地区大开发的关键。第四，大力发展科技和教育。这是实施西部地区大开发的重要条件。

1999年11月15日至17日召开的中央经济工作会议重申：要不失时机地实施西部大开发战略。

2000年1月，国务院西部地区开发领导小组召开西部地区开发会议，研究加快西部地区发展的基本思路和战略任务，部署实施西部大开发的重点工作。2000年10月，中共十五届五中全会通过的《中共中央关于制定国民经济和社会发展第十个五年计划的建议》，发行长期国债14亿元，把实施西部大开发、促进地区协调发展作为一项战略任务，强调："实施西部大开发战略、加快中西部地区发展，关系经济发展、民族团结、社会稳定，关系地区协调发展和最终实现共同富裕，是实现第三步战略目标的重大举措。"[1]

2001年3月，九届全国人大四次会议通过的《中华人民共和国国民经济和社会发展第十个五年计划纲要》对实施西部大开发战略再次进行了具体部署。西部地区特指陕西、甘肃、宁夏、青海、新疆、四川、重庆、云南、贵州、西藏、广西、内蒙古12个省、自治区和直辖市。实施西部大开发，就是要依托亚欧大陆桥、长江水道、西南出海通道等交通干线，发挥中心城市作用，以线串点，以点带面，逐步形成我国西部有特色的西陇海兰新线、长江上游、南（宁）贵、成昆（明）等跨行政区域的经济带，带动其他地区发展，有步骤、有重点地推进西部大开发。

2006年12月8日，国务院常务会议审议并原则通过《西部大开发"十一五"规划》。目标是努力实现西部地区经济又好又快发展，人民生活水平持续稳定提高，基础设施和生态环境建设取得新突破，重点区域和重点产业的发展达到新水平，教育、卫生等基本公共服务均等化取得新成效，构建社会主义和谐社会迈出扎实步伐。

2010年，为深入实施西部大开发战略，发布了《中共中央国务院关于深入实施西部大开发战略的若干意见》，主要目标是：到2015年，西部地区特色优势产业体系初步形成，基础设施不断完善，重点生态区综合治理取得积极进展，社会事业加快发展，城乡居民收入加快增长；到2020年，西部地区基础设施更加完善，现代产业体系基本形成，综合经济实力进一步增强，生态环境恶化趋势得到遏制，基本实现全面建设小康社会奋斗目标。基本途径包括大力发展特色农业，加强农村基础设

---

[1] 《中共中央关于制定国民经济和社会发展第十个五年计划的建议》，2000年10月。

施建设，拓宽农民增收渠道，着力完善对西部地区财政政策、税收政策、投资政策、金融政策、产业政策、土地政策、价格政策、生态补偿政策、人才政策、帮扶政策。

2012年，制定了《西部大开发"十二五"规划》，其主要目标是：提高自我发展能力，保持经济又好又快发展，经济增速高于全国平均水平；基础设施更加完善，综合交通运输网络初步形成；生态环境持续改善，重点生态区综合治理取得积极进展；产业结构不断优化；公共服务能力显著增强，义务教育、医疗卫生、公共文化、社会保障等方面与全国的差距逐步缩小；人民生活水平大幅提高；改革开放深入推进，基本形成全方位开放新格局。主要内容包括：加强基础设施、保护生态环境、发展特色优势产业、建设美好新农村、发展民生事业、加快民族地区发展。

2013年，为了做好西部大开发工作，全面贯彻落实党的十八大精神和深入实施党中央、国务院关于西部大开发的战略部署，进一步细化完善政策措施，进一步加大支持力度，加强对西部地区发展形势的预判、政策措施预研和重大项目储备，不断改善投资发展环境，不断增强经济发展的内生动力，不断提高经济增长的质量和效益，不断改善城乡居民生产生活条件，实现西部地区经济持续健康发展和社会和谐稳定，需要落实和完善西部大开发政策措施，大力发展特色优势产业，加快推进基础设施建设，积极开展生态文明建设，稳步提高社会事业水平，深化改革扩大开放，科学开展芦山地震灾后恢复重建。

总的来说，关于西部大开发总体规划可按50年划分为三个阶段：第一阶段，奠定基础阶段（从2001年到2010年）；第二阶段，加速发展阶段（从2011年到2030年）；第三阶段，现代化阶段（从2031年到2050年），每个阶段的工作内容和工作重心各有不同。从目前实施程度来看，西部大开发战略是处于加速发展的初始阶段。

3.1.2.3 西部大开发政策内容

实施西部大开发战略，事关全国协调发展和最终实现共同富裕的国家大计，党和国家领导人为此做出了一系列重大决策。根据《关于西部大开发若干政策措施的实施意见》（2000年10月）、《西部大开发"十一五"规划》（2006年12月）、《中共中央国务院关于深入实施西部大开发战略的若干意见》（2010年6月）、《西部大开发"十二五"规划》（2012年2月）等相关政策资料，笔者归纳了与本主题研究相关的西部大开发政策内容，主要包括以下几点：

第一，加强基础设施建设。主要包括：加快推进农村公路建设，有条件的乡镇、行政村通沥青（水泥）路，加快重点口岸通道建设，提高公路技术等；加强水利基础设施建设，加强田头水柜、集雨水窖等小型微型水利设施建设；推进电网建设，加强农村电网改造升级；加快信息基础设施建设，逐步将普遍服务从电话业务扩展到互联网业务，提高农村和边远地区的信息网络覆盖率，力争行政村基本通宽带，自然村和交通沿线通信信号基本覆盖，加强网络信息安全和应急保障设施建设。通过完善交通运输网络，提升农网供电可靠性和供电能力，提高信息化水平，以构建功能配套、安全高效的现代化基础设施体系，加快基础设施建设，提升发展保障能力。

第二，保护生态环境。推进重点生态区综合治理，着力推进五大重点生态区建设，基本形成国家生态安全屏障体系；加快重点生态工程建设；加强环境保护和地质灾害防治，加强城乡饮用水源保护，确保饮用水安全，加大封山育林育草和人工造林力度，加强基本口粮田和农村能源建设等；按照谁开发谁保护、谁受益谁补偿的原则，加快建立生态补偿机制；发展循环经济和低碳经济，加大节能减排力度，强化资源节约和综合利用；做好防灾减灾。通过上述政策内容来加强生态建设和环境保护，构筑国家生态安全屏障，构建资源节约型和环境友好型社会。

第三，改善投资环境。对国有企业、私营企业、个体工商户等实行积极引导和政策倾斜。要加快政府职能转变，实行政企分开，减少审批项目，简化办事程序，提高服务意识，从各个方面保护投资者合法权益。在发展经济的同时，关注环境保护问题，依法治理污染严重、资源浪费、产品不合格的厂矿企业。在此环境下，为鼓励西部地区企业和外商投资企业，实行税收优惠政策，实现又快又好地发展西部经济；为保护当地公民的合法权益和生态环境，实行土地使用和矿产资源优惠政策；为完善费用征收和管理，保证资源合理利用和开发，需运用价格和收费机制进行调节。进一步扩大外商投资领域，允许外商依照相关规定在西部某些指定行业投资，扩大西部地区服务贸易领域。进一步拓宽外资渠道，在西部地区进行以 BOT 方式利用外资的试点，开展以 TOT 方式利用外资的试点。适当放宽外商投资条件，允许开展包括人民币在内的项目融资。大力发展对外经济，推动我国西部地区同毗邻国家或地区相互开放市场，促进与周边国家区域贸易技术合作发展；推进地区协作与对口支援，诸如东部某地区帮扶西部开发的某重点区域，发展多种形式的区域经济合作。

第四，抓紧产业结构调整。调整产业结构是提高自我发展能力的具体路径，要深入实施以市场为导向的优势资源转化战略，坚持走新型工业化道路，建设国家重要战略资源接续区，努力形成传统优势产业、战略性新兴产业和现代服务业协调发展新格局。包括优化发展能源及化学工业，集约发展优势矿产资源开采及加工业，构建代能源产业体系，建设国家能源基地；着力振兴、改造提升装备制造业，建设装备制造业基地；积极发展高技术产业，推进科技成果产业化，培育和形成具有战略性的新兴产业，推进节能减排和发展循环经济，建设新兴产业基地；积极、有序承接产业转移；加快发展旅游产业，大力发展现代服务业；大力发展特色农牧产品加工业，以充分发挥西部地区独特的农牧业资源优势。

第五，发展科技教育与加快人才开发。制定有利于西部地区吸引人才、留住人才、鼓励人才创业的政策。加强科技教育建设，加大科技计划经费支持力度，加快推进重大科技成果的应用和产业化。增加义务教育、高校建设、远程教育、基层干部培训和农民科普培训的资金投入。与此同时，做好文化卫生建设工作，诸如文化设施建设、计划生育建设等。

第六，完善财政政策，加大建设资金投入力度。据国家发展计划委员会主任曾培炎介绍，西部地区建设项目需要加大资金投入，诸如交通、能源等基础设施建设、林业和生态建设。其中相关政策包括：一般性财政转移支付、专项财政转移支付、金融信贷政策以及政策性投资。

随着西部大开发进入第二阶段，上述相关政策内容得到强化。深入实施西部大开发战略的总体目标是：西部地区综合经济实力进一步增强，基础设施更加完善，现代产业体系基本形成，建成国家重要的能源基地、资源深加工基地、装备制造业基地和战略性新兴产业基地；人民生活水平和质量显著提高，基本公共服务能力与东部地区差距明显缩小；生态环境得到保护，生态环境恶化趋势得到遏制。[1] 其政策内容包括从2010年到2030年在前段基础设施改善、结构战略性调整和制度建设成就的基础上，进入西部开发的冲刺阶段，巩固提高基础设施水平，培育特色产业，实施经济产业化、市场化、生态化和专业区域布局的全面升级，实现经济增长的跃进。[2]

3.1.3 西部大开发实践内涵及特征

西部大开发是中国特色社会主义事业的重要组成部分。2002年11月，江泽民在党的十六大报告中指出："实施西部大开发战略，关系全国发展的大局，关系民族

---

[1] 胡惊涛：今后10年中国西部经济实力大上台阶[EB/OL].(2010-07-07)[2015-01-15].http://xbkfs.ndrc.gov.cn/gzdt/201007/t20100707_359518.html.

[2] 资料来源：《西部大开发总体规划》。

团结和边疆稳定。要打好基础,扎实推进,重点抓好基础设施和生态环境,争取十年内取得突破性进展。"[1]

西部地区发展有利条件:地域辽阔,资源丰富;市场潜力大,发展空间大;与十几个国家接壤,具有区位优势。但由于长期的历史文化积淀和地理条件等多方面制约,西部地区发展相对落后,主要表现在:基础设施落后,交通不便,电网覆盖率低,电信服务质量差,生态环境恶化,农业文明程度低,科技教育水平落后,产业结构不合理,社会事业水平低。这一系列的现实条件,导致西部大开发是一项长期而艰巨的重大任务。

党的十六大以来党中央对西部开发和发展问题的认识有如下几个特点:

第一,强调西部大开发的重要性、战略性、紧迫性。西部大开发是建设中国特色社会主义的重要内容;是贯彻"两个大局"战略思想的迫切需要;是加快西部地区发展的迫切需要;是扩大内需、促进全国经济发展、实现现代化长足发展的迫切需要;是我国加入WTO、应付国际资本冲击的迫切需要;是维持社会稳定、加强民族团结、保障边疆安全的迫切需要。

第二,地方区域发展的协调性。党的十六大以来,党中央在特别强调西部大开发重要性的同时,也突出强调东北地区老工业基地的振兴、中部地区的崛起和东部地区快速发展率先实现现代化,由此形成"东中西互动、优势互补、相互促进、共同发展"的新格局。但这不意味着对西部地区的相对忽视,"实施西部大开发和加快东北地区等老工业基地振兴,都是全国经济战略布局的重大问题,可以说是各有侧重、并行不悖"[2]。这体现了新的发展背景下党中央对区域经济发展中平衡性和协调性的正确认识。西部大开发并不是"一枝独秀",而是全国范围内"百花齐放"的产物。

第三,科学发展观是西部大开发全新的指导思想和发展思路。"科学发展观是指导发展的世界观和方法论的集中体现"[3],理所当然成为指导西部发展的世界观和方法论的集中体现。科学发展观"作为灵魂统领了西部大开发整个指导思想、主要任务和重大项目的选择"[4],为西部的开发和发展注入了新的思想活力和理论推动。

2004年3月,国务院在《关于进一步推进西部大开发的若干意见》中明确指出:"统

---

[1] 《江泽民文选》第3卷,人民出版社2006年版,第547页。

[2] 《十六大以来重要文献选编》(上),第765、407页。

[3] 《十六大以来重要文献选编》(中),第1065页。

[4] 袁宏明,杨海霞.西部大开发是一个长期奋斗的过程——专访国务院西部开发办曹玉书副主任[J].中国投资,2007(3).

筹区域发展，加快西部地区发展至关重要。没有西部地区的小康，就没有全国的小康。没有西部地区的现代化，就不能说实现了全国的现代化。因此，要进一步提高对西部大开发重大战略意义的认识，认真研究并深刻把握西部开发工作的规律性，把实施西部大开发作为一项重大任务列入重要议事日程，不断改进和加强对西部大开发的领导，充分调动各方面积极性，开创西部大开发的新局面。"[1]这集中、系统地体现了党的十六大以来以胡锦涛为总书记的党中央关于西部大开发战略地位的新认识。

截至2010年，随着第一轮西部大开发的结束，西部地区的整体发展水平显著提高，地区综合经济实力大幅提升，地区生产总值占全国比重由1999年的17.5%提高到2010年的18.6%，人均地区生产总值相当于全国平均水平由58%提高到68%，主要经济指标年均增速高于全国平均水平。[2]2010年，党中央和国务院拉开了新一轮的西部大开发战略。随着西部大开发战略的深入推进，具体政策逐渐实施。2011年国家新开工西部大开发重点工程22项，投资总规模为2 079亿元。2012年随着西部大开发重点任务已进入落实阶段，发改委将会同有关部门采取有效措施确保新一轮西部大开发战略顺利实施，力争西部地区连续5年增长速度超过东部地区。[3]在政策方案转变为政策现实的过程中，新一轮西部大开发表现出不同于前10年的新特点，具体表现为：认识定位更加到位，奋斗目标更加明确，实施思路更加清晰，发展层次更加深入，更加注重以人为本，更加注重科学发展，更加注重经济发展质量。[4]

3.2 西部大开发与西部农村基础设施建设

3.2.1 西部大开发背景下的新农村建设运动

3.2.1.1 "社会主义新农村"概念和提出

社会主义新农村是指在社会主义制度下，反映一定时期农村社会以经济发展为

---

[1] 《十六大以来重要文献选编》（上），第879页。

[2] 我国西部地区综合经济实力大幅提升 [EB/OL].(2012-02-23)[2015-01-15].http://xwzx.ndrc.gov.cn/mtfy/dfmt/201202/t20120229_464594.html.

[3] 发改委：确保西部经济增速超过东部 .[EB/OL].(2012-02-23)[2015-01-15].http://xwzx.ndrc.gov.cn/mtfy/zymt/201202/t20120229_464636.html.

[4] 白永秀，赵伟伟．新一轮西部大开发的背景、特点及其措施 [J]．经济体制改革，2010（5）：134-137．

公共服务保障机制
——基于贫困地区农村基础设施建设的经验证据

基础，以社会全面进步为标志的社会状态。主要包括四个方面：一是发展经济、增加收入；二是建设村镇、改善环境；三是扩大公益、促进和谐；四是培育农民、提高素质。[1] 社会主义新农村建设是新时期解决"三农"问题、推动城乡和谐发展的战略举措。[2] 西部地区包括陕西、四川、重庆、云南、贵州、广西、甘肃、西藏、青海、新疆、内蒙古和宁夏12个省、自治区和直辖市，全国55个少数民族有49个的主体分布在此，1亿多少数民族人口的80%以上聚居于此；[3] 国土面积为686.7万平方千米，占全国总面积的71.5%；2004年底总人口36 990万人，占全国总人口的28.6%；边境线长达19 699千米。[4] 建设好西部地区的新农村对统筹区域经济发展、统筹城乡发展以及对社会主义新农村建设的全局起着至关重要的作用，体现的不仅是经济意义和生态意义，更重要的是社会意义和政治意义。

党中央在十六届五中全会上提出"建设社会主义新农村"，至少有五个方面的原因：

一是我国农业技术发展慢，农业基础不稳固，不能满足社会发展和人民生活水平的需要。虽然此前我国粮食产量有显著提高，但还不能满足日益增长的需求。况且农村劳动力外出务工，耕地面积和水资源不足严重制约农业发展。因此，必须加大对农业的投资，应用科学技术发展农业，提高土地粮食产量。

二是继续扩大的城乡差距。中国人口基数大，农村人口多，要彻底消除城乡差距将是一个漫长的历史过程。但是，在当前经济水平提高、城镇化加速的背景下，城乡差距未曾缩小，反呈扩大之势，这就需要引起高度重视。2005年，城镇居民的可支配收入为10 493元，农民的人均收入是3 255元，两者的收入比是1∶3.22。至于其他方面与城市的差距更大，如农村基础设施建设和科教、医疗、卫生、文化等，这些因素严重制约农民素质提高。

三是已经初步具备了"工业反哺农业，城市支持农村"的条件。2000年，我国财政收入为1.34万亿元，GDP为8.95万亿元，全社会固定资产投资为3.3万亿元；而2005年，这几项指标都增长1倍以上。

四是扩大内需、提高农村消费水平的必然要求。由于占人口大多数的农民收入水

---

[1] 高布权.西部欠发达地区新农村建设的主要问题及对策[J].延安大学学报，2007（2）：40-43.
[2] 建设社会主义新农村学习读本[Z].新华出版社，2006（2）：6-7.
[3] 数据来源：《2000年全国第五次人口普查报告》.
[4] 郭洲.西部地区新农村建设的基础分析与对策研究[J].科学·经济·社会，2007（2）.

平低，购买力不强，从而在客观上阻碍了扩大国内需求方针的落实。2005年，我国社会消费品零售额，在县级以下实现的部分只占总额的32.9%，可见农村消费水平低。

五是构建社会主义和谐社会，步入公平、正义、公正的自由世界，使经济社会发展成果由全体人民共享的必然要求。

新农村建设是关于促进我国社会经济发展；推进我国农业现代化；抓好农业发展、农民增收；加强农村基础设施建设；促进西部城乡经济社会一体化发展的重要战略措施。西部地区新农村建设是西部大开发的一项重要内容，扎实推进社会主义新农村建设，务必按照"生产发展、生活宽裕、乡风文明、村容整洁、管理民主"[1]的要求，坚持提高农业综合生产能力、改善农村生产生活条件、千方百计增加农民收入、加大扶贫开发力度，坚持科学规划、分类指导、因地制宜、稳步推进，全面加强农村经济建设、政治建设、文化建设、社会建设和党的建设。

3.2.1.2 西部地区的发展现状

西部地区的发展现状，直接导致了西部地区新农村建设困难重重，对这些阻碍新农村建设的因素，只有在政府的领导下逐一克服，才能真正做好我国新面貌、新气象的新农村建设。

一是自然环境恶劣，基础设施落后。20世纪下半叶以来，西部生态环境整体呈不断恶化趋势。2003年，西部地区的森林覆盖率仅为5.7%，比全国森林覆盖率13.4%低了7.7%，其中甘肃、宁夏、新疆、青海等省（自治区）森林覆盖率是最低的；草场退化形势十分严峻；水资源短缺，水环境的承载能力有限，流经城市的河流水污染相当严重；水土流失现象严重，仅陕西、甘肃、宁夏三省区水土流失面积已达32.84万平方千米，占西北地区土地面积的10.62%，平均输沙量超过14亿吨；我国99.6%荒漠化土地分布于西部的420个县（市、旗），且扩展速度快，从20世纪50年代末期至70年代中期已达到每年增加2 460平方千米，相当于一个中等县的面积，每年造成的直接经济损失达540亿元，相当于西北5省区1999年财政收入的5.4倍，而间接经济损失是直接经济损失的2—8倍，甚至高达10倍。[2] 所有论者指出，西部地区地处内陆，以山脉、高原、沙漠、戈壁为主，生产和生活用水短，生态环

---

[1]《西部大开发"十一五"规划》，国家发展和改革委员会、国务院西部地区开发领导小组办公室。
[2] 郭洲.西部地区新农村建设的基础分析与对策研究[J].科学·经济·社会，2007（2）。

境破坏严重，是西部地区贫困的重要原因，也是西部新农村建设的巨大障碍。[1]

二是农业生产水平低，农民平均收入少。西部农村生产长期呈现以下特点：生产规模小、土地贫瘠无法灌溉、技术落后、效率低下等问题。2000年西部谷物的单产仅相当于全国平均水平的86.12%，是东部地区的82.17%；甘肃和青海是粮食单产较低的地区，分别是全国平均水平的56.7%和57%；西部棉花的单产仅是全国平均水平的51.1%，油菜籽是全国的91.8%，甜菜是全国的74%，烤烟是全国的83.3%。2000年西部12个省区农村居民家庭人均纯收入都低于全国2 253.42元的平均水平，收入最高的上海农民人均纯收入为5 596.37元，是最低的贵州省（除西藏自治区外）1 374.16元的4倍。与低下的生产能力相适应，西部地区的农民收入增长十分缓慢。1999年，在西部地区中，有3个省区市的城镇居民收入高于全国平均水平，另有3个相当于全国平均水平的90%以上，其余的均相当于全国平均水平的75%以上。但同期西部12省区市的农民人均收入，全部低于全国平均水平，其中有7个省区市的农民人均收入，不足全国平均水平的2/3。[2] 就经济总量和人均收入来看，西部地区区域贫困和个体贫困并存，农村贫困范围广，差距大，有的地区和农户甚至还处于绝对贫困线以下，吃饭穿衣仍然是严重的生存难题。[3]

三是人口增长过快，人口素质低下。1998年西部12个省区市总人口约35 630万人，接近全国总人口的1/3，1978—1998年20年间西部地区净增人口约6 860万人，1990年西部地区12个省区中有9个省区的人口自然增长率都高于全国1.439%的增长率，最高的西藏、宁夏、青海、陕西，分别达到1.828%、1.882%、1.687%、1.696%；1998年全国人口自然增长率都有大幅度下降，但西部地区有7个省区仍然高于全国人口自然增长率0.953%的水平，西藏为1.59%、贵州为1.426%、青海为1.448%、宁夏为1.308%、云南为1.21%、新疆为1.281%、甘肃为1.004%。西部二孩率和多孩率高于全国平均水平，1998年全国二孩率为24.99%，西部高达68.175%；多孩率全国为4.69%，西部为11.55%，都分别高出全国平均水平43.76%和6.86%。从人口素质来看，1998年西部地区15岁及以上人口中，文盲、半文盲人口所占比例为24.99%，而同期全国15岁及以上人口中，文盲、半文盲人口所占比例为15.78%，

---

[1] 西部新农村建设课题组.西部地区新农村建设的五大障碍及其突破[J].兰州大学学报, 2006（3）.

[2] 顾夏良.当前我国居民收入差距继续拉大的现状与对策[J].科学·经济·社会, 2004（1）：36-37.

[3] 陈喜贵.西部新农村建设战略思考[J].经济与社会发展, 2008（7）.

西部地区文盲、半文盲人口所占比例高出全国平均水平 9% 以上，其中西藏高达 59.97%、青海高达 42.92%。从东部农村与西部农村劳动力文化程度的比较看，2000 年东部地区初中以上文化程度的农村劳动力占劳动力总数的比重为 65.7%，高出西部 20.1%；而每百名劳动力中文盲、半文盲人数，西部地区农村达 15.9 人，是东部地区农村的 3.3 倍。东、西部地区劳动力素质的差异不仅反映在文化水平上，还反映在观念落后、思想保守、市场经济意识和法治意识淡薄等诸多方面的差异上。[1]

四是城市发展滞后，产业拉力不足。西部地区城市化率与工业化率之比仅为 0.7，远低于国际上公认的该比值 1.4—2.5 的合理范围。2000 年西部地区城市化水平只有 28.173%，低于全国 36.22% 的平均水平，也低于中部地区 32.97% 和东部地区 46.11% 的水平。据国家统计局有关资料计算，2000 年底，我国共有设市城市 660 个，其中东部地区 266 个，中部地区 227 个，西部地区 167 个。以每千万人口拥有的城市数量计算，全国平均为 5.13 个，东、中、西部地区分别为 5.51 个、5.21 个和 4.55 个，即全国平均 195 万人口有一个城市，而西部地区 220 万人口才有一个城市，东部则是 181 万人口有一个城市。按每平方千米拥有的城市数量来说，全国平均为 0.69 个，东中西地区分别为 2.50 个、1.36 个、0.24 个。西部地区的城市密度不到全国平均水平的 35%，不到东部的 10%，不到中部的 18%。从西部地区的城市化质量来看，普遍存在规模小、条件差、基础设施落后、产业支撑虚弱的问题，因而城市经济对农村经济的辐射、带动作用十分有限，城市产业拉力不足成为西部城乡统筹发展中面临的很大制约因素。[2]

虽然西部地区发展现状不容乐观，但是发展空间和回旋余地大，只要西部大开战略不断强化实施，西部地区将成为发展潜力最大的区域。随着规划引导和政策扶持力度不断加大，特色优势产业发展步伐不断加快，基础设施建设深入推进，生态建设和环境保护取得新建展，教育科技人才事业得到加强，社会事业薄弱环节得到加强，改革开放不断深入。截至 2012 年，西部地区实现生产总值 113 915 亿元，增长 12.5%，占全国国内生产总值比重由上年的 19.2% 提高到 19.8%。实现社会消费品零售总额 36 614 亿元，增长 15.8%。进出口总额达到 2 364 亿美元，增长 28.5%。地方公共财政收入 12 765 亿元，增长 18.0%。城乡居民收入大幅提高，增长速度与经

---

[1] 郭洲.西部地区新农村建设的基础分析与对策研究 [J].科学·经济·社会，2007（2）.

[2] 郭洲.欠发达地区城镇化进程中的产业支撑 [J].天水行政学院学报，2005（4）：24-27.

济发展基本保持同步。[1] 但是与东部相比，仍然有很大的差距。

3.2.1.3 建设西部地区的重大举措

西部地区新农村建设需要充分认识到存在的问题，并积极做好应对措施。西部地区脆弱的生态基础、落后的生产力基础、发展良莠不齐的人口基础和产业基础决定了西部地区新农村建设的任务异常艰巨，道路十分漫长。要从改善西部农村发展的基础条件入手，培育西部地区农村发展的造血功能，争取在较短时间内构建起西部地区新农村的基本雏形，在此基础上，进一步向成熟的社会主义新农村的目标迈进。

党和国家领导人提出关于全国新农村建设的总体目标定位是："生产发展、生活宽裕、乡风文明、村容整洁、管理民主"，它涵盖了物质文明、精神文明、生态文明、政治文明的方方面面。在总体规划的指引下，结合西部地区发展的实际情况，其新农村建设必须分类指导，因地制宜，呈现出层次性和渐进性的特点，切忌强求一致，形式主义，不顾实际的全面推进。

西部地区新农村建设是西部大开发工作中一项重要内容，是一个庞大的系统工程，需要做好全局性总体规划和局部具体部署工作，做到统筹兼顾、协调发展。坚持有计划、有步骤、有重点地逐步推进。在制定总体规划时，需要综合考虑多方因素：一要有前瞻性，充分考虑到村镇发展布局与工业化、城镇化的发展趋势之间的关系，突出重点镇和中心村的建设；二是突出和谐性，严禁乱砍滥伐、过度放牧、无序开垦，严格控制占用耕地，特别是良田和基本土地，充分利用土地资源，追求人与自然和谐，形成富有特色的自然村落、田园农庄、农村社区；三要突出包容性，尊重当地风俗习惯和建筑风格，注意保护有价值的传统民居等文化遗产；四要突出以人为本，要在充分发动农民的同时，尊重他人选择，以农民是否愿意和满意为衡量标准，选择干部最主动、农民最积极、条件最成熟的村子成为试点，及时总结经验，注重典型引导，逐步推进西部新农村建设（见表3-2-1）。

---

[1] 资料来源于《2012年西部大开发工作进展情况和2013年工作安排》。

表 3-2-1　西部地区新农村建设十大重点工程[1]

> **基本口粮田建设工程**——重点在退耕还林地区改造和建设基本口粮田 1 500 万亩。原则上保证西南地区退耕农户人均基本口粮田不少于 0.5 亩、西北地区 2 亩以上，巩固生态建设成果。
> **商品粮基地建设工程**——重点建设四川成都平原、陕西关中地区、宁夏沿黄地区、内蒙古河套地区、甘肃河西走廊，以及广西北部和东南部、重庆西部、云南东中部、贵州中部和东北部坝地、西藏一江两河中游河谷地、新疆北部、新疆生产建设兵团垦区等区域性商品粮基地。
> **特色优势农产品生产基地建设**——重点建设优质棉、糖料、油菜、烟叶、优质水果、花卉、蚕茧、茶叶、优质马铃薯、畜产品、中（民族）草药材、天然橡胶等生产基地。
> **节水示范工程**——加快推广渠道防渗、管道输水灌溉、微灌、滴灌等先进节水技术，鼓励和支持购买节水灌溉设备、建设地头水柜等小型集雨蓄水设施。继续推进新疆生产建设兵团等地区实施节水增效示范工程。
> **农村饮水安全工程**——解决农村居民饮用高氟水、高砷水、苦咸水、污染水和血吸虫疫病区、微生物超标等水质不达标以及部分严重缺水地区的饮水安全和困难问题。
> **农村公路建设工程**——建设通乡（镇）沥青（水泥）路 11 万千米，加快建制村公路建设。
> **农村能源工程**——加快发展农村沼气，加强省柴节煤炉灶（炕）、薪炭林建设，适当发展生物质能，推进小水电代燃料工程建设。利用电网延伸、风力发电、小水电和微水电、太阳能光伏发电等，基本解决无电人口用电问题。建设绿色能源示范县。
> **易地扶贫搬迁（生态移民）工程**——对基本失去生存条件地区的农牧民，国家优先安排资金，进行易地扶贫搬迁。加强游牧民定居点建设。
> **农业科技示范工程**——加快构建多元化、多层次的农业技术推广体系，支持重点建设一批农业科技示范基地和科技园区。
> **农民创业促进和农村劳动力转移就业工程**——加强农民创业技能培训和农村实用人才培训，提供法律政策咨询、就业信息、就业指导、职业介绍、创业咨询、融资担保等服务，引导和支持农民创办企业。

3.2.2　农村基础设施建设重要性分析

农村基础设施是为农村经济、社会、文化发展及农民生活提供公共服务的各种要素的总和，是农村经济、社会、文化发展及农民生活必不可少的基础性条件。[2]虽

---

[1] 参见《西部大开发"十一五"规划》，出自《国务院关于西部大开发"十一五"规划的批复（国函〔2007〕6号）》。
[2] 彭代彦. 农村基础设施投资与农业解困 [J]. 经济学家，2002（5）.

然1998年开始实施积极财政政策以来,国家财政对农村基础设施建设投入增加,农村基础设施建设严重滞后状况有所改善,但从总体上看,中国农村基础设施建设严重滞后状况并没有从根本上得到解决。[1]我国要想发展农村、全面进入小康社会,必须加大投资力度、整合资源优势,搞好社会主义新农村基础设施建设,提高农村的管理水平和核心竞争力,最终实现农业、农村、农民可持续发展。

农村基础设施之于新农村建设有多重作用。首先,提供良好的基础设施,可以改变乡村面貌,一定程度上改变村民生产生活方式;其次,基础设施条件的改变对农村教育、卫生、医疗、经济、文化各方面都有重要意义,如良好的教学环境、师资力量使农村教育得以发展,提高农民综合素质,农村卫生所使得农民看病方便,农村图书室丰富了农民的业余生活,"村村通路"是农民发家致富的重要条件;再次,基础设施条件的改善是缩小城乡差距的关键。

建设社会主义新农村具有一个完整的科学体系,农村基础设施建设既是其目标,又是其实现的手段。一方面,农村基础设施建设是建设社会主义新农村的重点内容,如果缺乏农村基础设施建设,建设社会主义新农村目标体系就是不完备的;另一方面,只有全面实施包括农村基础设施建设在内的各项发展举措,才具备建设社会主义新农村的基础条件,促进新农村建设卓有成效地完成。

首先,农村基础设施建设对建设社会主义新农村具有扩散效应。其次,农村基础设施建设有利于发展农村经济。再次,农村基础设施建设有利于扩大内需。最后,农村基础设施建设有利于改善农村的生活条件,提高农民的生活质量,促进现代农业文明社会中生活方式和思想观念的转变。同时,完善的农村公共基础设施能够不断丰富农民的精神文化生活,营造一种和谐的社会环境,促进社会融洽,使广大农民产生社会认同感和归属感,减缓社会矛盾和冲突。

只有做好农村基础设施建设工作,新农村建设才能深入推进,顺利开展农村的文化建设、政治建设等,所以基础设施建设的作用非同小可,建设社会主义新农村是实现社会主义现代化建设目标的战略举措,是解决"三农"问题的有效载体,是顺应现代化建设规律的必然选择。同时,建设社会主义新农村也是一个复杂的系统工程,农村基础设施建设是其中的一项基础性工作,把农村基础设施建设作为建设社会主义新农村的重要内容和着力点,通过加强农村基础设施建设,促进建设社会

---

[1] 孙良.我国农业基础设施存在的主要问题及对策[J].农业经济,2002(4).

主义新农村战略不断取得成效。

　　农村基础设施建设也立足于实际,切忌遍地开花,强迫统一,应设置有差别的指标和时间进度。农村基础设施建设广泛听取农民的意见,充分尊重农民的意愿,进行科学决策。从解决农民最关心、需求最急切、受益最直接的方面入手,每年有计划地抓好几件农村基础设施建设实事工程,全面落实,逐步推进。农村基础设施建设注重实效,反对一切形式主义和形象工程,让农民真正得到实惠。

　　加强农村基础设施建设,应当在现有基础上,继续充实建设内容,加大投资力度,扩大实施规模,扎扎实实地干实事,给群众看得见、摸得着的实惠。一是加大农村公路建设力度。道路是与外界联系的纽带,要想富先修路。尽早实现全国所有乡镇通柏油路或水泥路,西部地区山高水恶地势险峻,尽量让具备条件的建制村基本实现通公路。二是加大农民饮水安全工程建设力度。尽快解决含高砷、高氟、苦咸、血吸虫病区及污染水的饮用安全问题。三是加大以灌溉农田为基础的小型水利设施基本建设力度。逐步扩大中央和省级对建设小型农田水利设施补助专项资金规模,加强农田水利建设和完善管理机制。实施新一轮沃土工程,改善土壤质量,全面提升产量。四是加大农村电网建设力度。笔者所在贵州省时至今日,尚有部分无电村庄。为使这些村庄早日通电,全面启动无电村电力设施建设。五是加大农村能源重复利用建设力度。扩大小水电代燃料工程试点规模。积极推广秸秆气化、沼气等清洁能源,大幅度扩大农村沼气建设规模,加快普及农户用沼气,带动农村改圈改厕改灶。六是加大农村信息化建设力度。重点抓好"金农"工程和农业综合信息服务平台工程建设,充分利用和整合涉农信息资源。七是加大农村生态环境建设力度。重点解决村内垃圾处理、给排水、道路维护、人畜混居等突出问题。八是加大农村科教文化医疗卫生基础设施建设力度。大力实施农村寄宿制学校建设、农村中小学校危房改造和现代远程教育工程。抓好农村通信、广播电视、公路"村村通"工程建设。加强乡镇卫生院改扩建,提高其预防保健、基本医疗服务等公共卫生服务的水平。

　　随着经济的发展,城市建设日新月异,基础设施建设飞跃发展。农村基础设施是农村经济发展得重要物质基础,要实现农村的农业产业现代化和农村经济的可持续发展,改善农民的生活现状,就要加大农村基础设施建设的投入,为农村经济发展提供良好的物质条件。

　　农村基础设施定位为农业生产、农民生活和农村社会事业发展所必需的公共品和准公共品,大致包括以下三类:①农业生产基础设施:主要包括农田水利设施、部分农业生产工具设备、农业生产技术服务设施等。②农民生活基础设施：主要包括农村交通、通信设施，饮水、排水设备等。③农村社会事业基础设施：主要包括教育设施，医疗卫生设施，文化娱乐设施，社会福利设施等。其中农业生产基础设施和农民生活基础设施一起构成农村经济基础设施。

农村基础设施建设水平的提高，不仅改善了农村生产、发展的环境，同时也提高了农民的生活、消费水平。有数据统计显示，农村家庭人均纯收入与农业建设的基本支出之间存在长期的动态关系，增加农村基础建设支出可以促进农民人均纯收入的增长。换言之，农村基础设施建设的投资是可以带动农村经济发展的。

3.2.3　西部大开发背景下农村基础设施建设的内容

《国务院关于进一步推进西部大开发的若干意见》在2004年3月22日正式公布，指出："继续加快基础设施重点工程建设，为西部地区加快发展打好基础"，同时"进一步加强农业和农村基础设施建设，加快改善农民生产生活条件"，"是促进农村经济社会发展，加快实现小康的重大举措"。[1]

西部地区城市化程度不高，偏远落后的农村占大多数，基础设施落后仍然是制约西部地区经济和社会发展的重要因素。加快建设新农村是实施西部大开发战略的重点，提供农村公共基础设施是建设新农村的核心内容。国家实施西部大开发战略以来，加大了对西部地区基础设施建设的投资力度，同时放松了对基础设施领域的投资管制，有效地促进了西部地区基础设施建设的发展。

西部农村基础设施建设的主要内容有"四通五改六进村"：通路、通电、通邮、通广播电视；改水、改厕、改路、改灶、改造住房；党的政策进村、科学技术进村、先进文化进村、优良道德进村、法制教育进村、卫生习惯进村。党和各级领导人从实际出发，积极探索加强农村经济建设、精神文明建设的有效途径，开展"四通五改六进村"创建生态文明村活动，大力推进农村基础设施建设，并在实践中不断加以深化，取得了良好的成效，有力地促进了农村社会经济和文化的协调发展，农村面貌发生了很大变化。

自2006年以来，国家安排农村饮水安全工程建设中央累计投资590亿元，大力解决了全国2.15亿农村居民生活及农村学校师生的饮水安全问题，超额完成"十一五"

---

[1]《国务院关于进一步推进西部大开发的若干意见》，2004年3月22日。

规划任务。国家大力扶持农村发展清洁能源,"十一五"末全国用沼气将达到4 000万户。大电网对农村人口的覆盖率超过了95%,基本实现了城乡居民生活用电同网同价。"十一五"前四年,新改建农村公路156万千米,比"十五"末新增28万千米,农村公路通达水平和通畅程度大幅提高。农村危房改造项目已经启动,截至2009年11月30日,全国扩大农村危房改造试点任务开工率91.1%、竣工率64.9%。随着第二轮西部大开发战略的推进,相关西部省份在西部大开发战略的指导下,政府行动更为迅速。截至2012年,贵州省新增10 516个建制村通油路,建制村通油路率,从2010年的31%提高到80%。农村公路建设标准进一步提高,推进重要节点客货站场和农村客运站场建设,各市、州至少拥有1个一级客运站。截至2013年,贵州3年时间实施通村沥青(水泥)路项目13 236.6千米,建成12 000千米。随着贵州省"美丽乡村"建设步伐的加快,农村基层设施将更加完善。2014年,将预计建成通村沥青(水泥)路14 000千米,建制村通沥青(水泥)路率达到62%以上。广西截至2013年底,广西光纤到户覆盖家庭能力达到460万户,以光纤方式接入的宽带用户达到136.3万户,占比为23.7%;互联网宽带用户达到576.1万户,居国内省区中第12位,西部第2位;移动互联网用户数达到2 475.8万户;农村宽带基础设施条件进一步改善,通宽带比例达到95.3%。2014年,甘肃我省深入实施"1236"扶贫攻坚行动,努力推进58个集中连片特困县区和17个插花型贫困县水资源配置保障、农村水利、梯田及生态环境治理,取得显著效果。四川省2014年已实现92.9%的乡镇通油路(水泥路)、98.4%建制村通公路,并计划到2017年,全省所有民族地区将实现"油路到乡、公路到村",并同步解决部分山区和水网密集地区农村公路"有路缺桥"的问题。[1]由数据可以看出,国家在农村基础设施建设方面下了大功夫,也取得了显著成绩。当然,在西部农村基础设施供给过程中也存在一些问题。

(1)基础设施供给角色混乱。目前我国城市公共产品的供给大多数采取"自上而下"的模式,但在广大农村尤其是欠发达偏远山区却普遍采取混合供给模式,即一部分由中央及各级地方政府财政拨款或专项资金提供,其余很大一部分仍依赖于市场资源配置或农村自治组织。诸如,基于自愿合作的农村自治组织修建村路、校舍、农村电网、退耕还林等等。这些本属于政府职责范围的公共产品,也依靠村民自治组织承担。这就造成政府推诿,中饱私囊,并使村民自治组织成为农村基础设施的

---

[1] 数据资料来源于西部开发司官网。

供给主体。

(2)供给制度的不完善。目前为止,我国进行七次体制改革,其中放权分权是重要内容。但多数是把事权下放给地方政府,财权却紧握在手,因此很大一部分的供给资金难以到位。部分地区为了谋发展,把建设资金的来源转移到农户身上,这间接地加重了农民的负担。为了增加收入,农民工进城务工,这也直接影响了农民的生产,造成很多只有老弱病残、妇孺小孩的留守村庄。乡镇企业税和农户缴纳的农业税是乡镇财政的主要来源,但近年来乡镇企业经济不景气使地方税收逐年减少和逐步减少到取消农业税政策;另外,"农业反哺工业"成为普遍现象,省级以下的转移支付缺少监管机制,乡镇政府可以取得的转移支付数额很少。大多数的乡镇财政无法提供足够的公共产品,为了保证最基本的公共产品的供应,只好借助财政预算外和制度外收入支付。

(3)供给公平性的失衡。我国不同地区公共物品供给失衡,城市与农村、农村与农村基础设施供给的不公平,农户与农户基础设施负担的不公平。我国目前城市与农村的发展差距,从根本上限制了农村的发展。即使基础性的农村公共品都需要农民支付一定的费用,这严重阻碍农民生存发展的积极性。一部分经济条件较好或者能力稍强的农户会选择搬出农村,这也使得农村的发展更为艰难。农村基础设施的供给存在"马太效应",这种效应在村与村之间更加明显。西部地区发展水平高低不一,对于经济发达地区,如果政府的投入大一些,效果非常明显,这就增强国家以及政府的投资倾向与力度。相反,地处环境恶劣的偏远农村地区,投资大、收益少、见效慢,使得政府做投资决策时需审时度势,深思熟虑,因此形成西部村村之间明显的差别。目前我们看到的各种农业基础设施的相关数据只能代表一种平均水平,这些数据会严重造成决策者对发展西部农村基础设施建设中存在问题的错误诊断。村与村之间有差距,农户与农户之间也有差距。农户之间的收入存在"一八一"现象,收入较高的人占一成,贫困户占一成,其他都属于一般水平。但是在承担基础设施转移费用时却没有相应的政策,影响了公平性原则。

(4)供给效率的低下。西部农村基础设施是公共产品,具有正外部性,难免会有一部分人产生"搭便车"的行为,这种现象的存在会使投入更加难以得到保证。投资人在投资前首先考虑的就是收益问题,而使用者也会考虑受益问题,相关人都会在权衡后做出决定,这是一个博弈的过程。目前西部农村地区的基础设施建设基本上是由政府承担,很少考虑收益的问题,而市场私人组织以盈利为目的会考虑收益,他们认为对于农村基础设施的投资会没有收益或收益很少，因此不愿意在这方面做投资。根据某报道显示，目前电信行业就存在这样的问题，电信的口号是要实现"普遍服务"，但是在一些西部山区的农村仅有几户农户，要是通电通水通路通信，无疑是没有收益的投资，因此提供者会很被动。笔者认为农村基础设施的正外部性成为限制基础设施供给的原因之一，因此我们要转变投资方式，引入竞争机制，由政府牵头，市场、社会自治组织共同提供农村公共物品。

西部农村的建设是新农村建设工程的重中之重，其中关键是建设好西部农村的基础设施，农村基础设施的建设水平直接影响着西部农村的建设与农民的收入。因此，要想做好农村基础设施建设工作，必须要考虑到政府的公平问题，同时还应该在公平的基础上注重效率，这样会更好更快地促进西部农村的建设，也会为西部农村基础设施的招商引资打开更为宽广的道路。

4 贫困地区农村基础设施服务提供的实践历程

自从国家提出建设社会主义新农村政策和实行西部大开发战略以来，农村基础设施提供状况发生了显著变化，然而，怎样保障农村基础设施服务提供中出现的决策、资金、质量和后期维护问题呢？这四方面涉及提供主体所提供的农村基础设施服务能否符合村民的需要，涉及供给主体是否有能力满足村民的需要、是否能高效满足村民的需要和是否圆满地执行了党的政策。本章将从农村基础设施服务提供的决策保障、资金保障、质量保障和后期维护保障四个维度展开，以探讨贫困地区农村基础设施服务提供的实践历程。

4.1 贫困地区农村基础设施服务提供的决策保障

决策是指组织或个人为了实现某种目标而对未来一定时期内有关活动方向、内容及方式的选择或调整的过程。决策分为战略性决策和执行性决策。[1] 按照行政隶属关系、层级关系，我国决策层级可以分为中央层级决策和地方层级决策。中央层级主要致力于整体与全局，进行宏观和高层次的决策，属于战略性决策。地方层级主要根据上级决策制定执行计划或根据上级决策精神实质制定适合本区域情况的决策，属于执行性决策。[2] 村民委员会是村民选举产生的群众性自治组织。一些省份的村民委员会承担着组织村民兴修水利、兴办卫生、科技、文教、修整乡村道路等公益事业的职责。[3] 在讨论贫困地区农村基础设施服务提供决策保障时离不开探析村委会的决策机制。

---

[1] 周三多，陈传明，鲁明泓.管理学——原理与方法（第三版）[M].复旦大学出版社，1999：221.

[2] 徐勇，高秉雄.地方政府学[M].高等教育出版社，2005：139.

[3] 张丽琴，陈荣卓.《村组织法》实施办法中的村委会职能规定比较[J].南京农业大学学报（社会科学版），2008（4）：7-12.

通过相关文献研究发现，我国农村公共服务提供决策有9种模式：领导意见导向型模式、中央政府智囊型模式、政府"系统"试点模式、国际项目影响型模式、地方政府试点型模式、人大议案政协提案型模式、多元化智囊型模式、公众参与型模式[1]以及现在农村普遍实行的"集体行动"决策模式。王磊、胡鞍钢通过实证分析中国决策模式的变化，认为模式可以分解为结构、能力和机制三方面，[2]所以要想系统地了解决策模式，必须研究决策机制。例如，我们要想了解我国农村公共服务提供决策模式中的中央政府智囊型模式就需要研究中央层级决策机制；要想了解地方政府试点型模式需要研究地方层级决策机制；要想了解农村"集体行动"决策模式需要对农村自治组织决策机制进行研究。

4.1.1 中央层级对贫困地区农村基础设施服务提供的决策保障："自上而下"与"自下而上"相结合的决策保障机制

农村基础设服务提供决策涉及中央、地方和农村各个层面。由于在整个体系中的地位，中央控制着全国绝大部分的财权和事权，在农村基础设施服务提供中拥有重大的决策权。由于我国公共组织结构是层级制结构和职能结构相结合的形式，在实行层级制管理中，上下级之间是领导与被领导的关系，再加上历史因素等原因，我国农村基础设施服务一直沿用计划经济时代的供给方式——强制提供，即实行的是自上而下的决策机制。在转变政府职能、构建服务型政府的背景下，中央层级的决策机制发生了重大变化，逐渐实现民主化、法制化和科学化。党委、人大、政府和政协是我国四大领导集体，在制定涉及贫困地区农村基础设施服务提供决策时具有不同的决策机制或决策作用，总体形成党主导、多方参与、科学论证、过程开放、依法运行的决策机制。[3]

决策的过程包括诊断问题或识别机会、识别目标、拟定备选方案、评估备选方案、做出决定、选择实施战略和监督评估。[4]获取相关的决策信息是制定决策的前提。在党负责政策制定、政府负责政策执行的体制下，党中央通过研究中国农村总体情况，

---

[1] 邱爱军，孟育建.我国农村政策决策机制分析[J].中国农业大学学报（社会科学版），2009（3）：31-38.

[2] 王磊，胡鞍钢.结构、能力与机制：中国决策模式变化的实证分析[J].探索与争鸣，2010（6）：3-7.

[3] 周光辉.当代中国决策体制的形成与变革[J].中国社会科学，2011（3）:101.

[4] 周三多，陈传明，鲁明泓.管理学——原理与方法（第五版）[M].复旦大学出版社，2011：212-214.

分析农村基础设施服务总体提供状况，才能制定涉农政策预案。要使决策合法化，需在中国共产党全国代表大会或中央委员会会议上审议表决通过，成为总的路线、方针、政策。2008年10月12日中国共产党第十七届中央委员会第三次全体会议通过《中共中央关于推进农村改革发展若干重大问题的决定》。此决定分析了现阶段我国农村基础设施服务提供基本状况，认为：农村公共服务水平较低，区域发展和城乡发展差距扩大，需大力气改变农村落后面貌；人口资源环境约束增强，自然灾害频发，国际粮食供求矛盾突出，保障国家粮食安全和主要农产品供求平衡压力增大，主要是因为农业基础设施和技术装备落后；基于此，该决定确定了以城乡基本公共服务均等化明显推进、农村文化进一步繁荣为目标，制定了事关发展农村公共事业，促进农村社会全面发展的相关政策，如加强农村基础设施和环境建设，改善农民生产生活条件，将农村建设成为广大农民的美好家园。具体措施为：科学规划乡镇；建设饮水工程；实现村村通工程，逐步形成城乡公交资源相互衔接；加强农村能源建设，扩大电网覆盖率，推广可再生能源技术，形成经济、清洁的农村能源体系；实施农村清洁工程，改善农村卫生条件和人居环境。[1]

中国人民代表大会制度是我国的根本政治制度。人民代表是经民主选举产生，对人民负责。人民代表在参加全国人民代表大会期间具有提出议案和建议的职权。在提出建议前，人大代表需要深入农村进行调研，通过走访、座谈和接待选民的途径，了解农村的需求，汇集村民的意见，然后进行汇总，在汇总提交建议后交由具体部门执行办理，这种决策机制可以看作"自下而上"的决策机制。2013年，全国人大常委会办公厅十二届全国人大一次会议期间，代表提出的关于加大贫困地区扶持力度，加强集中连片特殊困难地区扶贫攻坚的建议，交由国务院扶贫办牵头办理，由全国人大农委负责督办。在此之前，人大代表就当地的基础设施、扶贫开发、农村低保、退耕还林、生态补偿等方面的现状和存在的困难进行了实地调研，听取了当地居民情况介绍，进而形成了各种建议。[2]

随着法治政府、服务型政府建设的推进，政府的决策机制也随之发生潜移默化的变化，逐渐实现决策机制的法制化、民主化和科学化。鄢一龙、王绍刚和胡鞍钢

---

[1] 常雪梅.中共中央关于推进农村改革发展若干重大问题的决定[EB/OL].(2008-10-20)[2013-10-05]. http://cpc.people.com.cn/GB/64093/64094/8194418.html.

[2] 王伟.国务院扶贫办赴海南、四川、甘肃、内蒙古、宁夏五省区开展建议办理调研[EB/OL]. (2013-08-16)[2013-10-05].http://www.npc.gov.cn/npc/xinwen/dbgz/yajy/2013-08/16/content_1803193.htm.

以五年计划编制为例,揭示了中央政府决策机制的演变:内部集体决策机制、"一言堂"决策机制、内部集体决策机制的重建、咨询决策机制、集思广益决策机制。这一决策过程变迁充分反映了中央政府决策机制不断完善,参与者范围不断扩大,决策民主化、科学化程度不断提高,[1] 尤其是集思广益决策机制,通过多种渠道和形式,广泛集中民智,有效克服了决策过程中主观性与片面性问题。在农村基础设施服务提供决策中充分发挥专业人员技能,扩大群众参与,广泛征询意见,进行充分调研和探讨协商,保证决策的正确性。现代决策机制是由决断系统、参谋(智囊)系统和信息系统三者分工协作而组成的一个统一体。[2] 根据系统论的观点,部分之间的相互协调配合能够促进整体的正常运转。现阶段,随着社会主义的发展,在民主集中制原则的指导下,现代决策机制的子系统不断成熟,尤其是智库系统。我国智库系统主要分为四块:中共中央和国务院下属的政策研究机构、民间政策研究机构、党政部门下属的政策研究机构、学术机构下属的政策研究机构。中央在进行决策时,不仅可以通过决策者"自上而下"的方式广泛问计于智库,而且这些智库也通过各种渠道以"自下而上"的方式,将局部的情况和利益诉求反映到中央决策者那里,有效地发挥利益和意见整合功能。[3] 信息是决策的基础和依据,通过所获取的信息发现问题、识别机会,并贯穿整个决策过程。可以说,决策就是信息的输入——处理——输出的过程。基于此,决策者在决策之前以及决策过程中也能将通过智库收集的信息作为决策的依据。

  国务院发展研究中心是国务院下属的政策研究中心,是典型的智库机构,其通过实地调研获取第一手资料,并进行分析,进而对中央决策提供参考意见,在构建中央层级贫困地区农村基础设施服务提供决策机制中扮演着重要角色。国务院发展研究中心研究员徐小春、秦中春等针对农村问题执笔的调研报告《"十二五"期间农村改革发展的基本思路与建议》中关于贫困地区农村基础设施服务提供的事项建议:加强农田水利基本建设,提高粮食抗灾能力;加快解决农民饮水困难和不安全问题;继续加快农村公路建设等;提高农村医疗保障水平;促进城乡义务教育均衡发展;加快在农村普及高中教育的步伐,这些政策在后来的中央政府决策内容中皆

---

[1] 鄢一龙,王绍刚,胡鞍钢. 中国中央政府决策模式演变——以五年计划编制为例 [J]. 清华大学学报(哲学社会科学版),2013(3):114-122.

[2] 武高寿. 健全决策民主体制完善民主决策机制 [J]. 理论探讨,2002(5):13-15.

[3] 王绍光,樊鹏. "集思广益"决策:比较视野下的中国智库 [J]. 中国图书评论,2012(8):12-22.

有涉及。[1] 还有国务院参事室也是智库机构，其肩负参政议政、建言献计、咨询国是等职责，在贫困地区农村沼气池建设、村村通道路建设中充分发挥了建言献计的作用。[2] 数据统计是一种重要的信息来源渠道，能够为决策提供直观的信息，为中央决策提供参考。国家统计局所提供的农业普查公报和经济普查公报为贫困地区农村基础设施服务提供决策提供准确、详细的信息，保障决策的科学性。

中国人民政治协商会议全国委员会根据中国共产党同各民主党派和无党派人士"长期共存、互相监督、肝胆相照、荣辱与共"的方针，对国家的大政方针和群众生活的重要问题进行政治协商，并通过建议和批评发挥民主监督作用。[3] 其主要职能是政治协商、民主监督、参政议政。政治协商是指对国家和地方的大政方针以及文化、经济、政治和社会生活中的重要问题在决策之前或决策执行过程中进行协商。参政议政是指对经济、文化、政治和社会生活中的重要问题以及人民群众普遍关心的问题，开展调查研究，反映社情民意，进行协商讨论。通过建议案、提案、调研报告或其他形式，向党中央和国务院提出意见和建议。[4] 这种"自下而上"汇集基层群众利益需求，能保证全国政协更好地履行参政议政职能，更好地满足人民群众的需求。全国政协委员马秀珍通过实地调研发现农田残膜对农田的污染严重，提出农田残膜应该推行回收再利用机制。[5] 全国政协委员华士飞等对滇桂黔石漠化区进行调研发现：该区支柱产业薄弱，经济发展水平层次低；生态环境脆弱，人地矛盾尖锐；贫困人口众多，贫困程度深；交通等基础设施建设滞后，基本公共服务供给不足等问题。他提出：应该从国家战略的高度统筹规划，找准切入点，重点突破，综合治理；完善扶贫政策，建立专项资金，提高补助标准，实施保林工程和退耕还林工程；加大扶贫区水利建设投资支持力度，重点解决缺水问题；为促进劳动力转移，实施

---

[1] 韩俊, 徐小青, 郭建军, 于保平, 秦中春, 张云华, 樊雪志."十二五"时期农村改革发展的基本思路与建议 [EB/OL].(2010-09-14)[2013-10-05].http://www.drc.gov.cn/ncjjyjb/20100914/147-224-2859873.htm.

[2] 徐锭明.加大政府投入力度，把农村沼气建设推向新阶段 [EB/OL].(2010-10-08)[2013-10-05].http://www.counsellor.gov.cn/Item/8065.aspx.

彭涛.情系农村百姓，关心农村发展 [EB/OL].(2010-10-09)[2013-10-06].http://www.counsellor.gov.cn/Item/8041.aspx.

[3] 参见中国政协网:《中国人民政治协商会》。

[4] 参加《中国人民政治协商会议章程》, http://www.cppcc.gov.cn/2011/09/14/ARTI1315980170869872.shtml，2004-03-12.

[5] 曹健.马秀珍委员：农田残膜污染不容忽视 [EB/OL].(2013-03-10)[2013-10-07].http://news.xinhuanet.com/politics/2013-03/09/c_114963987.htm.

生态教育移民；建立跨省协调机制和制定结对帮扶等政策。[1]

4.1.2 地方层级对贫困地区农村基础设施服务提供的决策保障：
"承上启下"决策保障机制

地方层级涵盖众多层级，包括高层地方层级、中层地方层级以及基层地方层级，相对应的是省一级、地级市和县一级、乡镇一级。地方层级的职能内容十分丰富，包括有建设职能、社会保障职能、促进社会发展职能等。其中建设职能是主要职能，是指建设、经营和管制地方公共基础设施的职能。[2] 我国从中央到地方实行的科层制，根据科层制理论，中央与地方存在众多关系，其中领导与被领导关系，指导与被指导关系是主要关系。在地方层级上下级之间，领导与被领导关系、指导与被指导关系也是主要的关系。再基于中央和地方职能的一致性，在决策内容方面，他们具有相似之处。

受中央与地方的层级节制关系的影响，中央层级负责全国重大政策的制定而地方层级的政策主要是具体落实中央层级的重大政策。基于上述，可以推测：地方政策和中央政策是从属关系，地方政策从属于中央政策，地方政策的制定以中央政策为指导原则。由于我国国土辽阔、人员众多、历史悠久、各地的发展情况各异，中央层级政策难以兼顾各地区的方方面面。地方层级实行的"承上启下"决策机制既能保障党和政府方针、政策、路线的贯彻执行，又能保障地方层级政策符合当地人民的需求，促进当地经济社会的健康发展和人民生活水平的提高。

对于"承上启下"决策机制中的"承上"，我们容易理解，即以中央层级的政策为依据，以中央层级的基本政策价值为取向，而至于"启下"我们怎么理解呢？就是需要根据当地的实际情况，因地制宜的制定适合地方发展的地方政策。从中央到地方，最后到达的是广大的社区，不仅包括城市社区也包括广大的农村社区。了解民意是进行科学决策的前提，满足村民的基础设施服务需求是制定决策的目的。贫困地区农村基础设施服务提供事关农村社区的各项事业的发展，要实践"启下"机制，就需要深入农村社区，探知民意，了解村民的真实需求。但怎样实现"启下"机制呢？那就有必要建设"民意吸纳"机制，作为"承上启下"决策机制的子系统，

---

[1] 参见《2012年全国政协部分专题调研与视察（考察）报告摘要》http://www.cppcc.gov.cn/zxww/2013/01/28/ARTI1359362522038550.shtml，2013-01-28.

[2] 徐勇，高秉雄. 地方政府学 [M]. 高等教育出版社，2005：121-124.

用机制保障决策者、决策机构深入农村社区，深入群众，广泛开展调研，充分听取村民的意见，了解村民的真实需求。

为了贯彻西部大开发战略，进一步加快贫困地区发展，促进共同富裕，实现到2020年全面建成小康社会的奋斗目标，国家发改委西部开发司特制定了《中国农村扶贫开发纲要（2011—2020年）》，在此纲要中明确了总体目标与具体任务目标。其主要目标是：到2020年，稳定实现扶贫对象不愁吃、不愁穿，保障其义务教育、基本医疗和住房；贫困地区农民人均纯收入增长幅度高于全国平均水平，基本公共服务主要领域指标接近全国平均水平，扭转发展差距扩大趋势。其主要任务包括以下领域：改善基本农田和农田水利、构建特色优势产业体系、解决饮水安全问题、全面解决生产生活用电问题、交通网络不断完善、显著改造农村危房、提高教育水平、健全医疗卫生服务体系、丰富公共文化、提升社会保障水平、实现人口均衡发展和保护林业与生态环境。[1]

贵州省委、省政府依据《中国农村扶贫开发纲要（2011—2020年）》（以下简称《纲要》）和中央扶贫开发工作会议精神，结合本省实际，深入进行调研，发现贵州省扶贫的任务主要进入了加快脱贫致富、巩固温饱成果、改善生态环境、提高发展能力、缩小发展差距的新阶段，故此制定了《中共贵州省委贵州省人民政府关于贯彻落实〈中国农村扶贫开发纲要（2011—2020年）〉的实施意见》，其围绕《纲要》的主要任务，坚持把扶贫开发作为全省第一民生工程，按照行业扶贫、专项扶贫和社会扶贫"三位一体"国家扶贫战略的要求，着力扶产业、强基础、保民生、提素质、探路子、创机制，突出抓好以生态移民、培训创业就业等为重点的民生改善，以水利、交通为重点的基础设施建设，以增加农民收入为重点的产业化扶贫等任务，具体包括全面解决农村饮水安全问题，构建完善的农村道路交通网络，全面解决农村生产生活用电问题，基本解决农村工程性缺水问题，加强基本农田、农村能源工程、生态环境建设等。[2]从上述案例中我们能发现，贵州省既汲取了中央层级的政策价值，也根据贵州省的实际情况，将"承上启下"的决策机制成功的运用到农村基础设施服务提供领域，并取得显著成就，农村基础设施不断完善，村民生活水平不断提高，新农村建设取得新的进展。

---

[1] 参见《中国农村扶贫开发纲要(2011—2020年)》，http://xbkfs.ndrc.gov.cn/qyzc/t20111202_448944.htm，2011-11-02。

[2] 参见《中共贵州省委贵州省人民政府关于贯彻落实《中国农村扶贫开发纲要（2011—2020年）》的实施意见》，http://www.gzfp.gov.cn/Web85/News/20120208/8412.htm，2012-02-08。

4.1.3 农村自治组织对贫困农村基础设施服务提供的决策保障："一事一议"决策机制

"一事一议"是一个发展的概念，随着时间的变迁，其内容不断丰富。"一事一议"最初的含义是指在农村兴办农田水利基本建设、植树造林、修建和维护村级道路等集体公益事业时，所需要的资金和劳务要通过村民大会或者村民代表大会集体讨论、研究，实行专事专议的办法筹集部分资金。[1]根据其含义，我们能发现"一事一议"最初是为了保护农民的合法权益，促进农村基层民主政治建设和推进社会主义新农村建设而用于规范村民筹资筹劳行为。农村基础设施服务提供水平直接影响农民、农业和农村问题的解决，直接影响社会主义新农村建设程度。农村基础设施具有准公共物品属性，学界普遍认为，准公共物品的供给主体应该是政府，然而基于历史原因和现实原因，政府对贫困地区农村基础设施服务提供严重不足。历史原因是指建国以来政府主要实施农村支持城市的战略，将大量的农村资源用于城市的发展，城市的基础设施服务提供水平大大的高于农村，尤其高于贫困地区的农村。实现原因是指政府公共资源的有限，面对人口众多、幅员辽阔的农村，有限的资源难以有效解决全国性的问题。在政府难以有效提供农村基础设施服务的背景下，一些学者提出，通过村民集体行动来解决农村准公共物品供应不足的问题。有效的集体行动能够弥补政府供给不足，但是也不得不面对两个重要问题：村民的需求偏好显示问题以及"搭便车"问题。在贫困地区农村基础设施服务提供中，"一事一议"决策机制能够有效地解决这两个问题。

现阶段"一事一议"是指农村税费改革之后，村庄集体范围内如果兴办涉及全体村民利益的公益性生产、生活公共品，必须经过村民会议或村民代表会议的形式进行民主评议和表决来进行。[2]至此，"一事一议"的决策机制的内容扩展到公民需求偏好表达、项目决策、克服"搭便车"问题等，极大丰富了其含义。开展"一事一议"，必须遵循"民主决策、群众受益、量力而行、使用公开、上限控制"的原则，在召开村民代表会议时，应有本村18周岁以上村民的半数参加或者有本村2/3以上农户代表参加，所做决定要经到会人员的半数通过才能有效。为了防止"无事乱议，

---

[1] 杨卫军，王永莲. 农村公共产品供提供"一事一议"制度[J]. 财经科学，2005（1）：181-187.

[2] 韩鹏云，刘祖云. 农村"一事一议"制度变迁：理论内涵与路劲创新[J]. 山东大学农业大学学报（社会科学版），2012（2）：34-38.

公共服务保障机制
——基于贫困地区农村基础设施建设的经验证据

有事不议"等现象的发生，相关部门要严把政策关，加强对农村"一事一议"的指导和监督，并建立健全相关制度章程，真正体现"大家事，大家议，大家定"，加上群众自愿、权利与义务相统一、公平负担的议事原则，"一事一议"决策机制在贫困地区农村基础设施服务提供中焕发勃勃生机。[1]

根据"一事一议"决策机制，村民可以在村民代表大会上根据自己的生产经营活动和所需要的生活条件轻松自由地提出自己所需要的基础设施服务，这就解决了村民需求偏好显示问题，再加上农村基础设施是由村民选举产生的村委会或者村民代表大会提供的，这也解决了村民需求与供给不一致的难题。采用"一事一议"决策机制后，在基础设施服务提供中，无论是服务立项、资金筹集、服务生产和服务消费都体现了村民"当家人"的地位，扩大了村民参与范围，提高了村民自治能力，调动了村民民主决策、民主管理的积极性。群众自愿、权利与义务相统一、公平负担的议事原则将有效地克服集体行动中"搭便车"的行为。虽然集体行动理论是"舶来品"，但是"一事一议"却是有效解决集体行动困境的"土特产"。

基于以上，无论是以前的"一事一议"决策机制，还是现在的"一事一议"机制，都能在政府公共资源有限和集体行动无法有效供给的情况下，有效地拓宽了农村基础设施服务提供渠道，弥补贫困地区农村基础设施服务提供不足。

龙云村距龙里县城7千米处，东连三元镇和贵定县交界，西与龙山镇接壤，乡境内有贵新公路、湘黔铁路、黔桂铁路及210省道贯穿全境，交通便利。当地所用水源为河水，但水质较差。随着当地工业、旅游业的发展以及村民用水量的增加，再加上对水利工程的维护管理不善以及输送设备老化，龙云村的村民用水极其困难，尤其是干旱缺水季节，这严重阻碍了当地的社会稳定和经济的发展。此时此景，村民急切盼望能够解决饮水困难。

为了解决饮水问题，村民积极寻找新的水源，在麻芝组"淌水岩"处找到了新的水源，但是要把水源开发出来，村民都觉得心有余而力不足。据估计，如果将水源开发出来将解决897人的饮水问题和250亩的灌溉问题。为此，根据"一事一议"决策机制，村委首先发起，先召开村民组长会议，分析开发水源的利与弊，并听取他们的意见，以获得他们的支持，然后召开村民代表大会。在会上，群众的积极性很高，一致同意开发该水源。在第二次村民代表大会上，也根据"一事一议"原则

---

[1] 百度百科：http://baike.baidu.com/link?url=j9KXM7EDaxTjlByNKbefmZKlXLxg3Ncr6ca7rK7jITlE7w8hfgZozs3rhMlfa6wp88hlcqR_eNToXK_OfHTq4q.

进行筹资筹劳，最后在这次会议上，村民筹措资金达2万余元。四十五天后，经过各方的努力与合作，新的水源开发成功，缓解麻芝乡龙云村供水紧张的局面，极大提高群众的生产生活水平，加快了当地经济的发展，对当地经济、农业的发展起到积极的推动作用，为兴起的羊鸡冲生态园旅游业的发展和当前社会主义新农村建设提供了坚强的保障，实现社会效益、经济效益双赢目标。[1] 龙里县麻芝乡龙云村村民自建饮水工程是"一事一议"决策机制成功应用的典型案例，在案例中，将"一事一议"有发起人或发起组织、群众对所议事项要求强烈和议事范围内群众直接受益的议事前提、议事程序、议事原则表现得淋漓尽致。

4.2　贫困地区农村基础设施服务提供的资金保障

现阶段学界普遍认为，农村基础设施服务提供机制应该包括政府提供、市场化提供、自愿提供等，然而贫困地区农村基础设施提供机制受到贫困农村地区现实因素的影响，提供方式比较单一，主要依靠政府提供，且政府主要是通过公共财政支出提供贫困地区农村基础设施服务。故此，要研究贫困地区农村基础设施服务提供的资金保障机制，有必要研究政府财政支出机制。

4.2.1　政府财政支出保障贫困地区农村基础设施服务提供必要性分析

4.2.1.1　贫困地区农村居民自有资金存量少

一地的资金存量水平一般通过当地居民的收入水平来衡量。当资金支出水平大致相等的情况下，收入水平越高，资金存量就越多，用于农村基础设施服务提供支出水平将越高。笔者通过比较东部、中部、西部地区主要省份的农村居民收入水平和城乡之间居民收入水平来说明贫困地区农村居民收入水平状况。2008—2011年农村居民人均纯收入分别为4 761元、5 153元、5 919元、6 977元，而2008—2011年

---

[1] 黔南州水利局. 村民"一事一议"自主建水利——龙里县麻芝乡龙云村人畜饮水工程记实[EB/OL].(2007–01–19)[2013–10–07].http://www.qngzmwr.gov.cn/article.asp?articleid=1503.

城镇居民人均可支配收入为15 781元、17 175元、19 109元、21 810元。[1]在这连续的四年中，城镇居民人均可支配收入是农村居民人均纯收入的倍数分别是3.31、3.33、3.32、3.12。我们可以看出，城乡居民收入水平差距大，平均差距在3倍以上，据此可以推断农村居民自主提供农村基础设施服务所需资金的能力较城市居民低。

2008—2011年北京、上海、广州东部地区主要省份农村居民人均纯收入分别为10 661.9元、11 668.6元、13 262.3元、14 735.7元；11 440.3元、12 482.9元、13 978.0元、16 053.8元；6 399.8元、6 906.9元、7 890.3元、9 371.7元。2008—2011年湖北、湖南、江西等中部主要省份农村居民人均纯收入分别为4 654.4元、5 035.3元、5 832.3元、6 897.9元；4 512.5元、4 909.0元、5 622.0元、6 567.1元；4 697.2元、5 075.0元、5 788.6元、6 891.6元；2008—2011年甘肃、云南、贵州等西部主要省份农村居民人均纯收入分别为2 723.8元、2 980.1元、3 424.7元、3 909.4元；3 102.6元、3 369.3元、3 952.0元、4 722.0元；2 796.9元、3 005.4元、3 471.9元、4 145.4元。[2]从以上数据我们可以推算出，2008—2011年西部主要省份农村居民人均纯收入与东部、中部主要省份农村居民人均纯收入的比例分别为1∶3.30、1∶3.32、1∶1.32、1∶3.14；1∶1.61、1∶1.61、1∶1.59、1∶1.59。根据上述数据分析，西部主要省份农村居民人均纯收入与东部、中部主要省份农村居民人均纯收入差距也较大，而且随着平均1∶3.3与1∶1.60比例的增长速度，西部农村居民纯收入与东部、中部农村居民纯收入差距将越来越大，西部农村居民的自有资金存量相对于东部与中部农村居民的自有资金存量将越来越少。基于经济发展、文化建设、社会管理等因素的影响，西部农村地区是贫困农村地区的典型代表。通过城乡居民收入对比分析与东部、中部、西部地区农村居民收入对比分析可以推测西部农村地区居民自有资金存量状况：贫困农村地区居民的自有资金存量很少。

众所周知，农村基础设施服务提供需要大量的人力、物力、财力，而贫困地区农村居民收入水平低，自有资金存量少，无力承当这样庞大的资源消耗，很难承担农村基础设施服务提供的重任。

---

[1] 国家统计局.2012年国民经济与社会发展统计公报[EB/OL].(2013-02-22)[2013-10-08].http://www.stats.gov.cn/tjgb/ndtjgb/qgndtjgb/t20130221_402874525.htm.

[2] 来源国家统计局国家数据库，http://data.stats.gov.cn/workspace/index?m=fsnd.

4.2.1.2 市场不愿提供贫困地区农村基础设施服务

自由主义政府论认为的政府角色应是"守夜人"角色或者"小政府"角色，尽量减少对经济的干预，充分发挥市场机制的作用，然而市场在贫困地区农村基础设施服务提供中无法正常发挥资源配置功能的作用，即在此领域中存在"市场失灵"。面对"市场失灵"，政府提供农村基础设施服务将更为有效。

贫困地区农村基础设施服务属于准公共物品，具有非排他性和非竞争性。非排他性，即人人都可享用，不能排除其他人对该服务的享用。由于基础设施的非排他性，使用者基于"经济人"自利性考虑，希望通过他人提供基础设施服务而自己免费使用，这便出现"搭便车"现象。面对基础设施服务使用者"搭便车"现象，一方面，使用者不愿意通过付费使用农村基础设施服务，另一方面，市场采取迫使使用者付费的措施成本过高，难以获得充足的价值回报，使得市场难以使市场资金进入农村基础设施服务提供领域，导致农村基础设施服务提供领域中市场资金缺乏。

农村基础设施是在农村社区范围内使用的，用来满足农村社区的公共需要，实现农村居民公共利益的准公共物品，具有重大的社会效益。农村提供基础设施服务大多基于公平理念，着眼农村经济社会发展。在市场发育程度较其他发达或较发达地区较低的贫困农村地区，通过市场提供农村基础设施服务，所获的社会效益会大于经济效益，而市场的主要任务是实现经济效益，并以追求利润最大化为目标。故此，市场从自身利益考虑出发不会愿意提供贫困地区农村基础设施服务，虽然存在社会责任感较强的市场主体，但毕竟是少数。加上农村基础设施服务提供具有投资成本高、投资风险大、建设时间长、经济效益实现时间长等特点，市场提供农村基础设施服务意愿较弱。

综上所述，由于贫困地区农村基础设施服务的非竞争性和非排他性、市场的自利性、基础设施服务的特点，我们可以得出以下结论：市场在贫困地区无法实现资源的最优配置；市场无力提供贫困地区农村基础设施服务；市场不愿意提供贫困地区农村基础设施服务。根据学术界的普遍观点，在市场无法正常发挥应有作用时，政府应该加强干预，以弥补市场的缺陷。

4.2.1.3 政府财政支出的重要性分析

农村基础设施的含义在学界没有形成统一，不同学者有不同的观点。赵冬辉通过对农村基础设施含义的文献研究认为，农村基础设施就是指可以提高农业综合生产能力、农民生活条件以及促进农村发展的公共设施。[1]孙开、田雷认为农村基础设施是为了农村经济、社会、文化发展及农民生活提供公共服务的各种要素的总和，根据服务性质不同分为生产性基础设施、服务型基础设施以及流通性基础设施。[2]孙继军汲取众多学者的研究成果认为，农村基础设施指为农村生产和农民生活提供的、具有不可移动性、不可分割性以及长期性的公共设施，是农村生产顺利进行和农民生活水平不断提高的物质保障。[3]我国农村地区广大，农村居民人口众多，加上各地经济发展水平各异，资源禀赋不同，农村基础设施的具体结构或具体内容不同，但是根据以上三位学者对农村基础设施的理解来看，农村基础设施的作用却是相同的。作为准公共物品的农村基础设施服务能够树立农村新面貌、改善农业生产和增加农民收入，是解决"三农"的关键，是建设社会主义新农村的基础，这也是农村基础设施服务经济效益、社会效益的具体体现。众所周知，我国贫困地区农村的生态环境问题较为严重，抗自然灾害的能力低，大力提供农村基础设施服务，例如农田水利设施，能够增强抗自然灾害的能力，改善贫困地区的生态环境，实现经济效益、社会效益和生态环境效益，促进贫困地区农村各方面的发展。

众多学者认为，政府职能是指国家行政机关依法在管理国家和社会公共事务时所承担的职责与所具有的功能，是政府职责与功能的统一体。[4]无论是中央政府职能还是地方政府职能，都包括经济职能与社会职能。经济职能包括制定国民经济和社会发展政策，并据此制定和实施具有全局性方案，制定宏观经济调控政策、产业政策以及其他必须由国家统一决策的重大事项；对具有外部负效应的经济行为加以必要的管制，对具有外部正效应或有效益溢出的经济活动予以必要的资助，以减少妨碍市场正常运转的外部性问题；向公民提供必要的公共产品，避免因公共产品不足而引起市场失灵等。[5]社会职能包括控制人口、维护社会公平、保护生态环境[6]以及提供公共服务。[7]从政府职能的含义及其经济职能与社会职能的内容我们可以看出，政府提供贫困地区农村基础设施服务是其义不容辞的责任，通过履行其职责，能缩

---

[1] 赵冬辉.中国农村基础设施建设融资问题研究[D].东北林业大学，2012：19.

[2] 孙开，田雷.农村基础设施建设与财政投入研究[J].经济研究参考，2005（18）：11–18.

[3] 孙继军.关于农村基础设施建设几个问题的思考[J].西安邮电学院学报，2011，16（5）：117–121.

[4] 刘巧艳.新时期我国政府职能研究综述[J].四川理工学院学报（社会科学版），2013，28（1）：73–76.

[5] 刘志生.论我国政府经济职能的定位及实现途径[J].上海经济研究，2008（2）：82–86.

[6] 陈振明，卢霞，张娜.我国政府社会管理的现状及问题分析[J].东南学术，2005（4）：19–28.

[7] 武勇锋，李霖颖.政府社会职能的界定与履行[J].电子科技大学学报（社科版），2012，14（3）：15–19.

小城乡之间、区域之间的公共服务均等化水平的差距。

公共财政理论认为，市场失灵是财政存在的必要性，只有在市场无法发挥资源最优配置的领域，政府财政才能介入。通过上述研究发现，在贫困地区农村基础设施服务提供领域中，市场存在失灵现象，所以政府财政有必要介入，弥补市场的不足。那什么是公共财政呢？不同的学者有不同的理解。张倩认为公共财政可以概括为是以国家为主体，通过政府的收支活动，集中一部分社会资源，用于履行政府职能和满足社会公共需要的经济活动，是与市场经济相适应的一种财政模式。[1]刘溶沧认为公共财政就是以满足社会公共需要为主旨而进行的政府收支活动或财政运行机制模式。[2]缪国亮认为公共财政是指在市场经济条件下，以弥补市场缺陷为原则，为社会提供公共产品的财政模式。[3]从公共财政的含义可以看出，各学者对公共财政的理解存在一致性，都以满足社会公共需要为目的；公共财政支出履行政府职能，满足公共需要的重要方式。农村基础服务作为准公共物品，是村民的一种公共需要，通过财政支出可以为农村基础设施服务提供资金保障，实现政府对经济、社会、生态环境的宏观调控，缩小城乡之间、区域之间的发展差距，改善农村居民的生活和生产条件。

综上所述，由于贫困地区农村居民自有资金存量少、市场不愿提供贫困地区农村基础设施服务及政府财政支出对农村基础设施服务提供的重要性，加上农村基础设施服务具有准公共物品的固有特点等原因，政府是贫困地区农村基础设施天然的提供者，政府财政能为满足贫困地区农村居民公共需要提供资金保障，有效履行政府的经济、社会、生态环境职能。

4.2.2 贫困地区农村基础设施服务提供政府财政支出保障机制

4.2.2.1 直接支出方式与间接支出方式相结合的资金保障机制

根据财政资金是否直接参与农村基础设施建设分为直接支出方式和间接支出方式。直接支出方式是指财政资金直接用于农村基础设施项目建设开支；间接支出方式是指财政资金不直接用于农村基础设施项目建设开支，而是通过其他方式间接支

---

[1] 张倩. 我国农村公共物品供给的财政保障问题[D]. 大连理工大学, 2008：1.
[2] 刘溶沧. 谈谈公共财政问题[J]. 求实, 2001（12）：34-37.
[3] 缪国亮. 公共财政的含义及我国财政模式的选择[J]. 南方经济, 2000（9）：67-69.

持农村基础设施建设。[1] 现实国库收支集中支付制度中的财政直接支付方式是指按照单位预算和用款计划确定的资金用途和用款进度，根据预算单位申请，由财政部门签发支付令将资金通过国库单一账户直接支付到商品、劳务供应者的支付方式。[2] 财政直接支付方式可以增强财政支付的公平性、公开性，减少了支付的中间环节，加快了资金到账速度，避免了资金在中间环节流通过程中不断流失的问题，铲除了贪污腐败的"温床"，使财政资金受益者得到及时、全额的实惠。故此，在农村基础设施服务提供中的财政直接支付方式可以这样定义：按照农村基础设施服务实际需求和提供进度，由财政部门直接支付农村基础设施服务提供费用，以满足资金需求。现阶段财政直接支付方式运用得比较成熟的是粮食直补。粮食直补是国家财政按一定的补贴标准和粮食实际种植面积，对农户直接给予补贴。其支付方式是包括两种：直接发放现金的方式和将补贴存入农户特定储蓄账户的"一折通"方式[3]，这是财政直接支付方式的具体体现，既能够减轻农民的负担，增加农民的收入，提高农民种植的积极性，又能够增加贫困地区农村居民提供基础设施服务的资金存量。

国家财政资金有限，而农村基础设施服务提供所需财政资金巨大，作为重要提供主体的政府需要通过其他方式来筹集更多资金，这也是此次研究中为什么论述间接支出方式的原因。在众多的财政支出方式类型中，间接支出方式主要包括财政贷款贴息制度和财政参股制度。财政贷款贴息制度是吸纳、黏合信贷资金投入财政支出项目的有力举措，可以充分发挥财政资金"以少带多"、"四两拨千斤"的投资功效，形成财政资金的规模效应，解决资金短缺的问题。[4] 财政参股是指由政府委托国有投资主体，以财政资金投资入股的形式参与项目建设从而使政府成为股东的财政支出方式。[5] 农村基础设施服务具有准公共物品属性，根据学界的普遍认为，提供此类物品应以政府供给为主，市场供给为辅。由于贫困地区农村基础设施投资量大，见效时间长，收费困难，而且贫困地区农村市场发育程度较低，市场有效配置资源的机制尚不完善等原因，政府通过财政参股，引导资源合理配置，可以实现政府与市场的有机结合，扩大资金来源，满足农村基础设施服务提供的资金需求。

---

[1] 冯林.农村基础设施财政支出方式研究[D].山东农业大学，2010：27.

[2] 古俊晖.国库集中支付制度下财政直接支付方式的账务处理探讨[J].2012（4）：26.

[3] 百度百科，http://baike.baidu.com/view/1513043.htm#6.

[4] 闫锡杰，卢丙文.完善财政支农政策体系研究[J].农村财政与财务，2009（12）：6-7.

[5] 冯林.农村基础设施财政支出方式研究[D].山东农业大学，2010：25.

4.2.2.2 纵向支出方式与横向支出方式相结合的资金保障机制

在上下级政府之间事权与财权相分离的现实背景下，上级政府拥有较多财权而承担较少事权，下级政府承担过多事权而拥有较少财权，导致下级政府财政收支失衡，无力承担过多的农村基础设施服务提供责任。为了弥补下级政府财政缺口，上级政府通过财政转移支付实现下级政府财政收支均衡。财政转移支付就是以各级政府之间的财政能力差异为基础，以实现各地公共服务水平均等化为主旨而实行的一种财政资金转移或财政平衡制度。[1] 目前我国财政自上而下的纵向支出方式包括一般性转移支付、体制上解或补助、年终结算补助、专项转移支付及税收返还。[2]（详细见表4-2-1）其中应用最为广泛的是一般性转移支付和专项转移支付。一般性转移支付是指上级财政拨付主体不规定所拨付资金的具体用途，受援的下级政府可以用来弥补财政缺口。财政转移支付的目的是实现各地公共服务水平的均等化，而资金是实现公共服务均等化的最重要影响因素。提供贫困地区农村基础设施服务将有利于促进实现城乡之间、区域之间公共服务均等化。通过一般性转移支付可以缩小各地的财力差距，进一步满足农村基础设施提供的资金需求，提高贫困地区农村基础设施服务供给能力，促进社会公平。专项转移支付规定了资金的具体用途，下级政府按规定使用专项资金。专项转移支付一般服务于上级政府特定的政策目标，用于特定公共物品供给或某一具体事项，例如主要用于扶贫的财政专项转移资金。2012年制定的《财政专项扶贫资金管理办法》规定财政专项扶贫资金应该围绕改善农村贫困地区基本生产生活条件，支持修建小型农村饮水安全配套设施、完善小型公益性生产设施、支持扶贫对象实施危房改造工程、修建贫困村村组道路、支持易地扶贫搬迁等。[3] 这也充分说明了专项转移支付对农村基础设施服务提供的资金保障作用。

由于各地自然资源禀赋不同、地理位置差异、政策资源倾斜程度不同等因素的影响，导致各地经济发展水平不平衡，而财政收入水平与经济发展水平呈正相关，经济越发达，财政收入越高，由此出现同级政府间财政横向失衡现象。要实现各地区公共服务均等化，有必要实现各地财力均衡。徐青云认为财政横向转移支付就是以均衡同级地方政府之间的财力为直接目标，实现地区间基本公共服务均等化为追

---

[1] 贾五贝.从怎么看到怎么办·理论热点面对面2011.怎么解决分配不公 [EB/OL]. (2011-08-11) [2013-10-09]. http://www.wenming.cn/ll_pd/llrdmdm/zxdt/201108/t20110816_285002_1.shtml.

[2] 关慧.中国农村公共物品供给不足的财政政府研究 [D].辽宁大学，2009：77.

[3] 参见2012年制定的《财政专项扶贫资金管理办法》。

求,在地方政府间实行的财政资金的转移。[1] 根据同级政府间财政失衡原因和财政横向转移支付的定义,财政横向转移支付具有以下特点:①发生在同级政府间;②富裕地区政府向贫困地区政府进行财政资金转移;③财政横向转移支付是实现公共服务均等化的重要方式。现阶段在各同级政府之间实行的"对口支援"便是财政横向转移支付的一种表现。例如宁波市对口支援黔东南苗族侗族自治州、黔西南布依族苗族自治州,对促进两地的医疗卫生、教育等基础设施服务提供具有重要贡献。虽然对口支援与真正意义上的横向转移支付存在差距,但上述理论与实践透视出,我国已经构建出同级政府间实现财政横向转移支付的雏形,只需进一步完善。[2]

表 4-2-1　目前我国财政自上而下的纵向支出方式

一般性的 转移支付	均等化为目标的财政转移支付,其按统一的客观公式计算,用于缓解一些收支矛盾突出地方的财政状况。
体制上解 或补助	是旧体制延续下来的中央与地方之间的一种双向流动的财政支付形式。
年终结算 补助	财政年度结束后中央与地方对某些事项的结算结果,可能是地方对中央的上解,也可能是中央对地方的补助。
专项 补助	按特定用途由中央拨给地方的专门款项,且专款专用。
税收 返还	为了维护地方既得利益,将原属于地方税源的上划给中央的增值税和消费税按照一定的计算方法确定后,依来源地原则返还给地方的财政资金。

资料来源:关慧根据钟晓敏,政府间财政转移支付论[M].立信会计出版社,1998:149-152 有关资料整理而得。

4.2.2.3 政府财政支付与农民出资相结合的"一事一议财政奖补"资金保障机制

为了平衡城乡发展,加快新农村建设,"一事一议财政奖补"通过村民民主决策、筹补结合、村民直接受益、注重效益,规范管理、阳光操作的原则,以村民自愿出资出劳为基础,以政府奖补资金为引导,为农村公益事业建设提供资金保障。正如前面"一事一议"概念所述,"一事一议"是用来规范村民筹资筹劳行为的决策保障机制,而"一事一议财政奖补"是将村民的筹资筹劳和国家财政支出结合起来用来满足农村公益事业建设所需资金的保障机制,而农村公益事业涉及村内公路、村

---

[1] 徐青云.我国横向转移支付制度研究[D].中南民族大学,2012:7.
[2] 钟晓敏,岳瑛.论财政纵向转移支付与横向转移支付制度的结合[J].地方财政研究,2009(5):26-30.

庄农田水利设施、村内环卫设施、绿化村庄等与农村居民生产生活息息相关、受益范围广、公共性较强的农村基础设施服务。

金钟组是革命历史圣地娄山关村所在的遵义市汇川区板桥镇政府申请的一事一议财政奖补项目示范村寨。据板桥镇财政所所长张鸿萍介绍，截至2013年，娄山关村共获得财政奖补资金507.7万元，其中金钟组累计投入资金278.11万元，建设污水处理池、文化广场、文化休闲廊等公共设施，以及进组道路硬化、亮石河整治、路灯安装、河滨人行道硬化等交通、环境领域的一事一议财政奖补项目14个，其中群众投工4 210个折资21.05万元，申请财政奖补资金257.06万元。据介绍，整个板桥镇自2010年实施一事一议财政奖补制度以来，已完成一事一议建设项目33个，奖补资金1 282万元，修建通组路31.24千米，修建灌渠14.5千米，新建垃圾池20个，为当地的乡村旅游业发展奠定了良好基础。[1]

从上面案例我们可以看出一事一议财政奖补制度实现了其应有的目标：加强了农村基础建设，统筹了城乡发展，促进了城乡公共服务均等化；激发了村民参与一事一议筹资筹劳的热情，引导和鼓励了村民出资出劳，调动农民参与农村公益事业建设的主动性，促进了社会主义新农村建设；调动了基层干部和群众的民主议事积极性，运用民主方式解决涉及农民切身利益的问题，并不断完善民主议事机制，推进农村基层民主政治建设；形成了村级公益事业建设多渠道投入的新机制，让农民切身受到政策带来的实惠，促进了城乡协调发展。这些为解决"三农"问题找到了新的途径，为促进社会主义新农村建设、构建社会主义和谐社会起了巨大推进作用。

4.3 贫困地区农村基础设施服务提供的质量保障

根据第二次全国农业普查主要数据公报，截至到2006年末，我国农村地区基础设施服务提供状况已得到明显改善。2006年末，89.05%的农村通公路，路面多以砂石为主，1/4的村地域内有车站或码头。2006年末，81.9%的乡镇已经完成农村电网改造，近98%的农村通电、通电话；81.1%的乡镇有邮电所。农村孩子大都有就近就学的机会。97.6%的村能接收电视节目，57.4%的村安装了有线电视。村幼儿园、托儿所、体育健身场所、图书室、文化站发展趋势良好；农村用水、卫生、医疗、

---

[1] 秦波.娄山关下美如画，三大产业铺就了小康路[N].贵州日报，2013-03-28.

燃料等供给已显初步成效。例如村饮用水净化处理、村垃圾集中处理、沼气池建设、村厕改造、村卫生医院建设等。[1]农村基础设施服务提供水平虽然在数量上已经取得重要成绩，但是质量问题不能忽视，尤其是贫困地区基础设施服务质量不容忽视。因为在全国将快实现小康社会的背景下，贫困地区农村许多居民还在贫困线上苦苦挣扎，提供高质量的基础设施服务，是贫困地区农村居民发家致富奔小康的前提条件。根据基础设施与人们生活息息相关的联系，农村基础设施服务质量应该包括基础设施的功能性、普适性、安全可靠性等以满足农村居民对基础设施服务的需求。功能性指基础设施服务能满足村民需要的技术特征，如道路的运送功能。普适性是指基础设施服务能够满足大部分村民的公共需要，而不是个人的需要。安全可靠性是指村民在使用基础设施过程中人身健康与财产安全能够得到保障。根据目标—路径理论，要实现贫困地区农村基础设施服务质量的功能性、普适性与安全可靠性，需要从事前、事中、事后的各个过程加以控制，保障农村基础设施服务质量满足村民的需求，也需要从政府内部与政府外部两方面加强农村基础设施服务质量监督，保障政府提供的基础设施服务是高质量的服务。

4.3.1 贫困地区农村基础设施服务提供质量保障控制机制

政府是农村基础设施服务最重要的供给主体，对保障基础设施服的质量负有不可推卸的责任，且基础设施的生产管理对基础设施的质量具有决定性影响，所以政府必须重视基础设施的生产管理。根据管理学基本原理，管理具有决策、组织、领导、控制和创新的基本职能，其中控制职能对生产管理的影响最为直接，能确保实际生产管理活动按照预定计划进行。周三多等学者根据时机、对象和目标的不同，将控制分为三类：预先控制、现场控制、事后控制。[2]预先控制是指在进行农村基础设施服务提供活动前所进行的控制。为了增强未来实际结果与决策目标的一致性，通过事先确定并配置合适的资源，减少在基础设施服务供给过程中所使用的资源在质与量上的偏差。现场控制亦称过程控制，指在供给活动开始后，对活动中的人与事进行指导与监督，保障供给活动按照预期决策计划进行。事后控制亦称成果控制，指在农村基础设施服务提供活动结束以后对整个过程进行总结。事后控制包括众多

---

[1] 资料来源：第二次全国农业普查主要数据公报（第三号）。由于建国至今，只进行了两次全国农业普查，所以选取第二次普查数据。

[2] 周三多，陈传明，鲁明泓．管理学原理[M]．复旦大学出版社，2011：493-494.

内容，如成本收益分析、人员的工作绩效评价、预期目标与实际结果一致性研究等，其中基础设施服务质量是否具有功能性、普适性与安全可靠性是事后控制的主要内容，其决定所提供的基础设施服务是否能长久、有效地满足贫困地区村民的基础设施服务需求。现阶段常用的控制方法有支出预算控制法和标杆管理法。

农村基础设施服务提供活动可以根据支出预算进行控制。支出预算规定了供给活动在人力、物力以及财力等方面的支出额度，这也是从事前控制出发，对供给活动所需资源的质与量进行预测并合理配置。笔者认为农村基础设施服务提供支出预算控制就是指根据规定的支出标准来检查和监督农村基础设施服务提供活动，以保障提供活动在充分达成既定目的的同时，充分地、有效地利用了各种支出预算资源。随着经济体制改革的深入和发展，我国预算管理水平日趋提高。在预算编制方式上，由传统的增量预算向零基预算过渡，使得预算支出能够真正用在"刀刃"上，有效避免预算支出无效使用。在预算编制内容上越来越注重各项支出的整体性与协调性，改变以往各项预算支出联系不太紧密的不良境况。

而全面预算控制是一种较为成熟的预算控制方法，指企业在管理活动中，对相关投资活动、经营活动和财务活动的预定期的情况进行预测并加以控制的管理行为及其制度安排，是企业进行协调的工具、实施控制的标准、加强考核的依据，是推进企业管理规范化和科学化的重要手段，也是促进企业各级管理人员自我约束、自我发展的有效途径。[1]根据其定义，我们可以推论出全面预算控制具有以下特点：预算支出目标与活动目标一致性；预算支出贯穿整个活动的始终；全面预算控制囊括事前、事中、事后整个控制过程。预算控制是指在预算执行过程中，对各活动主体的日常活动支出进行监控。如果活动环境发生变化，预算与实际支出发生偏差，此时预算监控的作用就是寻找根源，调整预算，保证日常活动有效正常进行。虽然全面预算控制主要用于企业管理活动中，但其思想和所运用的方式可以突破企业管理领域，进入政府财政预算支出领域，控制农村基础设施服务提供活动，以保障基础设施服务质量满足贫困地区村民的需求。

标杆就是一种标准，标杆管理就是寻找最优标准，然后以此为基准，将自己所从事的领域与之比较、分析、判断，寻找差距，在此基础上制定和实施改进策略与方法，创造出适合自己的全新的生产管理模式。寻找最优标准时，自己不仅可以寻

---

[1] 赵尊飞.全面预算控制流程再造机制研究[D].财政部财政科学研究所，2011：25.

找某领域的整体最优标准,也可以依据某项目实施的事前、事中、事后各个环节的最优标准,多方面、多角度加以借鉴。标杆管理是一种重视自身问题并加以解决的控制方法;标杆管理也是一种能够促进自身不断学习,加强学习型组织建设的管理工具。通过间接文献研究,众多学者认为标杆管理是一种绩效提高工具,然而它不并是单纯的绩效评估工具,它可以在更广的领域范围内加以运用,对更具深远的目标提出改进策略与方法。标杆管理一般步骤包括:确定标杆管理的项目、对象,制定工作计划;进行调查研究,搜集资料,找出差距,确定纠偏方法;初步提出改进方案,然后修正和完善该方案;实施该方案,并进行监督;总结经验,并开始新一轮的标杆管理。[1]

在农村基础设施服务提供活动中,政府实行标杆管理能有效保障服务质量。首先通过在全球范围内寻找具有功能性、普适性及安全可靠性的基础设施服务项目,然后以此为标准,对照自身,找出差距,再次借鉴其优秀的方法、理念与模式,进行本土化改造,最后进行监督实施,从而保障高质量的农村基础设施服务,此种控制方法在实践中已经取得巨大成功。

4.3.2 贫困地区农村基础设施服务提供质量保障监督机制

由于农村基础设施属于准公共物品,具有非竞争性和非排他性,决定了其无法通过市场机制保障基础设施服务质量,故此保障基础设施服务质量还需基于政府的作用。基础设施服务质量是否具有功能性、普适性和安全可靠性受众多因素影响,例如政府工作人员是否廉洁、滥用权利,政府行为是否依法等,要排除这些因素对基础设施服务质量的影响,必须加强和完善政府行政监督机制。目前,我国行政监督已经形成了一个以行政机关和行政人员及其行政行为为指向中心的全面的约束体系。其监督对象:从结构上看,容纳了整个行政组织和全部的行政人员;从功能上,涉及政府的政治、经济、社会和文化、生态等各项职能;从过程上看,包括信息情报、政策抉择、计划规划、指挥协调、资金使用等所有行政行为及其产品。[2] 在政府履行各项职能的过程中,资金使用起关键作用,没有资金的支持将无法履行各项职能,便是俗话所说的"巧妇难为无米之炊"。在农村基础设施服务提供中,政府财政支

---

[1] 周三多,陈传明,鲁明泓.管理学原理[M].复旦大学出版社,2011:533-534.

[2] 王冬辉,宋亚军,王延平.完善行政权力运行监督机制问题研究[A].吉林省行政管理学会"提高政府执行力"学术研讨会论文集,2009.

出是资金的最主要来源，是确保高质量基础设施服务的"灵魂"。要想保障高质量的农村基础设施服务必须保证政府财政支出真正用在实处，为此，各监督主体应该监督政府财政资金的使用情况。根据监督主体与监督客体的关系，监督机制分为内部监督机制与外部监督机制。内部监督机制主要指审计监督，外部监督机制包括人大代表监督、社会公众监督、舆论监督等。

审计监督表现为对被审计单位的财政收支、财务收支及其他经济活动的真实、合法和效益进行审核、评价和控制等的一系列监督活动，审计即审计监督，审计本质上反映的是独立的监督关系。[1]

审计机关的职责包括对政府投资的和以政府投资为主的建设项目的预算执行情况和决策进行审计监督；按照国家有关规定，对国家机关和依法属于审计机关审计监督对象的其他单位的主要负责人，在任职期间对本地区、本部门的财政收支、财务收支以及有关经济活动应负有经济责任的履行情况，进行审计监督；审计机关有权对国家财政收支有关特定事项，向有关地方、部门、单位进行专项审计调查，并向本级人民政府和上一级审计机关报告审计调查结果。

审计机关的权限包括调查权、强制权与建议权等。调查权涉及审计机关有权要求被审计单位按照审计机关的规定提供真实和完整的财务会计资料；审计机关进行审计时，有关单位和个人有责任协助审计机关工作，并提供证明材料。强制权涉及审计机关有权制止被审计单位正在进行的违反国家规定的财政收支、财务收支行为；建议权涉及审计机关认为被审计单位所执行的上级主管部门有关财政收支、财务收支的规定与法律、行政法规相抵触的，应当建议有关主管部门纠正；有关主管部门不予纠正的，审计机关应当提请有权处理的机关依法处理等。

被审计单位违反《中华人民共和国审计法》所需承担的法律责任包括：责令限期缴纳应当上缴的款项；令限期退还被侵占的国有资产；责令限期退还违法所得；责令按照国家统一的会计制度的有关规定进行处理；其他处理措施。如果被审计单位的财政收支或财务收支构成犯罪或者被审计人员在审计过程中玩忽职守构成犯罪，将依法追究其法律责任。[2]

---

[1] 祝遵宏. 审计监督发展的多维观察 [A]. 中国会计学会审计专业委员会 2010 年学术年会论文集 [C].2010.

[2] 详见《中华人民共和国审计法》，http://www.audit.gov.cn/n1057/n1087/n1599/325639.html, 2006–03–01.

通过审计监督表现、职责、权限和被审计单位违反《中华人民共和国审计法》所承担的法律责任，可以得出结论：审计监督机制能够有效排除影响贫困地区农村基础设施服务提供质量的不利因素，保证财政资金真正落实到实处。审计监督主要是事后监督，而农村基础设施服务质量涉及提供活动的整个过程，需要从各个环节加以监督以保障高质量服务供给。人民代表监督、村民参与监督以及舆论监督有助于弥补这一缺陷。

人民代表是人民通过选举产生，对人民负责，负有行使质询权、行使调查权、提出批评建议权等权利。质询权是指人民代表就行政事务或其他事务，以口头或书面的形式，向政府提出质疑，并要求在法定期限内做出答复的权利。具有质询权者按照法定程序对国家机关及其公职人员提出的书面质询文件，便构成"质询案"。质询权是国家代表机关对国家行政机关实行监督的一种形式。[1] 在农村基础设施服务提供过程中，人大代表积极主动地对基础设施服务提供的具体事项向作为提供主体的政府提出质询，督促政府行为。行使调查权是联系人民群众的一种方式。能够实地了解农村基础设施服务提供实际财政支出情况，能够通过视察调研将村民对基础设施服务质量的切身感受反映到相关部门。通过对政府进行质询以及实地调查，如果发现在农村基础设施服务提供中存在情节较轻的不当行为，人民代表可以在人民代表大会或常委会上行使批评建议权，批评建议政府行为。如果政府工作人员在基础设施服务提供过程中存在违法行为，人民代表还可以行使控告检举权。

舆论监督是人民群众和社会组织通过报纸、刊物、广播、电视、网络等新闻舆论工具对国家机关、社会组织和公民的法律活动特别是国家机关和国家工作人员的法律活动所进行的监督。它是社会组织监督和人民群众监督的一种重要形式，也是人民群众反映意见、参与国家管理的重要方式。[2] 人民群众之所能够通过舆论对国家机关及其工作人员进行监督是因为这是公众自由表达权的内在要求，是言论自由的表现。言论自由涵盖舆论监督，二者是包含与被包含的关系。在公民拥有言论自由权的时候也势必拥有舆论监督权。舆论监督权即公众或新闻媒体有权依靠大众传媒，以公开、透明的方式对国家机关及其工作人员的不合法行为发表自己的不满意愿，提出批评、建议。具体来说，公众或新闻媒体有权获取、了解给类公务信息和意见的自由，并通过大众传媒对各类事实进行披露、表达意见的自由。舆论监督现已成

---

[1] 参考中国知网学术百科。

[2] 参考中国知网学术百科。

为国家监督机制的重要组成部分。然而舆论监督有什么优势呢？

首先，舆论监督跨域了等级、贫富、地域等现实障碍，无论是贫困农村地区还是发达城市，无论富人阶级还是穷人阶级都有机会行使舆论监督权，这大大扩大了的监督主体的范围，保障了各类社会群体行使监督权。其次，报纸、电视、刊物、广播、网络等新闻舆论工具，具有信息传播速度快的特点，能够使各类传媒第一时间介入调查并将国家机关及其工作人员的行为迅速展现在公众的眼前，这样就保障了舆论监督的时效性和扩散性。再次，由于众多传播媒介具有信息资源共享、信息承载量大等特点，各类舆论监督主体能够迅速获取、了解监督信息。再加上舆论监督主体的扩大化，致使舆论监督具有更好的效果。最后，随着信息技术迅速的发展，舆论监督方面将发挥越来越重要的作用。

通过文献研究发现，舆论监督模式呈现多样化趋势发展，极大丰富了监督机制。例如付池斌强调的多维监督、公开监督和全程监督模式。多维监督是指对监督对象进行多维度监督的方式。公开监督是指大众媒体及公众及时、公开地对监督客体进行监督。全程监督是指大众传媒和公众对监督客体活动全过程进行监督。[1]宋鸽基于电子治理视野，认为可以利用电子技术改进监督媒介，建立合作监督的网络模式。[2]通过多样化舆论监督模式，能够有针对性的对各类活动进行有效的监督，保障国家机关及其工作人员真正做到为人民服务。

监督舆论虽然不具有强制性，但它却具有一种精神的、道德的力量。当分散的、个别的议论引起人们普遍关注，经过传播而形成社会舆论时，便代表着众多人的看法和意志，对社会生活产生重要的影响。

在舆论自由的新时期，多数人的看法和意志通过大众传媒进行传播，催生社会舆论。大众传媒催生的社会舆论不必通过一些中介组织等中介面就可以直接抵达相关部门，引起党和政府的关注，进而采取相应措施，达到监督的目的。由此可见，舆论监督与舆论是紧密相连的，其将社会群体的共识通过大众传媒的传播优势，并依此作为对现实不满的强力回应工具。舆论监督的最终目的是要解决各类问题，而要解决各类问题离不开问题主要解决者的支持。所以舆论监督的内容既要包括监督各类问题，也要监督各类问题解决者的行为。要保障高质量的农村基础设施服务，既需要监督影响服务质量的影响因素，也要监督政府的供给行为。故此，公众可以

---

[1] 付池斌.舆论监督司法的有效模式[J].河南公安高等专科学校学报，2006（3）：34-37.

[2] 宋鸽.电子治理视野下新闻舆论监督模式的选择[J].行政与法，2006（7）：69-70.

通过社会舆论监督，规范政府行为，使政府整个供给环节按照人民意愿提供优质基础设施服务。

农村基础设施服务事关村民生活水平的提高、生活质量的改善。在提供基础设施服务过程中，村民有责任、有义务对事关切身利益的政府行为进行监督，以满足自身需要。受自身所掌握资源的有限性制约，通过自身对基础设施服务提供活动进行监督，即公民监督，是一种较优的选择方式。公民监督指公民按照宪法和法律所规定的权利，对国家机关活动和国家工作人员的行为实施的监督，即赋予公民监督权以配合国家司法机关运行的外部监督。我国法律赋予公民监督、批评、建议和检举国家机关及其工作人员的权利，所以公民监督权的主体是公民。根据公民监督的含义，我们可以看出，公民监督的客体是指任何国家机关及其工作人员，即公民监督权所作用的对象。而公民监督权的内容只要是指国家机关及其工作人员的行为活动是否合法、是否能满足公民需求。陈党根据政权的人民性和政治的民主性认为公民监督具有：对公共权利正常运行的保障和导向功能；对公权权力偏离轨道的防范和矫正功能；对公共权利行使者的惩戒和教育功能；对政治稳定的保持和促进功能。[1] 之所以要实行公民监督的另外一个原因是根据社会契约论或委托代理理论，公民将自己的权力委托给公共部门，并进行国家管理。在这过程中，公民是委托方、公共部门是代理方，公共部门运用权力代表公民对国家进行管理。权力的运行如果缺乏有效监督可能会发生异变，从而滋生腐败。随着社会主义政治文明建设的不断推进，公民的权利意识、参与意识和监督意识不断高涨，公民迫切需要公共权力依法运行。且公民监督的主体广泛，只要是我国公民皆可以对政府机关及其工作人员的活动进行监督；监督主体可以通过多种多样的、灵活方式行使监督权；公民行使监督权的成本低不需要消耗国家公共资源，大大节约了监督成本。故此，从公民自身角度出发，通过公民监督对公共部门的权力运行进行监督是一个较优的选择。内部监督机制大多可以看作是"自上而下"的监督方式，而公民监督却是从公民自身切身利益出发的"自下而上"的监督方式。

要确保公民监督的有效实现，公共部门必须实行政务公开，使权力在阳光下运行，保障公民的知情权。知情权的实现是公民进行监督的前提。随着知情权的实现，公民的参与权、表达权将得到强化，而要进一步保障公民监督权，还需要拓宽和疏

---

[1] 陈党. 公民监督的功能及其实现途径探讨 [J]. 政治与法律，2008（7）：62-67.

通公民监督渠道，使公民监督权更加有效地行使，进而推进民主管理、民主监督，保障生产管理的科学化与民主化。

随着村民的受教育水平、综合素质不断提高，监督意识也不断高涨，而且受市场经济的冲突，村民越来越关心自身利益，维权意识也不断高涨，这为村民实现对政府行为的监督提供了有利条件。农村基础设施服务是在政府主导下提供的，基础设施服务供给的各个环节均受到政府权力运行的影响，通过村民监督将有助于提高对基础设施服务质量保障水平。

4.4 贫困地区农村基础设施服务提供的后期维护保障

众所周知，建设农村基础设施有利于产业规模的积聚和结构的优化，促进农村产业的专业化，进而提高经济活动的经济效率，降低生产成本；有利于农民增强抵抗自然风险和经济风险的能力；有利于创造就业机会，拓宽就业领域，转移剩余劳动力，缩小城乡差距和地区差距；[1]基础设施服务提供包括政策开发、可行性分析、政策执行（基础设施服务实际供给）、使用、维护等阶段。如果基础设施在建造好以后不进行维护，随着时间的推移与使用者对基础设施的使用，其使用寿命将大大缩短，不利于基础设施的可持续利用，也不利于上述目标的实现。正如埃莉诺·奥斯特罗姆所说，维护是延缓设施老化的活动。所以，当一项农村基础设施服务已经完成供给后，基础设施的后期维护将会立马被提上政策议程。进入政策议程的主要目的是保障农村基础设施服务的可持续性。埃莉诺·奥斯特罗姆根据基础设施发展的根本目的，认同世界银行对可持续性所做的定义。根据基础设施服务项目关于时间上的可持续性被定义为在项目完成后，即在项目停止得到财政支持和技术支持后，一个可以接受的、源于项目投资的净收益流量的维持。经济上可持续性的标准是回报率能否等于或大于每个项目投资的现行机会成本。[2]

机制是制度和方法的集合。基础设施后期维护制度化能够保障在实际的维护工作中有章可循，有据可依。在基础设施服务建造过程中需要资金支持，在维护过程中同样需要资金支持，资金支持贯穿于整个基础设施服务供给过程。保障高绩效水

---

[1] 侯岐军，任燕顺.基于项目管理的农村基础设施建设与管理研究[J].农业经济问题，2006（8）：17-19.
[2] 埃莉诺·奥斯特罗姆，拉里·施罗德，苏珊·温.制度激励与可持续发展——基础设施政策透视[M].上海三联书店，2000：18-20.

平离不开对绩效的评估。通过绩效评估能够发现绩效水平的影响因素，并采取相应措施，保障高绩效水平。所以，根据基础设施后期维护所涉及的影响因素，充分发挥基础设施的政治、经济、社会功能，保障基础设施可持续性，笔者从基础设施后期维护制度化保障、基础设施后期维护资金筹集机制、基础设施后期维护绩效评估机制三个方面着手研究贫困地区农村基础设施服务提供的后期保障。

4.4.1 基础设施后期维护制度化保障

目前，我国农村基础设施服务供给过程中存在重建设、轻养护的现象。为消除这类现象，巩固农村基础建设成果，使民生工程真正实现其功能，充分发挥最大效应，需要从维护机制方面着手。公路是典型基础设施服务，在研究基础设施后期维护制度化保障时将以农村公路为例来探讨贫困地区农村基础设施后期维护的实践历程。通过众多学者的案例研究，笔者发现我国现阶段存在许多农村公路后期维护管理机制。李纯、何兆益和李丽民通过对重庆涪陵区、开县以及荣昌区农村公路后期维护机制进行实地调研，发现此三地存在统一管理机制、分级管理机制以及接管代养机制。[1] 陈莉等学者以重庆市为例，根据2004年乡村公路养护管理统计资料，发现村道由村委管理的三种养护管理类型：统一管理、分级管理和委托管理。[2] 下面将重点介绍几种农村公路基础设施后期维护机制。

统一管理机制，即县道、乡道由区县公路管理机构负责公路后期维护工作，而村道的后期维护管理则由乡镇公路管理机构组织实施。[3] 其组织结构如图4-4-1所示。

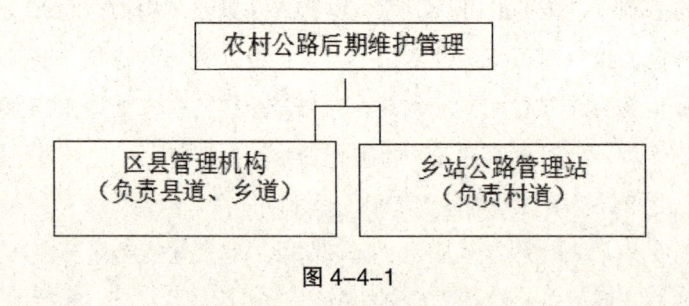

图 4-4-1

---

[1] 李纯，何兆益和李丽民.农村公路养护管理模式的研究[J].公路，2007(6)：183–185.

[2] 陈莉，何兆益，乔墩.重庆市农村公路养护管理研究[J]重庆交通大学学报（自然科学版），2008，27（3）：433–436.

[3] 陈莉，何兆益，乔墩.重庆市农村公路养护管理研究[J]重庆交通大学学报（自然科学版），2008，27（3）：433–436.

我国农村公路有县道、乡（镇）道和村道三个等级之分。对此，为了各司其职，落实各级维护主体的职责，认为分级管理机制是指县道县管、乡道乡管和村道村管。随着"县道细养、乡道粗养、村道不养"问题的发生，出现了另外一种分级管理机制。即县道乡（镇）道的后期维护工程和日常养护由专业的养护公司承担，村道的维护有镇农村公路管理所承担，致使县道乡（镇）道和村道的维护管理相分离，以解决此前的县道细养、乡道粗养、村道不养"问题。其模式框架如图4-4-2所示。

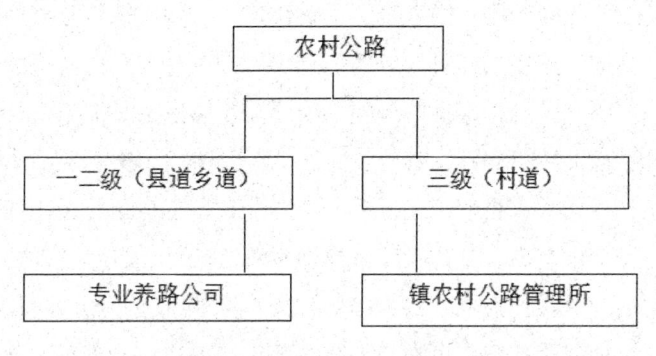

图4-4-2 分级管理机制

根据国内外学者的经验性研究成果，将公共服务的供应责任与生产责任区分开来，政府始终承担服务供应的政治责任，将公共物品生产责任以委托、出售、竞争、特许经营和补贴等多种方式交由私人或第三部门生产，并以法规的形式固定下来。[1] 这样，公共服务的供给和生产主体就会分离。同理，基础设施后期的维护也能通过这种市场化机制将养护工作委托给私人企业，实现维护主体与养护主体相分离，形成管养分离机制。供给主体负维护责任，养护主体执行养护任务。武建权等学者以山东省为例，对农村公路养护模式进行经验型探讨，发现青岛市农村正在改革公路养护生产运行机制，通过实行管养分离、事企分离，在公路养护中引进市场机制，建立起规范的养护市场。[2]

管养分离机制除了借鉴公共服务市场化经验外还有其他现实考虑因素吗？农村基础设施，如道路、桥梁、渠道、电网等具有规模宏达、技术要求水平高等特点，对其进行维护需要大型设备、高技术型人才等。作为农村基础设施最主要的供给主

---

[1] 靳永翥.公共服务提供机制——以欠发达地区为研究对象[M].社会科学文献出版社，2009：34.
[2] 武建权，史建，刘琦等.山东省农村公路养护管理机制研究[J].山东交通科技，2008（4）：19-21.

体——政府，通过市场化手段，"借用"私人企业的大型设备和高技术人才。其二，传统的官僚制具有反应迟缓、效率低下的问题，而市场机制以使用者的需求为导向，通过竞争能够提高行动者的办事效率，快速满足使用者的需求。其三，在机构改革的大背景下，实行管养分离机制能够将那些履行日常养护功能的机构和使从事具体养护工作的公务人员从管理机构中分离出来，在保证机构职能实现的同时实现机构的精简。

根据对实际情况的调研和国家重大发展政策的了解，管养分离机制在贫困地区农村基础设施维护运用中具体可以分为两种类型：政府与私人企业的管养分离；政府与当地居民的管养分离。根据国务院办公厅关于印发的《关于农村公路管理养护体制改革方案的通知》，所有等级公路的大中修等养护工程通过向社会公开招投标，鼓励具备资质条件的私人企业跨地区参与公路养护工程竞争，择优选定养护作业单位。这样有利于实现基础设施的管养分离。对等级较低、自然条件特殊等又难以通过市场化机制进行养护作业的农村公路，可实行干线支线搭配，建设、改造和养护一体化招标，也可以采取个人（农户）分段承包等方式进行养护。浙江省人大代表吴雷廷针对加强农村公路基础设施管护也建议建立养护生产运行机制。切实把农村公路养护纳入市场运行机制，推行承包养护、招标养护、合同养护、委托养护等模式，逐步形成"政府监督、行业管理、主体负责、企业实干"四级农村公路管养保证体系。[1]

政府与当地居民的管养分离指在农村基础设施维护中，政府负维护责任而当地村民负责具体的基础设施养护任务。北京市人民政府在《关于加强农村基础设施维护和管理的意见》中指出，在农村基础设施维护中要坚持农民参与、保障农民权益的原则，增加符合村民工作能力公共服务岗位，扩大农民就业，优先安排本地区农村居民从事农村基础设施日常管理和维护工作。

4.4.2 基础设施后期维护资金筹集机制

资金是进行一切活动的灵魂，是活动能够顺利进行的各类保障（人力保障、物力保障等）的基础，对农村基础设施的维护离不开足够的资金支持。正如埃莉诺·奥斯特罗姆所说："如何有效地筹集用于基础设施开发和维护的资源（包括货币和非

---

[1] 吴雷廷.关于加强农村公路基础设施管护落实乡村康庄工程道路养护责任建议[EB/OL].(2007–05–22)[2013–11–01].http://www.zjt.gov.cn/art/2007/5/22/art_74_70401.html.

货币）是可持续发展的关键因素，如果没有足够资源或者没有分配足够资源用于基础设施的运行和维护，基础设施会随着时间流逝而退化。"[1]一项农村基础设施建设完成以后，必须对其进行经常性的维护，才能保持基础设施可持续性。

根据《第二次全国农业普查主要数据公报（第三号）》我国农村基础设施服务供给已取得显著成效，而且随着近年来新农村建设和西部大开发战略的推进，农村基础建设必将取得更大成就。建造新的基础设施必然会带来保证其运行和维护的资源需求。为了使农村基础设施取得持续的经济效益、社会效益，维护主体必须投入巨大的资金进行维护。通过官方文献研究发现，我国现阶段农村基础设施后期维护主要通过以财政支持、路养路、村镇自筹等方式筹集资金。

财政支持是指农村基础设施维护主体——各级政府将农村基础设施维护资金需求纳入财政预算，通过多种渠道多种形式（如专项资金、补助）提供财政支持。在农村基础设施后期维护过程中之所以需要政府财政支出是因为农村基础设施具有准公共物品，是促进贫困农村地区发展的公共设施，具有一定的非排他性和非竞争性，能够促进社会公平与稳定社会秩序。作为承担经济发展、维护社会稳定主要职责的政府有责任提供农村基础设施后期维护资金。由于我国农村地区与城市地区、西部地区与中东部地区经济社会发展不平衡，发达地区政府财政支出能够有效满足农村基础设施后期维护的资金需求，然而贫困地区政府受到财政资源的有限性无法有效满足后期维护的资金需求。所以有必要通过其他渠道筹集资金。市场化机制便是一个可选路径。

以路养路是农村基础设施后期维护资金筹集市场化机制的重要形式，是指农村基础设施通过市场机制获得收益，维护主体将此收益用于农村基础设施维护。在一些消费人群众多的贫困地区，基础设施设施还具有某些商业价值，例如农村公路。众多学者认为，在资源丰富、人口众多的贫困农村地区，村级公路地带能够衍生出许多具有商业价值的连带产品，如农村公路路边资源开发权、农村公路广告经营权、农村公路冠名权以及农村公路绿化权等。这些连带产品都是当前农村公路后期维护资金筹集的新方式。而收费也是以路养路的另外一种表现方式。通过对农村基础设施的使用者收取一定费用并用于对基础设施的维护。现阶段多个农村地区收取的公路养路费，包括汽车养路费、拖拉机养路费和摩托车养路费，可以用来满足一部分

---

[1] 埃莉诺·奥斯特罗姆,拉里·施罗德,苏珊·温.制度激励与可持续发展——基础设施政策透视[M].上海三联书店, 2000: 34-40.

维护资金需求。

自筹指在农村基础设施供给主体建造完基础设施以后，基础设施的使用者自行解决基础设施养护的资金缺口。此三种资金筹集方式在我国广大的贫困农村地区已经成功应用，其案例不胜枚举，如北京市人民政府要求其各区县政府要安排足额资金完成农村基础设施维护和管理任务。各区县、乡镇政府将对应承担的经费要纳入统计财政预算，明确资金支付渠道。[1] 浙江淳安县根据本县农村基础设施"重建设、轻管理"的现象，采取了上级补助、财政预算和乡镇村自筹的"三个一点"方式，建立农村基础设施长效维护资金筹集机制。[2]

4.4.3 基础设施后期维护绩效评估机制：公众议评

在研究贫困地区农村基础设后期维护绩效评估机制之前有必要先解释绩效的内涵，因为绩效的内涵直接影响着绩效指标体系的构建、绩效标准的确定以及绩效评估方法的选择等。现阶段对绩效的理解，众多学者有不同的观点。彭剑锋认为绩效反映的是人们从事某一种活动所产生的成绩与结果。[3] 许为民、李稳博从系统论的观点出发，认为绩效应该基于员工行为、结果和能力进行全面考察，科学界定绩效的内涵，从而运用更合理的手段改进员工的绩效。[4] 王乐夫、蔡立辉等学者认为绩效的含义包括多方面的内容：绩效反映的是公共部门及其人员在履行其职能或岗位职责过程中，在一定时间内以某种方式实现某种结果的过程；绩效包括公共部门整体绩效、公共管理人员个人绩效和项目绩效；绩效是投入所获得的产出及其所产生的社会效果，绩效不仅有量的规定性也有质的规定性；绩效具有一定的周期，具有投入——获得中期结果——获得最终结果的周期性发展过程，时间对绩效的形成具有影响作用。[5] 根据上面不同的绩效观笔者发现，众多学者强调从行为的结果来衡量绩效，绩效水平的高低以结果为导向；绩效产生的过程是一个复杂、全面的过程，涉及众多环节。农村基础设施后期维护绩效主要涉及后期维护制度化保障、后期维护资金筹集机制等环节，这

---

[1] 参见《北京市人民政府关于加强农村基础设施维护和管理的意见》，2011.

[2] 何润. 淳安建立农村基础设施维护长效机制 [EB/OL].(2013-10-16)[2013-10-29].http://www.qdh.gov.cn/issue/root/main/index/index_bmdt/20131016/297edff8414faa190141beae5de63f98/index.shtml.

[3] 彭剑锋. 人力资源管理概论 [M]. 复旦大学出版社，2003：263-284.

[4] 许为民、李稳博. 浅析绩效内涵的国内外发展历程及未来趋势 [J]. 吉林师范大学学报（人文社会科学版），2009(6)：83-86.

[5] 王乐夫，蔡立辉. 公共管理学 [M] 中国人民大学出版社，2008：455.

些环节将影响农村基础设施是否满足村民的需求，是否能持续促进贫困地区农村经济社会的发展，产生持续效益。这也符合了上述学者的绩效观。

保障高维护绩效水平离不开对维护绩效的评估。通过绩效评估能够发现绩效水平的影响因素，并采取相应措施，保障高绩效水平。农村基础设施维护的主体是政府，政府维护绩效对保障农村基础设施的可持续性起着关键性作用，所以探知农村基础设施服务绩效就离不开对政府维护绩效的评估。通过对政府维护绩效评估，获得有效的绩效信息，了解和把握绩效的现状，寻找实际效果与预期目标之间的偏离程度，并将绩效评估结果反馈给有关公共部门，以便发现绩效问题，并及时采取相应对策，规范政府后期维护管理行为，纠正误差，提高农村基础设施可持续利用能力。政府维护绩效评估并不是一个单一的行为过程，而是由绩效目标体系设计、绩效评估标准设计、绩效考核、绩效评估结果反馈等所组成的行为系统，是一个由许多环节所组成的综合过程。[1]在这一综合过程中，笔者认为，进行政府维护绩效评估离不开政府维护绩效评估机制。通俗理解，政府维护绩效评估机制是指在进行政府维护绩效评估过程中所使用的方法、技术和工具。政府维护绩效评估机制能够准确客观评估政府维护绩效，进而保障绩效评估结果的科学性、真实性，从而如实反映农村基础设施维护绩效水平。通过大量查阅硕士博士论文、会议论文、期刊论文的实证研究案例、网络新闻资料，我国对农村基础设施后期维护绩效进行评估的最主要、运用最成熟的、大量被运用的机制是公众评议。

随着近年来各地相继开展的公众评议，如珠海市的"万人评议政府"、北京"市民评议政府"活动、南京市的"万人评议"活动等，皆属于公众评议。公众评议是由政府的主要服务对象——公民，对其服务质量及效果以及服务的提供过程进行评判的活动，[2]是以公众作为评估主体的评估方式。根据其定义，在农村基础设施后期维护绩效评估中，村民是评估主体，公共部门整体绩效、公共管理人员个人绩效和项目绩效是评估客体。这种评估方法是属于以结果为导向、以公众的满意度作为评价标准、以公众的主观感知和体验到的服务质量及效果来衡量的绩效评估方法。

在农村基础设施后期维护绩效评估中，为什么要以公众作为评估主体呢？从现实方面来看：①我国是人民民主专政的国体，因此我国国体决定了为人民服务是政府的一贯宗旨，以公众的满意度作为评价标准来评估政府后期维护绩效，可以检验

---

[1] 朱火弟，蒲勇健. 政府绩效评估研究[J]. 改革，2003（6）：18-22.
[2] 徐相锋. 政府绩效评估方式的分析与建议[J]. 郑州大学学报(哲学社会科学版)，2011，44(4)：30-33.

政府是否真正做到了为人民服务，并为政府提高后期维护绩效水平提供新的改进路径。农村基础设施后期维护活动以贫困地区农村居民的满意度为评估标准，可以最大限度使政府想村民之所想、急村民之所急，使所提供的基础设施能持续满足村民的需要。如果在基础设施后期维护中，政府发现还有什么缺陷或不足的，可以依据公众满意度标准来寻找改进路径。②随着服务型政府的建设，政府逐渐实现从过去传统的重管理的职能转变为重服务的职能，其角色定位于服务者而非管理者。在提供农村基础设施后期维护活动中，政府作为服务者，作为贫困地区农村基础设施后期维护最重要的维护主体，必须以贫困地区农村居民为中心，以持续满足他们的需求为导向，努力维护他们所提供的基础设施，这不仅仅是基于避免重复建设的考虑，更甚是基于服务型政府建设、政府职能转变、公民主人翁地位的实现的考虑。政府维护基础设施绩效水平如何，通过服务对象（村民）的直接使用便能直接感受出来。综上所述，基于现实因素的综合考虑，无须怀疑公众为什么作为评估主体，而公众评议是公众作为评估主体最有效的绩效评估方法。

薛红焰、王义认为公众议评的方式有很多，主要有公众满意度调查、社会公众座谈会、顾客代表小组、公众代表参与到服务监督委会中。[1]公众满意度调查一般采用问卷调查的方法。问卷调查相对于其他获取资料的方法更具操作性，更容易获得公众对服务绩效的直接认知。进行公众满意度调查的第一步便是设计问卷。为了实现绩效评估目的，在设计问卷过程中，评估指标便可以与问卷设计联系起来。在农村基础设施后期维护绩效评估中，评估主体可以依据基础设施是否持续保障了农村经济发展、社会公平、生态环境保护等。对于公众满意度调查的执行，现阶段虽然仍由政府主导，但随着"兰州试验"的成功，第三方评估已得到广泛运用，主要由于第三方评估具有众多优点：独立性好、研究能力强、公信度高等。[2]社会公众座谈会就是在众多基础设施服务受益主体中选择一部分受益主体就他们所使用的基础设施服务的切身感受与政府进行交流、沟通。通过这种方法，村民有渠道表达他们感受，政府也可以通过这种方法了解自己对基础设施后期维护的绩效水平，并寻找与预期目标的差距。这种方式与顾客代表小组功能相似。顾客代表小组能够将所有受益村民的观点进行汇集并综合，然后反馈给政府机构。

---

[1] 薛红焰、王义.论政府绩效评价中的社会公众评议[J].中国青岛市委党校.青岛行政学院学报，2005(4)：22–24.

[2] 徐相锋.政府绩效评估方式的分析与建议[J].郑州大学学报（哲学社会科学），2011，44(4)：30–33.

5 贫困地区农村基础设施服务保障机制的案例研究

案例研究是对已经发生的公共管理事件，分析者尽可能从客观公正的立场加以描写或者叙述，以脚本等形式说明一个事件的有关情况，力图再现与事件相关的当事人的观点、所处的环境。[1]案例分析遵循"复制"原则，即案例研究结论可以向"同质化类型"（即与所研究的个案同质或者相似的其他个案）进行外推。[2]在具体案例研究过程中，案例研究步骤一般包括：提出案例研究的问题，提出案例研究的假设，进行研究设计，收集相关的经验证据，运用具体的技术（定量分析、定性分析或者两种分析工具同时运用）进行证据分析，撰写案例研究报告。[3]本研究接下来根据农村基础设施服务提供要素结构分析模型，运用案例分析法，从农村基础设施服务决策保障机制，地区农村基础设施服务资金保障机制，农村基础设施服务质量保障机制，农村基础设施后期维护保障机制四个方面进行经验观察，以检验"政策强化"假设，凸显政策强化在提高公共服务供给质量中的作用。

5.1 贫困地区农村基础设施服务决策保障机制的案例研究

5.1.1 调研基本情况

5.1.1.1 研究样本的选择

目前农村基础设施建设模式有四种：一是地方政府完全供给模式。即地方政府

---

[1] 陈振明. 公共管理学——一种不同于传统行政学的研究途径 [M]. 中国人民大学出版社, 2003：26.

[2] 王宁. 个案研究中的样本属性与外推逻辑 [J]. 公共行政评论, 2008(3)：44-54.

[3] 黄振辉. 多案例研究与单案例研究的差异与进路安排 [J]. 管理案例研究与评论, 2010(2)：183-188

将农村基础设施建设纳入财政项目规划，独自承担农村基础设施建设成本，并免费提供给某一区域内的村民使用。二是政府与村民合作供给模式。即由政府提供农村基础设施建设的部分资金或物资，村民投工投劳进行修建，或者是政府与村民共同融资修建。三是村民自愿供给模式。即村民独自承担农村基础设施建设成本，自己出资、自己修建，自我服务的模式。四是特殊供给模式。即依靠社会或慈善组织捐赠修建农村基础设施的模式和市场供给模式。

结合贫困地区农村实际来看，贫穷落后是贫困地区农村的主要特征。这一情况不仅仅表现在农村发展滞后，农民收入水平低，还表现在地方政府财政收入水平低，财政赤字严重。而且，在国家政策层面上，目前尚未将农村基础设施建设项目资金全额纳入国家财政预算，农村基础设施建设资金主要来源于中央政府与地方政府财政配套资金、村集体资金和村民自筹资金。这样的实际情况必然使地方政府完全供给模式和村民自愿供给模式存在缺陷：由于农村基础设施建设所需资金投入量较大，而地方政府面临的财政困境以及农民收入低的现实，这两种农村基础设施建设模式受制于资金约束。因此，地方政府完全供给模式和村民自愿供给模式在农村基础设施建设实践中只存在少数案例，不具有代表性，因而排除在本研究之外。另外，依靠社会或慈善组织捐赠修建农村基础设施的模式和市场供给模式在贫困地区农村基础设施建设实践中也只是存在少数案例，不具有代表性，因而也排除在本研究之外。因为，在贫困地区地方政府财政困境的约束下，在贫困地区农民刚解决温饱问题或有部分尚未解决温饱问题，社会和慈善组织捐赠时有时无以及农民无力购买农村基础设施服务的情况下，政府完全供给模式、村民自愿供给模式和特殊供给模式必然是不可持续的，至少在现阶段是不适宜推广的，不具有实践上的可操作性，因而在现阶段不具有研究价值。因此，本研究中将这三种农村基础设施供给模式排除在外，在样本选取时主要以政府与村民合作供给模式修建的农村基础设施为考察内容。

为确保调查具有代表性，结论客观准确，笔者采用分层抽样与随机抽样相结合的方法进行抽样调查。考虑到经济发展水平对农村基础设施建设的影响，本研究在抽样时首先依据黔西县各乡镇2010年农民人均纯收入将2011年实施乡村公路项目的22个乡镇划分为经济条件优（农民人均纯收入≥3 500元）、经济条件良（3 400元≤农民人均纯收入＜3 500元）、经济条件中(3 100元≤农民人均纯收入＜3 300元)、经济条件差（农民人均纯收入＜3 100元）四类，然后从每一类中随机抽取1个乡镇，再从每个乡镇中抽取2个实施乡村公路项目的行政村作为调查样本。通过以上方法，选定黔西县4乡（镇）8个行政村作为考察对象（见表5-1-1）。

表 5-1-1[1]　调研选定的样本

样本乡（镇）	农民人均纯收入（元）	样本村	公路长度（米）	总人口（人）	受益人口（人）	群众投工（个）	财政奖补（万元）
红林乡	3 562	新平村	2 980	1 773	582	5 100	31.44
		鱼塘村	500	1 874	486	860	5.28
雨朵镇	3 420	扯泥村	838	2 833	355	1 420	8.76
		雷家寨村	400	2 217	150	600	3.74
金兰镇	3 122	双玉村	500	2 028	208	830	5.13
		金兰村	2 850	1 561	1 216	4 610	28.41
新仁乡	3 060	东风村	2 300	1 790	888	4 050	24.94
		群益村	2 000	3 149	953	3 560	21.94

5.1.1.2　访谈话题与问卷设计

为了能够准确获取有关资料，在开展调查研究之前必须设计出科学的访谈话题和问卷。一般而言，根据地方公共服务决策过程，农村基础设施建设决策过程可以分为农村基础设施建设决策中的问题识别、决策制定、决策评估、决策实施四个环节，具体到实践操作中，就是农村基础设施项目提出、项目规划制定、项目评估、项目实施、项目验收等环节。

本研究拟把乡村公路建设作为调研对象，根据乡村公路建设决策过程，以及考虑到进行访谈时应尽量避免使用学术性语言，本研究中的访谈话题设计为以下几个结构化问题[2]：第（1）问考察问题识别阶段情况，第（2）问考察决策制定阶段情况，第（3）、（4）问考察决策执行情况，第（5）、（6）问考察决策评估情况（见附录五）。

（1）你乡（村）是否有必要修建乡村公路？为什么？

（2）你乡（村）的乡村公路项目建设规划是以什么形式做出的？如果是"一事一议"，需要具备哪些条件才能启动"一事一议"？是否所有受

---

[1] 数据来源：《黔西县统计局2011年统计年鉴》。
[2] 结构化问题设计原则和标准见附录五第（2）部分研究方法设计与研究过程中的结构式访谈相关内容。

益主体都参与了议事？

（3）你乡（村）的乡村公路建设项目是怎样具体实施的？是否所有受益主体都参与了修建？对不参与修建的受益主体主要采取哪些措施？

（4）你乡（村）在修建乡村公路的过程中建立了哪些组织？制定了哪些规章制度？

（5）你乡（村）的乡村公路修建完工后是怎么评估的？

（6）请谈谈你乡（村）在修建乡村公路中取得的成绩以及存在的问题，可以采取哪些措施加以改进？这对你（乡）村今后的修路工作有什么启示？

调查问卷设计为两个部分：第一部分为调查对象基本情况，涉及的内容有调查对象的性别、年龄、文化程度、家庭年收入等；第二部分为个人对乡村公路建设情况的评价。在设计第二部分问卷内容时，首先设计问题"个人对乡村公路建设情况的了解程度"来甄别有效问卷和无效问卷，若选择"不了解"或"非常不了解"则判定为无效问卷，以确保问卷结果客观准确；然后依据乡村公路建设决策过程分别设计问题，内容涉及村民需求、信息收集、信息公开、决策主体、村民参与、决策执行与监督、决策评估与修正、乡村公路建设成效等，并分别赋予权重，以便后期统计分析；最后，设计问题"个人对改进乡村公路建设质量的建议"来收集调查对象的意见和建议，以确保构建出科学合理、具有现实可操作性的贫困地区农村基础设施建设中的决策保障机制。

5.1.1.3 数据收集与统计分析方法

在调研过程中，主要运用深入访谈、实地观察和问卷调查等方法收集有关黔西县4乡（镇）4行政村乡村公路建设的资料。一是到黔西县农村综合改革管理办公室、交通局、财政局查找相关资料；二是对抽取的4乡镇政府乡村公路建设的主要负责人进行深入访谈；三是到8村进行实地观察并对村干部和村民进行问卷调查和访谈。调研中共发放问卷200份，回收问卷200份，回收率100%。经筛选得有效问卷180份，无效问卷20份，有效率90%，并运用Excel分析软件对有效问卷进行统计分析。

5.1.2 农村基础设施建设决策过程——基于调查问卷统计分析

在对黔西县乡村公路建设决策情况的问卷调查中随机抽取的样本为200人，经筛选得合格样本180人。根据统计分析结果（表5-1-2），[1]在性别比例上，有男性

---

[1] 表中数据是根据合格样本人数对附录一问卷中问题1、2、3的填写情况进行统计得出。

102人，占受访者的57%；女性78人，占受访者的43%。在年龄结构上，30岁以下的占16%，30—39岁的占25%，40—50岁的占43%，50岁以上的占16%。在文化程度上小学及以下文化程度的占19%，初中文化程度的占54%，高中或中专文化程度的占13%，大专文化程度的占9%，大学本科及以上文化程度的占5%。

表5-1-2　问卷调查对象基本情况统计表

问题	选项	频数（人）	比例（%）
性别	男	102	57
	女	78	43
年龄	30岁以下	29	16
	30–39岁	45	25
	40–50岁	78	43
	50岁以上	28	16
文化程度	小学及以下	34	19
	初中	98	54
	高中或中专	23	13
	大专	16	9
	大学本科及以上	9	5

在问卷调查中随机抽取的样本共200人，根据问卷中设计的问题剔除无效样本20人后得有效样本180人，其中有46%受访者非常了解乡村公路建设情况，36%受访者了解乡村公路建设情况，19%受访者对乡村公路建设情况的了解程度一般（图5-1-3）。[1] 从个人对乡村公路建设情况的了解程度来看，筛选出的样本能确保问卷调查结果真实、客观、准确。

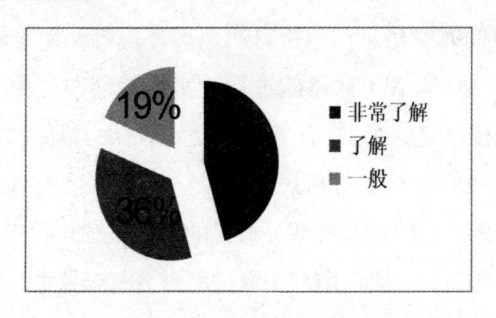

图5-1-3　个人对乡村公路建设情况了了解程度

---

[1] 图中数据是通过附录一问卷中问题4统计得出。由于图中数据是对有效问卷的统计，因此没有显示不了解该问题的统计数据。

根据地方公共服务决策过程，乡村公路建设决策过程主要分为识别问题、决策制定、决策评估、决策执行四个阶段，下面基于对问卷的统计分析分别对乡村公路建设决策过程进行说明。

5.1.2.1 乡村公路建设决策过程中的识别问题阶段

表 5-1-4　乡村公路建设决策过程中的识别问题阶段问卷统计表

问题	选项	频数（人）	比例（%）
修路前是否进行过实地考察	是	163	91
	否	17	9
修路前是否征求过村民的意见	是	136	76
	否	44	24
修建该乡村公路是否必要	非常必要	78	43
	必要	46	26
	无所谓	32	18
	不必要	16	9
	很不必要	8	4

在乡村公路建设决策过程中，识别问题阶段的主要任务是获取来自村民的需求信息和特定的时空信息，问卷中用来考察识别问题阶段的问题共3个（表5-1-4）。[1] "修路前是否进行实地考察"和"修路前是否征求过村民的意见"这两个问题主要用来获取有关修路的特定的时空信息，包括自然地理环境等，用于制定乡村公路建设决策方案。统计表中有163人表示修路前进行过实地考察，占受访者的91%，说明乡村公路建设决策前进行过实地考察；有76%的受访者认为修路前征求过村民的意见，24%受访者认为修路前没有征求过村民的意见。统计结果表明，乡村公路建设决策前已经征求过村民的意见，但还有少部分村民的意见或建议没有得到表达。

"修建该乡村公路是否必要"用来获取村民对乡村公路的需求信息。从调查结果来看，43%受访者认为修建乡村公路非常必要，26%受访者认为有必要修建乡村公路，

---

[1] 表中数据来源于附录一问卷中问题 5、6、7 填写结果统计得出。

18%受访者持无所谓态度,9%受访者认为不必要修建乡村公路,4%受访者认为很不必要修建乡村公路。依据这一统计结果,可以对村民的需求按最高到最低的顺序进行排序,即"非常必要(78)→必要(46)→无所谓(32)→不必要(16)→很不必要(8)"。从整个样本地区实际情况看,乡村公路设施建设滞后已严重阻碍了农村经济社会的发展,"要致富,先修路"已成为基层政府和村民的共识,但调查中仍有部分受访者对修建乡村公路持无所谓态度或认为没有必要,其主要原因有两个:一是村民的短视行为,从短期来看,修建乡村公路对少部分受访者影响不大,作用太小,修路的成本高于收益;二是村民的投机行为,少部分村民为了免于承担乡村公路建设成本,隐瞒了自己对乡村公路的真实需求。

5.1.2.2 乡村公路建设决策过程中的决策制定阶段

乡村公路建设决策过程中的决策制定阶段的主要任务是制定并确定决策方案,即做出乡村公路项目规划和修路决议,问卷中共设计3个问题来获取决策制定阶段的信息(表5-1-5)。

表 5–1–5[1]　乡村公路建设决策过程中的决策制定阶段问卷统计表

问题	选项	频数(人)	比例(%)
你愿意为修建乡村公路提意见和建议吗	非常愿意	54	30
	愿意	68	38
	一般	37	21
	不愿意	18	10
	非常不愿意	3	2
你为修建乡村公路提出的意见和建议有用吗	受到高度重视、有用	32	18
	一般	76	42
	没有受到重视、无用	72	40
你村的乡村公路建设方案是以什么形式作出的	政府决定	30	17
	村委会决定	52	29
	村民自主决定	35	19
	政府、村委会和村民协商决定	63	35

[1] 表中数据来源于附录二问卷中问题8、9、10填写结果统计得出。

"你愿意为修建乡村公路提意见和建议吗"和"你为修建乡村公路提出的意见和建议有用吗"用来了解村民在乡村公路建设决策制定阶段的参与意识、能力及参与程度。30%受访者非常愿意为乡村公路建设提意见和建议,38%受访者愿意为乡村公路建设提意见和建议,选择"一般"的占21%,"不愿意"和"非常不愿意"为乡村公路建设决策提意见和建议的受访者各占10%和2%。统计数据显示,共有68%受访者能够主动参与乡村公路建设决策过程,但是只有18%受访者认为自己为修建乡村公路提出的意见和建议受到高度重视、有用,42%受访者认为一般,40%受访者认为自己为修建乡村公路提出的意见和建议没有受到重视、无用。调查结果表明,村民参与乡村公路建设决策制定的积极性很高,但是村民参与决策制定的作用尚未得到完全发挥。

"你村的乡村公路建设方案是以什么形式做出的"用来了解乡村公路建设决策过程中的决策主体在决策制定阶段的影响力度。17%受访者表示乡村公路建设方案由政府决定,29%受访者表示由村委会决定,19%受访者表示由村民自己决定,35%受访者表示由政府、村委会和村民协商决定。调查结果表明,从单个决策主体来看,村委会在乡村公路建设过程中的决策制定阶段的影响力最大,村民的影响力次之,政府的影响力最弱;从决策主体的综合作用来看,政府、村委会和村民共同作用于乡村公路建设决策制定阶段的协商方式占主导地位(图 5-1-6)。[1]

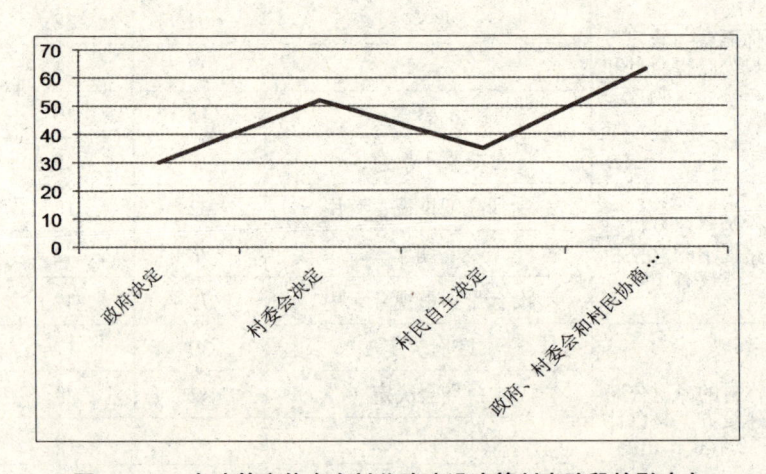

图 5-1-6 各决策主体在乡村公路建设决策制定阶段的影响力

---

[1] 此图根据表 5-1-5 中数据绘制。

5.1.2.3 乡村公路建设决策过程中的决策评估阶段

乡村公路建设决策过程中的决策评估包括两个部分：一是对决策方案的评估；二是对决策执行结果的评估。对决策方案的评估主要考察决策方案的可行性和合理性；对决策执行结果的评估主要考察村民对乡村公路的满意度（表5-1-7）。

表 5-1-7[1] 乡村公路建设决策过程中的决策评估阶段问卷统计表

问题	选项	频数（人）	比例（%）
修建乡村公路的决定作出以后是否组织村民进行评估	是	54	30
	否	126	70
你对乡村公路感到满意吗	非常满意	32	18
	满意	21	12
	一般	56	31
	不满意	53	29
	非常不满意	18	10

"修建乡村公路的决定做出以后是否组织村民进行评估"用来考察村民参与决策方案评估的程度。30%受访者参与了决策方案评估，70%受访者没有参与决策方案评估。统计结果表明，村民在决策方案评估中的参与程度较低。"你对乡村公路建设质量感到满意吗"用来考察村民对乡村公路的满意度。18%受访者对乡村公路感到非常满意，12%受访者感到满意，31%受访者感到一般，29%受访者感到不满意，10%受访者感到非常不满意。统计结果表明，村民对乡村公路的满意度较低。结合笔者实地观察和对村民的访谈情况来看，这既有乡村公路建设质量差的原因，也有修路后村民的预期收益未得到实现有关。

5.1.2.4 乡村公路建设决策过程中的决策执行阶段

决策执行阶段的主要任务是实施乡村公路建设决策方案、监督决策方案执行、实现决策目标。问卷中共设计5个问题来获取乡村公路建设决策执行阶段的信息

---

[1] 表中数据来源于附录一问卷中问题11、12的填写结果统计得出。

(表 5-1-8)。[1]

表 5-1-8 乡村公路建设决策过程中的决策执行阶段问卷统计表

问题	选项	频数（人）	比例（%）
你愿意参与修建乡村公路吗	非常愿意	83	46
	愿意	62	34
	一般	20	11
	不愿意	9	5
	非常不愿意	6	3
乡村公路建设方案的实施效果	非常满意	46	26
	满意	52	29
	一般	36	20
	不满意	28	16
	非常不满意	18	10
乡村公路建设方案实施过程中的监督主体有哪些	政府	29	16
	村委会	98	54
	村民	17	9
	政府、村委会和村民	36	20
村民参与监督乡村公路建设方案实施的渠道畅通吗	非常畅通	12	7
	畅通	32	18
	一般	46	26
	不畅通	58	32
	非常不畅通	32	18
乡村公路建设方案实施过程中的监督效果	非常满意	11	6
	满意	30	17
	一般	68	38
	不满意	42	23
	非常不满意	29	16

[1] 表中数据根据附录一问卷中问题 13—17 填写结果统计得出。

"你愿意参与修建乡村公路吗"用来了解村民在乡村公路建设决策过程中的决策执行阶段的参与程度。46%受访者非常愿意参与修建乡村公路，34%受访者愿意参与修建乡村公路，11%受访者选择"一般"，选择"不愿意"和"非常不愿意"的受访者分别占5%和3%。调查结果表明，村民在乡村公路建设决策过程中参与决策执行的程度较高，只有少部分村民不愿意参与修建乡村公路（图5-1-9）。[1]

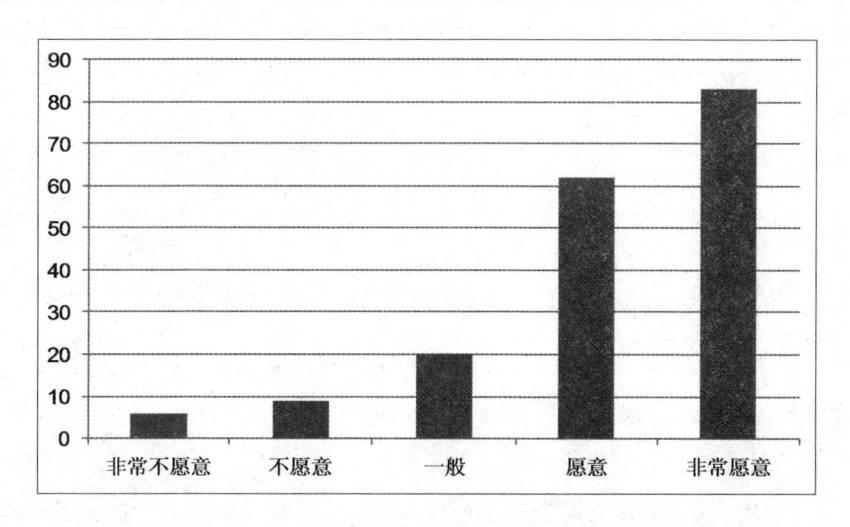

图 5-1-9　村民在乡村公路建设决策过程中参与决策执行的程度

　　"乡村公路建设方案的实施效果"用来了解乡村公路建设决策过程中的决策执行情况。26%受访者对乡村公路建设方案的实施效果感到非常满意，29%受访者感到满意，20%受访者觉得效果一般，16%受访者感到不满意，10%受访者感到非常不满意。统计结果表明，乡村公路建设决策过程中的决策执行效果不尽如人意，有待进一步改进。

　　"乡村公路建设方案实施过程中的监督主体有哪些"考察决策执行的监督主体和各监督主体的监督力度。16%受访者表示乡村公路建设决策执行阶段的监督主体是政府，54%受访者选择"村委会"，9%受访者选择"村民"，20%受访者选择"政府、村委会和村民共同监督"。统计结果表明，村委会在决策执行阶段的监督力度最强，政府、村委会和村民共同监督的力度次之，村民的监督力度最弱（图5-1-10）。[2]

---

[1]　图形根据表 5-1-8 中数据绘制。
[2]　图形根据表 5-1-8 中数据绘制。

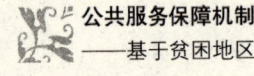

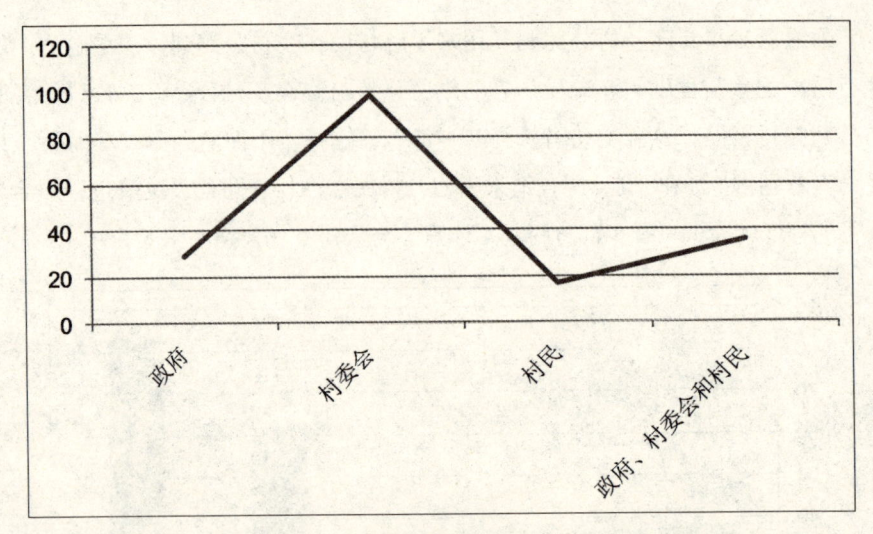

图 5-1-10　政府、村委会和村民在决策执行中的监督力度

"村民参与监督乡村公路建设方案实施的渠道畅通吗"考察村民在决策执行阶段的监督渠道。7%受访者认为村民参与监督乡村公路建设方案实施的渠道非常畅通,18%受访者认为监督渠道畅通,26%受访者选择"一般",32%受访者认为监督渠道不畅通,18%受访者认为监督渠道非常不畅通。统计结果表明,村民在乡村公路建设决策执行阶段的监督渠道狭窄,这也说明了村民监督力度弱的原因。

"乡村公路建设方案实施过程中的监督效果"考察整个决策执行阶段的监督效果。6%受访者对乡村公路建设决策执行阶段的监督效果感到非常满意,17%受访者感到满意,38%受访者感到一般,23%受访者感到不满意,16%受访者感到非常不满意。统计结果表明,乡村公路建设决策执行阶段的监督效果较差,这主要是由于村民在决策执行阶段的监督力度较弱,因而有必要拓宽监督渠道,提高村民参与监督的力度。

5.1.2.5　乡村公路建设决策过程中的信息沟通和村民参与

信息沟通和村民参与在整个乡村公路建设决策过程中起着关键作用,信息畅通和村民积极参与在很大程度上决定乡村公路建设决策过程能否顺利进行。信息沟通主要考察决策信息公开程度和信息公开渠道;村民参与主要考察村民各决策阶段的参与程度(表 5-1-11)。[1]

---

[1] 表中数据根据附录一问卷中问题 18—20 填写结果统计得出。

5 贫困地区农村基础设施服务保障机制的案例研究

表 5-1-11　乡村公路建设决策过程中的信息沟通和村民参与问卷统计表

问题	选项	频数（人）	比例（%）
乡村公路建设过程中的相关信息是否公开	是	116	64
	否	64	36
你通过什么途径了解乡村公路建设过程中的相关信息	村务公开栏	44	24
	政府公开栏	12	7
	村民会议	83	46
	其他途径	16	9
	没有途径了解	25	14
你参与了乡村公路建设的哪些过程（多选）	参与项目决策制定	102	57
	参与项目执行	169	94
	参与项目监督	28	16
	参与项目评估	12	7
	全都没有参与	0	0

"乡村公路建设过程中的相关信息是否公开"用来考察乡村公路建设决策信息的公开程度；"你通过什么途径了解乡村公路建设过程中的相关信息"用来考察乡村公路建设决策信息公开渠道。64%受访者认为乡村公路建设过程中的相关信息是公开的，36%受访者认为乡村公路建设过程中的信息未公开；24%受访是通过村务公开栏了解乡村公路建设决策信息，7%受访者通过政府公开栏了解乡村公路建设决策信息，46%受访者通过村民会议了解乡村公路建设决策信息，9%受访者通过其他途径了解乡村公路建设决策信息，14%受访者表示没有途径了解乡村公路建设决策信息。统计结果表明，乡村公路建设决策过程中的信息公开程度较高，但还需进一步提高信息公开的程度；村民会议是村民了解乡村公路建设决策信息的主要渠道，信息沟通的渠道尚需拓宽。

"你参与了乡村公路建设的哪些过程"用来考察村民在乡村公路建设决策过程中的参与程度。57%受访者参与了项目决策制定，94%受访者参与了项目执行，

16%受访者参与了项目监督，7%受访者参与了项目评估。统计结果表明，村民参与决策执行的程度最高，参与决策制定的程度次之，参与监督和决策评估的程度较低（图5-1-12）。[1]

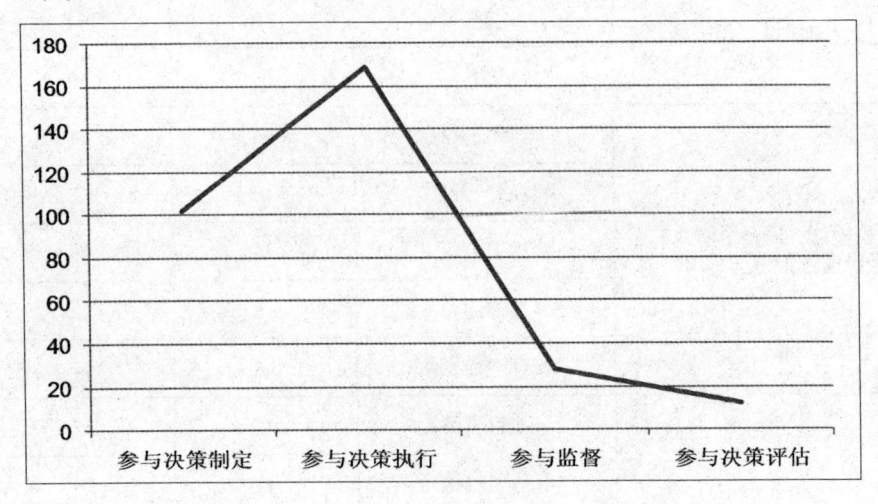

图 5-1-12 村民在乡村公路建设决策过程中的参与程度

5.1.3 农村基础设施建设中的决策保障机制：现状与问题

5.1.3.1 农村基础设施建设中的决策主体及其权力与责任

在农村基础设施建设决策过程中，农村基础设施建设中的决策主体有基层政府（包括县政府和乡政府）、村委会（包括村民委员会和村党支部委员会）和村民。其中基层政府是农村基础设施服务的提供者；村委会是农村基础设施建设项目的组织者，在农村基础设施建设中承担着双重角色，既是基层政府在农村社区的代理人，也是村民与基层政府沟通的代言人；村民是某一区域内的农村基础设施服务提供者、生产者和使用者。

5.1.3.1.1 基层政府的权力与责任

县政府掌握着农村基础设施建设决策的最终决定权和评估权，负责审批农村基础设施建设决策方案是否可以实施，评估农村基础设施建设决策方案的实施效果；乡（镇）政府掌握着农村基础设施项目的审批、监督和评估权，负责对农村基础设

---

[1] 此图根据表 5-1-11 中数据绘制。

施建设进行初步审批，对农村基础设施建设决策方案的可行性及决策执行结果进行评估，对农村基础设施建设决策过程进行监督和控制。

决策权力：项目规划、项目审批、监督控制、评估验收。基层政府对农村基础设施建设项目做出统筹规划，对农村基础设施建设决策方案进行评估和审批，在农村基础设施建设决策方案执行过程中进行监督控制，对农村基础设施进行评估验收。

决策责任：来自上级政府的行政责任和来自村民与社会的舆论责任，承担决策失误的后果。在有限的财政资源约束条件下，基层政府必须科学规划农村基础设施建设项目，严格审批，以及执行中必不可少的监督控制和执行后的评估验收。

决策动因：政绩和公共利益。一般来说，在农村基础设施建设决策过程中，公共利益和政绩是基层政府做出农村基础设施建设决策的主要动因。但是，在基层政府财力约束的条件下，政绩通常是基层政府做出决策的第一动因，如一些交通要道沿线区域内的农村基础设施建设决策方案最先得以批准实施，而处于偏远区域内的农村基础设施建设决策方案通常难以得到批准实施。

5.1.3.1.2 村委会的权力与责任

村委会负责本村范围内的农村基础设施建设项目，收集村民对农村基础设施的需求信息，组织村民议事，制定农村基础设施建设决策方案，召开村民会议进行投票表决，并按程序上报；农村基础设施建设决策方案得到政府批准后，组织村民执行农村基础设施建设决策方案，对决策执行过程进行监督检查，对所属村农村基础设施建设项目从政策规定、议事程序和工程物资监管等方面进行审核把关；定期公示农村基础设施建设决策执行情况，并向政府汇报相关信息。

决策权力：决策制定、决策评估、决策执行、决策监督。在农村基础设施建设决策中，村委会作为基层政府在农村社区的代理人，主导着整个决策过程，决定着农村基础设施建设决策中的方案制定、执行的效率与效果，并被基层政府赋予监督农村基础设施建设决策过程的权力。

决策责任：来自基层政府的问责。村委会的责任主要体现的决策执行环节，负责农村基础设施建设决策方案的执行和村民自筹资金的收缴，负责决策执行中的工程物资签收、保管、使用，登记并定期公示工程进度情况、工程物资使用情况、群众筹资投劳情况。如果农村基础设施建设决策执行不畅，执行结果偏离决策目标，村委会必须承担来自基层政府的责任追究以及失去村民的信任。

决策动因：集体利益、良好的声誉和个人利益。在理想的情况下，集体利益应该是村委会做出农村基础设施建设决策的主要动因,而良好的声誉和个人利益通常是村委会基于集体利益做出农村基础设施建设决策的附属品。但是,在实际操作中,只有少数有着奉献精神和责任意识的村干部会本着集体利益或为获得良好的声誉做出农村基础设施建设决策,大多数村干部总是基于上级政府的激励或因在农村基础设施建设过程中有着重要的个人利益(如决策过程中的寻租动机或自己也是农村基础设施的使用者)而做出农村基础设施建设决策,如已建或在建的农村基础设施,大多数是村干部所居自然村的项目。

5.1.3.1.3 村民的权力与责任

在农村基础设施建设决策过程中,村民在村委会的组织下表达对农村基础设施服务的需求,共同协商制定农村基础设施建设决策方案并参加村民大会或村民代表大会投票表决农村基础设施建设决策方案,参与农村基础设施建设,选出村民代表监督农村基础设施建设。

决策权力:表达需求的权力、参与决策制定、执行和监督的权力、投票赞成或反对决策方案的权力。村民有权表达自己对农村基础设施服务的需求,提出修路建议并参与农村基础设施建设决策执行和监督。但是,在农村基础设施建设决策过程中,村民的权力主要是表达需求和参与决策制定与执行,村民的监督权常常被弱化。

决策责任:来自其他村民的舆论责任和承担决策失误的不利后果。当少数村民有机会主义行为,隐瞒对农村基础设施服务的真实需求,通常要受到其他村民的舆论谴责。或在农村基础设施建设决策执行过程中,因村民机会主义行为导致农村基础设施建设质量低劣,村民则直接承担农村基础设施建设决策失误的不利后果,不能享受优质的农村基础设施服务。

决策动因:个人需求、个人利益与机会主义。村民对农村基础设施服务的需求和个人利益的高低以及个人机会主义动机和行为决定着村民参与农村基础设施建设决策的程度和积极性。对农村基础设施服务需求和个人利益较高的村民通常能积极参与农村基础设施建设决策。而如果村民有机会主义动机和行为,则会拒绝参与或消极参与农村基础设施建设决策。

5.1.3.2 农村基础设施建设决策程序与方法

从整个农村基础设施建设过程来考察,农村基础设施建设决策程序由项目提出、项目初审、项目概算、项目公示、项目申报、项目实施、项目验收七个环节构成

（见图 5-1-13）。

项目提出 → 项目初审 → 项目概算 → 项目公示 → 项目申报 → 项目实施 → 项目验收

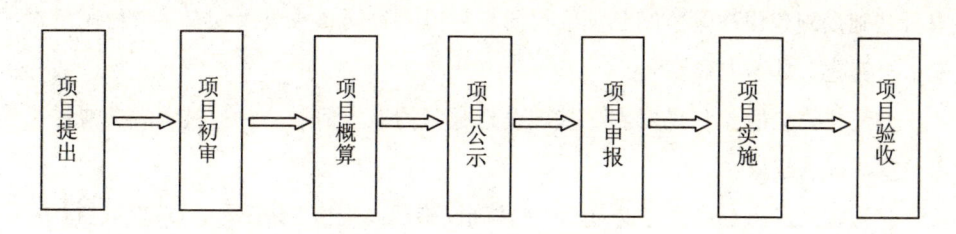

图 5-1-13　农村基础设施决策程序

各环节具体内容如下：

项目提出：村委会根据政府政策和本村村庄整治规划召开村民大会或村民代表大会，征求村民意见，制定农村基础设施项目实施方案，经村民投票表决、形成决议后报乡政府初审。

项目初审：乡政府在接到村级提出的项目建设申请报告后，组织人员审核项目可行性方案，对初审合格的项目制定可行性分析报告。

项目概算：乡政府根据项目内容进一步核查项目可行性并对具备可行性的项目进行概算，预算修路所需资金，包括政府匹配资金和村民自筹资金（村民投工个数）。

项目公示：乡政府将概算结果反馈回村委会，村委会公示农村基础设施项目，村民无异议后，村委会将公示结果上报乡政府。

项目申报：乡政府进一步复核项目，筛选项目，制定申报材料报县政府审核并申请实施。

项目实施：县政府批复实施方案后，乡政府将县政府批复传达至村委会，村委会组织村民实施农村基础设施项目方案。

项目验收：农村基础设施建设项目完工后，村委会申请农村基础设施进行工程验收，乡政府项目进行验收并出具验收报告。

实际上，按照各决策主体在农村基础设施建设中的作用，农村基础设施建设决策程序是村委会和村民根据政府政策做出决策并执行决策和政府评估审批决策的过程。依据地方公共服务决策过程，项目提出属于问题识别、决策制定过程，项目初审、项目概算、项目公示、项目申报、项目验收属于决策评估过程，项目实施属于决策执行过程。

农村基础设施建设决策方案由村委会组织村民大会或村民代表大会征求村民意

见制定后，再交村民代表或全体村民投票表决，决策方法采用一致同意投票规则，农村基础设施建设决策方案必须取得所有村民一致同意或至少没有一个村民反对才能申报实施。具体内容如下：

一是村委会收集村民对农村基础设施服务的需求信息，召开村民大会或村民代表会议，提出建议。

二是村民提出意见和建议，就农村基础设施建设规模、筹资筹劳数量等进行协商，制定农村基础设施建设决策方案。

三是村民投票表决决策方案。

四是全体村民投票通过，确定决策方案。

5.1.3.3 农村基础设施建设决策中的信息沟通

农村基础设施建设中的决策信息包括：①政策信息：政府对农村基础设施建设的制度安排；②需求信息：村民对农村基础设施服务的需求；③地理环境信息：与当地农村基础设施建设有关的地理环境特征；④科学技术信息：与农村基础设施有关的科学技术知识；⑤资源信息：农村基础设施建设中所需物资与人力资源；⑥策略信息：村民在农村基础设施建设决策中的采取的策略。这些信息与农村基础设施建设成功与否息息相关，农村基础设施建设决策者需要综合所有以上这些信息来决策。在农村基础设施建设决策过程中，决策者根据政策信息和需求信息做出"修建什么"的决定，根据地理环境信息、资源信息、科学技术信息、策略信息做出"怎样建设"的决定。

政策信息和需求信息是农村基础设施建设决策中的问题识别阶段的重要信息。政府对农村基础设施建设的制度安排是政府支持或不支持、以什么方式修建农村基础设施的政策信息，通常以政府文件、项目规划等形式出台，并通过会议、公告等途径进行宣传。村委会作为基层政府在农村社区的代理人，是农村基础设施建设制度信息的重要宣传者，也是村民需求信息、策略信息的传递者，也就是说，村委会既要上情下达，也要下情上达。村民通过村民会议、村民代表大会或村务公开栏了解到政策信息，同时通过村民会议的途径表达对农村基础设施服务的需求。

地理环境信息在农村基础设施建设决策过程中最容易搜集，村民作为农村基础设施建设决策者之一，非常熟悉本地的地理环境信息，而且，他们在决策过程中能积极主动地提供这些信息。完备的地理环境信息有助于降低农村基础设施建设成本。

科学技术信息在农村基础设施建设决策中是很重要的信息，决定着农村基础设施建设质量。但是，与农村基础设施建设有关的科学技术信息通常难以获取，主要表现在农民缺乏相关和科学技术信息，而基层政府中的专业技术人员又缺乏，咨询专家又要付出一定的成本，以至于基层政府对农村基础设施建设的技术支持力度不足，这在一定程度上导致了农村基础设施建设质量低下。

资源信息和策略信息在决策执行中显得极为重要。资源信息包括农村基础设施建设所需资金、物资、设备以及人力等信息。策略信息指村民在参与农村基础设施建设决策中所采取的策略，包括表达真实或不真实的需求，是否参与决策执行等。通常，当一位村民表达不真实的需求或不参与决策执行，其他村民会基于这位村民的策略做出相应的策略选择。

农村基础设施建设决策中的信息沟通包括信息的搜集与公开。一方面，决策者需要搜集与农村基础设施建设有关的信息；另一方面，这些信息又必须能够在决策者之顺畅流通。一般的，政务公开栏、村务公开栏、村民会议和村民代表会议是农村基础设施建设中的决策信息搜集与公开的渠道，其中村务公开栏和村民会议是信息沟通的主要渠道。村民会议能有效地搜集需求信息和地理环境信息，村务公开栏能有效地传递制度信息和资源信息，而科学技术信息和策略信息在农村基础设施建设决策过程中难以得到有效沟通。

5.1.3.4 农村基础设施建设中的决策评估与修正

农村基础设施建设中的决策评估包括对决策方案的评估和决策执行结果的评估。决策方案评估的主要内容是项目可行性评估，评估指标体系包括4个一级指标、15个二级指标（表5-1-14），指标针对性、可操作性较强。决策执行结果评估（或称为验收）的主要内容是农村基础设施建设质量。

基层政府是农村基础设施决策评估的主体，负责组织评审专家、村委会和村民对农村基础设施建设决策方案和决策执行结果进行评估，评估结论通常由基层政府做出，村民在决策评估过程中没有发言权，只能被动接受评估结果。在农村基础设施建设决策过程中，如果农村基础设施建设决策方案可行性评估未能获得通过，则村委会和村民们耗费心血制定的决策方案就会被束之高阁，根本没有修正决策方案的机会。另外，对农村基础设施建设决策执行结果的评估常常被基层政府所忽视，因为他们认为，不管农村基础设施建设决策执行结果怎么样，农村基础设施建设项目已经完工,想要对其进行修正已是不可能,因而基层政府对决策执行结果的评估偏重于农村基础设施建设质量,其结论都是"优良"、"合格"或"基本合格",没有从决策成本、效益(包括经济效益、社会效益、环境效益)等方面进行综合评估,而且评估结论尚未应用于新一轮农村基础设施建设决策过程中。

表 5-1-14 农村基础设施项目可行性评估指标体系

一级指标	二级指标
项目建设的必要性	是否符合政府政策
	是否列入村庄整治规划
	群众是否支持参与
	项目效益是否明显
项目建设的可行性	劳动力条件是否足够
	土地拆迁等是否落实
	原材料条件是否具备
	自然资源条件是否允许
	技术措施是否有保障
方案设计的合理性	建设目标及规模
	建设地点及范围
	建设时间及工期
	建设标准及建设方式
	项目概算及资金来源
	组织落实措施
是否应该支持该项目	

5.1.3.5 农村基础设施建设中的决策执行与监督

农村基础设施建设决策方案经基层政府审批通过后,由村委会组织受益村民执行决策方案。在农村基础设施建设决策执行中,由于管理主体或执行主体的"经济人"属性,将不可避免产生"寻租"、"搭便车"等机会主义行为,造成决策执行偏差,因而对农村基础设施建设决策执行进行监督必不可少。从监督的主体来看,农村基础设施建设决策执行过程中的监督方式有政府监督和村民监督两种。政府监督的主体是基层政府；村民监督的主体是村民或由村民选举出来的代表组成的村民监督小组；村委会作为基层政府在农村的代理人和村民的领头人，承担着政府监督和村民监督的双重角色，主要监督工程进度、是否按计划实施、物资和资金使用情况和村民投工投劳情况。

从笔者调研情况来看，在农村基础设施建设决策执行与监督中存在一些问题：基层政府作为重要的监督主体的作用不能发挥，其监督的权力常常委托给村民委员会代理执行。村民委员会既是农村基础设施建设管理者，又是监督者，这样的角色极有可能引起"寻租"等行为的产生。农村基础设施建设成效与村民的利益息息相关，因而村民是最有动力进行监督的主体，但由于监督渠道狭窄、渠道不畅通等问题，使得村民监督的作用不能充分发挥。

5.1.4 结论

基于以上对农村基础设施建设决策过程和农村基础设施建设中的决策保障机制的描述与分析，我们可以得出结论：

第一，通过对花溪区农村基础设施建设决策过程及农村基础设施建设中的决策保障机制的研究，可以发现贫困地区农村基础设施建设中的决策保障机制所包含的一般规律。贫困地区农村基础设施建设中的决策保障机制应包括：决策主体权责分配机制、农民需求表达机制、决策程序和方法选择机制、决策作息沟通机制、决策评估修正机制、决策执行监督机制。

第二，在农村基础设施建设决策过程中存在以下问题：决策主体权责不对等；村民需求表达失真；决策环节多、程序复杂，决策方案难以制定；决策信息不完备，信息沟通渠道狭窄、公开不及时、公开程度不足；决策评估不科学、不完善；决策执行困难，监督不完善。

第三，村民在农村基础设施建设决策过程中的一些关键环节的参与程度较低，决策过程不科学、不民主、效率低下等情况在一定程度上还存在。

第四，通过对案例的实地调研，在问题识别阶段，村民的参与意识强烈，并且能够有效地将需求传递给决策层，但是最终对农村基础设施服务决策保障机制的满意程度较低。原因在于村民对决策制定、决策评估、决策执行所采取的措施满意度较低，最终影响了整体的农村基础设施服务决策保障机制的满意度。

因此，必须提高村民在农村基础设施建设决策过程中的参与程度，以科学、民主、效率为标准，从决策主体权责分配机制、农民需求表达机制、决策程序和方法选择机制、决策信息沟通机制、决策评估修正机制、决策执行监督机制六个方面，有选择性、针对性地强化决策制定、决策评估和决策执行，以完善农村基础设施建设中的决策保障机制，保障农村基础设施建设决策科学、民主、高效，提高贫困地区农村基础设施服务供给品质。

5.2 贫困地区农村基础设施服务资金保障机制的案例研究

5.2.1 调研样本与研究方法

5.2.1.1 调研样本的选择

此次案例研究的主题是"贫困地区农村基础设施服务资金保障机制"，故在样本选择时主要针对的是贫困地区的农村地区。官舟镇位于沿河县城西北面30千米处，隶属沿河县，交通落后，土地利用率低，产业结构单一，经济发展落后。譬如吴家山村村全村全年人均纯年收入为682元，属于县级一类贫困村。位于长顺县北部的凯佐乡，少数民族人口多，教育落后，属于国家级贫困乡镇。两地的共同点在于，首先均属于贫困地区农村，其次在基础设施服务资金保障方面均具有典型意义。所以，选取官舟镇和凯佐乡作为贫困地区农村基础设施服务资金保障机制案例研究的样本，具有重要的研究价值。

5.2.1.2 研究方法

此次案例研究包括了前期的实地考察、资料收集和后期的资料整理、成果撰写等阶段，主要运用以下的研究方法。

一是实地观察法。通过与样本乡镇政府工作人员、村民的直接接触，深入、细致地了解凯佐乡和吴家山村的基础设施服务的资金保障机制。本书中的案例主要来自于实地观察得到的数据。二是文献研究法。此次调研注重对官方权威资料的收集，通过对县乡政府统计年鉴、政府文件及相关资料的收集，了解贫困地区农村基础设施建设资金保障方面的官方信息。三是问卷调查法。此次采用分层抽样法进行问卷调查，在吴家山村和凯佐乡的凯佐村、洞口村分别进行分层抽样，分层抽样包括对乡政府工作人员的 20 份抽样；对三个村村委成员分别进行抽样，10—20 份不等；以及对三个村村民分别抽样，50—80 份不等。调查中共发放问卷 300 份，回收问卷 293 份，其中有效问卷 281 份。四是定量分析法。使用 Excel 等统计分析软件对收集到的问卷进行整理、加工，对贫困地区农村基础设施服务资金保障机制进行深度分析。由于此次调研地点官方资料较为详细和完善，因此对该地区的问卷调查较为简单，问题设置较少。五是个案分析法。通过凯佐乡和吴家山村的调研，收集到了相关数据和一个个生动的案例，并通过这些数据和案例来梳理贫困地区农村基础设施服务资金保障机制。

5.2.1.3 问卷调查结果

此次调查研究重点访问了凯佐乡洞口村、朝摆村及沿河县官舟镇吴家山村、黄龙村近 300 户人家，就贫困地区农村基础设施服务的资金供应方式、建设方式进行了问卷调查。

首先，对于"是否愿意以家庭为单位为农村基础设施建设出钱"的问题，表示非常愿意的村民占 30 户，表示愿意的村民有 189 户，表示不愿意的村民占 52 户，表示非常不愿意的村民仅仅 10 户。可见，随着经济社会的发展，村民对于农村基础设施建设的重视程度增加，主人翁意识也有所增强。村民在基础设施建设的问题上，不再一味坐等政府的财政拨款。调研数据表明，受访的 281 户村民中愿意为基础设施建设出钱的村民所占比例高达 81.50%，[1] 贫困地区农村基础设施服务资金保障中村民出资的形势十分乐观。

其次，对于"除了政府投资提供农村基础设施外，还可引用哪些投资模式"这一问题，23.92% 的农户认为可以引用吸引私人投资的投资模式，21.77% 的村民认为可以引用吸引金融机构投资的投资模式，而认为应该引用农民集资的投资模式的村民占 26.08%，9.95% 的村民觉得可以引用农村民间组织的投资模式，11.02% 的村民认为可以吸引国际援助组织来对农村基础设施服务进行投资，7.26% 的村民选择了其

---

[1] 数据根据附录二问卷中问题 1 填写结果统计运算得出。

他选项。[1] 在信息高速发展的今天，电视、网络、广播、手机等信息传播途径的发达，为村民了解各种农村基础设施服务的资金保障模式提供了基础。调研数据显示，受访村民对于私人投资、金融机构投资、农民集资、农村民间组织投资、国际援助组织投资等农村基础设施服务的投资模式的偏好程度不一，总的来说，除政府提供农村基础设施外，村民比较偏向于私人投资、金融机构投资和农民集资。这与第一个"是否愿意以家庭为单位为农村基础设施建设出钱"的问题的调查结果吻合，村民愿意为基础设施集资。同时，村民也希望得到更多的私人（企业）的投资和金融机构的投资，这与私人（企业）及金融机构的影响力有关。

最后，对于"当地基础设施的建设方式"这一问题，认为是大家交钱让政府统一搞的村民所占比例为7.75%，认为是政府出资、群众投工投劳的村民占42.13%，有26.39%的村民认为农村基础设施建设是干部带头、农村自愿出工，仅仅2.18%的村民认为当地基础设施建设方式是强行分派，16.71%的村民在问卷调查时选择了工程公司承包的基础设施建设方式，4.84%的村民选择了选项其他。[2] 实地调研数据表明，政府出资、群众投工投劳这一基础设施建设方式在贫困地区农村基础设施建设中占据了主要的方式，其次是"干部带头、农民自愿出工"和"工程公司承包"两种建设方式，最后是"大家交钱让政府统一搞"和"强行分派"的建设方式。可见，在贫困地区农村基础设施的建设方式多种多样，但主导地位的还是以政府为核心。

5.2.2 贫困地区农村基础设施服务资金提供机制

5.2.2.1 财政资金是农村基础设施服务最主要的资金来源

就全国范围来看，我国农村基础设施服务的资金构成主要有财政资金、银行信贷、集体投资、农民自筹、社会捐助和国际援助，但在贫困地区农村，基础设施服务的资金来源却并没有这么广泛。

在银行信贷方面，自从银行体制改革以后，四大国有商业银行就从专业性银行转变为了商业性银行，为了增加利润、规避风险，四大商业银行收缩在农村机构数量，尤其在贫困农村地区四大商业银行已经撤离，无法为农村基础设施建设提供信贷支持。而政策性银行偏好于农村重大项目，贫困地区农村缺乏这样的项目，而且这些

---

[1] 数据根据附录二问卷中第2、3两个问题填写结果统计运算得出。
[2] 数据根据附录二问卷中第2、3两个问题填写结果统计运算得出。

农村需要的是基本的基础设施服务，政策性银行为其贷款筹资可能性很低。和三农联系最紧密的农村信用合作社因为考虑到贫困地区农村的还款能力，也不会轻易为这种不能盈利的公共基础设施服务筹资。[1]

东部地区有大量的乡镇企业和其他集体经济形式，集体投资甚至可以成为农村基础设施建设的主要来源，但绝大多数贫困地区农村没有集体经济或集体经济惨淡式微，村集体几乎没有任何经济收入，村集体投资基础设施对贫困地区农村而言无异于画饼充饥。

正如前文所述，农村基础设施服务提供机制应该包括政府提供、市场化提供、自愿提供等，也可能是混合了几种提供方式的混合提供。贫困地区农村基础设施提供机制受到贫困农村地区现实因素的影响，主要依靠政府提供，且政府主要是通过公共财政支出提供贫困地区农村基础设施服务，在贫困农村地区大部分基础设施服务都是由财政资金支持生产的。在大型的外部效益明显的农村纯公共物品生产提供的资金保障上，毋庸置疑，几乎全部都由财政资金负担，比如大型农田水利设施建设、农村电网建设、镇际公路建设等。而在外部效益不大、受益范围较小的准公共物品的生产提供上，财政资金也是主要力量。

以凯佐乡为例，2005—2013年8年间凯佐乡共投资兴建基础设施35项。在这35个基础设施项目中，由财政资金全额负担生产的有20项，财政投资总额为1 492万元，占凯佐乡基础设施建设投资总额95%以上。朝摆村8年间共有5项基础设施修建总投资13.01万元，其中财政资金投入12.25万元，群众自筹0.76万元（未将群众筹劳折合成资金计算在内），财政资金占总投资的94%。见表5-2-1。

表5-2-1 朝摆村2005—2013年基础设施建设资金构成（单位：元）

设施名称	资金构成 财政投资	其他形式资金
朝摆村温井组人饮工程	9 622	
朝摆村葫芦组修桥	2 000	
朝摆村麦瓦组种蒜	15 692	
朝摆村稍寨组球场硬化	41 800	7 600
朝摆卫生院建设	60 000	

数据来源：凯佐乡乡政府党政办公室提供。

---

[1] 赵冬辉. 中国农村基础设施建设融资问题研究[D]. 东北林业大学，2012：74.

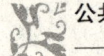

如果按照基础设施种类来考察基础设施服务的投资构成，财政资金同样占主导地位，以凯佐乡的人饮工程为例。在2005—2013年8年间，凯佐乡共修建人饮工程7处，其中完全由财政资金承担修建的有3处，红十字会捐资修建1处，以财政资金和村民筹资相结合的方式修建的有3处。在人饮工程总投资的29.33万中，财政资金所占比例为54%，见表5-2-2。

表5-2-2　凯佐乡人饮工程投资构成（单位：元）

工程名称 \ 资金构成	财政资金	村民自筹	社会捐助
朝摆村温井组人饮工程	9 622	0	0
凯佐村小补羊组人饮工程	10 482	0	0
洞口村野毛井组人饮工程	7 100	700	0
凯佐村总寨组人饮工程	12 388	6 000	0
凯佐村团坡组人饮工程	18 996	8 000	0
凯佐红十字会人饮工程建设	0	0	120 000
洞口人饮工程	100 000	0	0

数据来源：凯佐乡乡政府党政办公室提供。

不难看出，财政资金是贫困地区农村基础设施建设投资的最主要来源。而且基础设施建设融资渠道单一，过分依赖于财政性资金的投入。这种资金保障机制存在着这样的弊端：一旦财政资金投入不足（由于基层政府财政困难，这样的情况很常见）就会造成基础设施服务生产的低水平，不能满足农民对公共基础设施服务的需求。

5.2.2.2 "财政资金+村民筹资筹劳"——贫困农村地区基础设施服务资金保障的重要形式

虽然财政性资金在贫困农村地区的基础设施生产服务上有无可比拟的优势，但是政府的财政生产产出与农村公共物品和服务需求之间有一定差距，在贫困地区由于政府财政拮据，偏远乡村的公共基础建设由于种种原因进入政府决策议程困难，再加上财政转移支付有限，这种产出与需求之间的矛盾尤为明显。贫困地区财政资金并不足以负担基础设施服务的供给，在财政资金之外还必须通过村民自筹劳资的方式来保障基础设施服务。而且，有相当多的农村基础设施服务的物品性质模糊不清，一些集体性公共物品和俱乐部物品的外部效益不高，政府完全提供的意愿比较低，对于这类物品和服务的生产需要受益主体的协作。虽然目前政府财政在保障农村基础设施建设方面有无法比拟的优势，但是在政府提供和财政支出的主体框架下必须有其他生产和提供方式的补充。

吴家山村位于沿河县城西北面30千米处，隶属沿河县官舟镇行政区划，地势属于典型的山地形态，森林资源丰富，覆盖率达86%，境内没有河流，水资源十分匮乏。全村占地总面积1240亩（田229亩，土183亩，荒山107亩，森林517亩；1亩≈666.67平方米）。全村五个村民组，总人口905人（一组180人，二组154人，三组210人，四组123人，五组238人），总共253户。[1]2012年，该村年人均纯收入682元，属于县级一类贫困村。吴家山村自然资源贫乏，既无矿产资源也无风光秀美的自然景区，外加地理位置偏僻，交通不便，长期以来村庄处于相对闭塞状态；绝大多数村民从事传统农业生产，种植规模小且分散，无法形成规模效应，基本属于自给自足。由于交通不便，不能吸引企业前来流转土地发展经济，土地利用率低；一直以来产业结构单一，没有形成特色产业和优势产业来支撑农民增收，致使吴家山村经济发展基础十分薄弱。

全村仅有一条毛坯公路通往外界（326国道），该公路距离最远的村民组5千米，但是车辆难行，如果步行则需1小时左右；公路在20世纪90年代修建之初由于资金短缺，致使路基不稳固、无排水边沟，加之当地土层松散和大型运输车辆的长期碾压，现在一到雨季车辆无法进入，给村民出行和运送生产物资带来极大地不便。交通不便是目前制约该村经济发展的一个重要原因。

2013年3月来自铜仁市工商局的驻村干部[2]进驻吴家山村后，村民提出的第一个请求就是修路。而修路的最大困难就是修路资金难以筹措。修建乡村公路的费用，国家标准是每千米55万元，也就是说如果吴家山村的这条4.8千米长的公路如果全部由财政资金保障其投入的话，那么修建这条公路就需要264万，而官舟镇财政拮据，勉强维持政府部门运转，根本拿不出这么多钱来修路。省、市、县无论那一级政府财政也不可能拿出这么多前来修一条集体物品性质的村庄公路。

---

[1] 数据来源：《2012年沿河县统计年鉴》。

[2] 贵州省为了达到与全国同步全面建成小康社会目标，发展村级经济，帮助村民摆脱贫困，开展"部门帮县、处长联乡、干部驻村"工作，推动干部深入基层、深入群众，帮助基层和群众解决实际困难和问题。干部在一些贫困村进行蹲点，即我们说的驻村，这样的干部称为驻村干部。他们在村里蹲点，开展调研，进行分析，收集村民困难，主动与上级部门联系，帮助村里出点子，对村级经济发展起到了积极作用。

公共服务保障机制
——基于贫困地区农村基础设施建设的经验证据

在驻村干部的建议下,吴家山村民按照"一事一议"的程序召开村民大会就修路事宜进行商议,敲定了修路事宜,并在驻村干部多方协调下,成功获得县财政 20 万元的"一事一议"财政奖补,这已经算是一次巨额奖补了(贵州省 2013 年拨到沿河县的农村"一事一议"财政奖补资金是 900 万,按照 1 : 1 的配套要求,沿河县财政也应配套 900 万,但是沿河县财政无论如何也凑不齐奖补资金,沿河县 2013 年可用的"一事一议"财政奖补资金总共只有 900 万,从中拿出 20 万已经算是大笔的支出)。经过驻村干部向县扶贫办的积极游说,县扶贫办向铜仁市扶贫办争取来 10 万元扶贫资金。同时,铜仁市工商局出面与交通局协调,交通局最终同意出资 40 万。铜仁市工商局又通过积极联系企业捐赠,有三家企业同意捐赠,其中有两家每家捐赠 5 万元,另外一家捐赠 3 万元。这样,吴家山村在驻村干部积极联系和铜仁市工商局的协调下共获得财政性资金 70 万元,企业捐资 13 万元,共计 83 万元。这 83 万在三个月时间内已陆续打到了官舟镇财政所的账户上。

由于资金不充足,吴家山村必须要通过筹资筹劳的方式才能满足修路需求。根据之前议定的规则,按人头进行筹资,外出打工者和不能上工者每人出 500 元,在村的 60 岁以下的男性村民除了出工还要出 200 元,妇女也要出工并出 200 元,60 岁以上的村民可以不上工但要出 100 元。最终,吴家山村民共自筹资金 18 万。吴家山村人均纯收入只有不到 600 元,筹到这么多修路资金源于村民对公路的渴望和修路的坚定决心,另一方面与驻村干部和村干部的辛勤劳动以及不断与村民沟通密不可分。在筹劳上,在村的 37 个 50 岁以下的壮劳力全部参与修路。此外,50—60 岁的劳力 19 人,妇女 35 人。由于这 91 个人既出了钱又付出了劳动,村民商议若修路款项有结余将会补偿给他们或者给予其他实惠(比如,驻村干部承诺帮其申请办理低保)。修路上工作时间为早上 10 点至晚上 6 点,下雨天和赶场天停工。

修路事宜由驻村干部、村主任、村支书、组织委员和计生委员组成的五人小组负责主持。修路财务的运转方式是:驻村干部有修路资金的账户权限,一般每次都会从账户中提取 5 万交给作为会计的计生委员,当需要购买材料时,五人小组其他成员和村民到计生委员处支取,若购买的材料超过 500 元,则需征得驻村干部的同意。当这 5 万用完后,拿发票给驻村干部,驻村干部再从账户中提 5 万出来。从 9 月 4 日开工到现在(2013 年 11 月),吴家山村民仅用两个月时间就将土坯路修建完成,整条公路预计可在春节前完工。

对农村基础设施服务负有提供生产义务的政府,特别是县、乡两级政府往往因为财政紧张，在基础设施服务资金供给上捉襟见肘，在具体的融资过程中，需要付出辛苦的努力，进行多方筹措，本案例也充分反映出我国公共部门财权和事权的复杂，以至于政府不能笼统地被作为基础设施服务供给机制中的供给者。在实践中，虽然基础设施服务的主要支持资金来自于财政，但在贫困农村，政府某一职能部门例如事业单位可以单独作为基础设施服务的提供者。但无论如何，这种"财政资金＋村民筹资筹劳"的方式是贫困农村地区基础设施服务资金保障的重要形式。它是目前贫困农村地区完全财政性基础设施服务生产外的最重要的补充，在一定程度上弥补了财政资金在集体性公共物品生产上的不足。

5.2.2.3 其他资金保障

在贫困农村地区基础设施服务的生产主要依靠财政资金，在某些村庄性质或集体性质的基础设施生产上甚至主要靠村民的筹资筹劳，但是不可否认其他形式的资金保障形式也在基础设施服务供给上发挥着作用。

其一，企业投资。作为公共物品性质的基础设施和服务由于其消费的非排他性本不应该由以盈利为目的的企业进行生产，但企业投资农村基础设施建设却是现实存在的。在东部地区不乏企业投资基础设施服务的案例，由于基础设施建设需要的投资量非常大，政府经常采用BOT、PFI、PPP模式经行融资，使企业和私人资本参与到基础设施服务建设。但在贫困地区农村由于群众收入水平低，会造成收费困难，企业投资难以产生效益，所以类似东部发达地区农村基础设施服务的企业投资形式在贫困地区比较少见。不过，在贫困地区农村存在着另一种形式的企业对基础设施的投资，那就是企业为获得农村的某种资源或是为了得到这种资源而去博得当地政府和群众好感投资基础设施。官舟镇盛产核桃，一家核桃食品生产企业为了获得该镇对核桃收购的支持，出资修建了一条黄龙村至326国道的村级公路，并包揽了修路的全部事宜。之所以这样做，一是为获得镇政府对企业在官舟镇进行核桃收购的支持。二是在群众中赢得口碑，获得群众基础。三是因为黄龙村核桃产量比较可观，修路方便企业经行核桃运输。当然，这是一个个案，在贫困地区农村更多的情况是企业和私人资本为来获得某一稀缺资源（比如矿产资源）而进行基础设施服务投资，然而是否可以探索一种新的企业投资基础设施方式，黄龙村的案例值得深入研究和思考。

其二，社会捐助。随着我国的经济发展，各类经济体不断壮大，富裕者也越来越多，基础设施服务得到的社会捐助也越来越多，特别是在基础教育方面社会捐资比较多。还有有一些企业为了获得社会声誉提升品牌价值为贫困农村的基础设施服务提供资金。公益组织不断壮大成熟，在为贫困地区农村基础设施筹措资金方面也发挥了作用。

5.2.3 凯佐乡基础设施服务资金保障中的村民参与：一种资金监管和成本控制机制

目前，县级财政监督是农村基础设施建设中资金监管最重要的形式，但在实践过程中，还没有对农村基础设施建设资金的使用过程进行全程跟踪监管。在抽样问卷调查中，关于"当地修建基础设施时，是否有相关人员对资金的使用等情况进行监督"这一问题，有281位村民配合了我们的调研。其中，57人认为有专门人员对资金的使用等情况进行监督；46位村民表示他们参与过对资金的使用等情况的村民共同监督；认为基础设施修建时资金的使用等情况有专门部门来进行监督的村民有35人；而认为在当地基础设施修建时资金的使用等情况没有进行监督的人有153人，占受访村民的54.80%。[1]可见，资金使用没有任何监管是贫困地区农村基础设施建设中的常态现象。在深度访谈中了解到，所谓的"有专门人员进行监督"和"有专门部门进行监督"的情况村民不是很清楚，他们只是知道村委会或者当地政府是这么告诉他们的，具体的专门人员和专门部门他们知之甚少。由此可见，在贫困地区，农村基础设施建设时资金的使用情况的监管存在重大问题。然而，贫困地区基础设施建设的资金使用监管也有做得好的地方，长顺县凯佐乡就是典型代表之一。

基础设施建设资金监管工作"重分配，轻监督，轻效益"的现象严重，为暗箱操作、吃回扣等资金外溢状况提供了生存空间。监管的不到位造成在成本控制上缺乏必要的节约精神，成本控制机制不完善，从而导致基础设施服务资金的浪费和外溢。如何创新基础设施服务的资金监管机制和成本控制机制对基础设施服务资金本就不多的贫困农村地区来说非常重要，而凯佐乡的村民参与为我们提供了一个基础设施服务资金监管和成本节约的范例。

5.2.3.1 凯佐乡的"参与式"扶贫项目

凯佐乡位于长顺县北部，海拔1 295米。乡政府所在地距长顺县城37千米，距贵阳市51千米，距平坝县27千米，距安顺市69千米。全乡辖3个行政村37个村民组，

---

[1] 数据根据附录二问卷中的第4个问题填写结果统计计算得出。

总面积66.9平方千米，2 287户，9 870人，其中汉族占人口占47%，布依族、彝族和仡佬族等少数民族占53%，是典型的民族杂居地。耕地面积18 400亩，其中田14 400亩，地4 000亩。全乡大部分地势平坦，是长顺县重要的优质大米产地。经济来源以种粮、养猪养牛为主，属于国家级贫困乡镇。文盲有1 907人，大专以上学历不足50人，属于教育落后地区。[1]

自1995年3月到现在，凯佐乡一直在进行这一项伟大的草根民主运动。在IDRC项目的指导下，村民对于村庄事务的"参与式"管理让凯佐乡群众提前享受到了公共服务的福祉。IDRC是加拿大国际发展研究中心的简称，由于凯佐乡的扶贫项目是由该组织发起并资助的，所以凯佐乡的"参与式"扶贫项目被叫作IDRC项目。从项目开始到现在加拿大国际发展研究中心一直委托贵州农业社会科学院进行推广实施并接受该中心的监督和指导。随着项目的推广的逐渐深入，IDRC项目已经超越了原来的范围，逐渐发展成为一个由加拿大国际发展研究中心、美国福特基金会和贵州省科技厅资助，由贵州省农业科学院具体操作实施的关于贵州贫困山区自然资源的管理和可持续利用的实验性扶贫研究项目。

作为一种发源于企业并逐渐成熟的管理方法，"参与式"管理就是在企业组织内的各种管理活动中，让员工参与到管理决策中，经过充分的沟通和信息交换，发表看法，最后根据达成的共识做出决策并付诸实施。凯佐乡参与式扶贫项目最核心的内容是赋权，所有村民都可以参加项目的决策和实施中来，具体来说村民在扶贫项目中有项目决策权、实施参与权、知情监督权、管理维护权和评估监督权。凯佐乡通过参与式项目的开展，生态恶化得以遏制，各种自然资源初步得到有效保护和合理利用，农畜产品大幅增加，人居环境、生活条件、卫生保健等明显改善。

5.2.3.2 村民参与机制的运转方式

凯佐乡村民参与机制大致可分为以下几个部分：第一，做出决策必须召开村民大会，而且参加大会的村民人数不得低于全村总人口的60%。第二，参与项目决策的流程为：先是村民按要求分组，进行小组讨论并商定提出什么项目；然后在对这项项目进行讨论后，进行现场投票；最后根据大家投票意见做出项目决策。第三，村民必须参与到项目的实施中来，参与到项目的具体施工既可以节约成本又可以保证质量。第四，参与监督项目资金的使用情况，包括剩余资金。项目负责小组必须

---

[1] 本部分数据来源于《2013年长顺县统计年鉴》。

接受村名的监督。第五，参与项目评估，项目结束后村民又参与到项目的评估评价，反思项目的不足之处。

村民全面深入参与基础设施项目改变了村民对基础设施建设的态度。因为自己亲身参与到了项目的决策和实施，而且付出了金钱和劳动力，所以村民变得对项目建设格外上心。村民真正有了自主权和决定权，从以前被动接受援助的角色转变成了主人翁，他们就从辛勤劳动和聪明才智中获得了信心，极大激发了村民参与项目建设、管理和监督的热情。1997年底，省农科院课题组将项目带到了朝山村，在为征询发展项目而召开的村民大会上，按照分组分别提出了几个项目：修路、上饮水工程、建提灌站、造林。经过合议讨论后，村民们用撒苞谷籽的方式，决定了实施的项目：修路。由于以前的习惯，无论有什么建设项目，村民只管投工投劳、以工代赈，至于修建什么基础设施，怎么安排资金用度，都是政府的事。现在由村民自己决定，项目款由村民自己保管，项目维护由村民自己负责，项目变成了自己的事情，村民对项目参与热情很高。在乡干部和专家的协助下，朝山村选举产生了村民管理委员会、村基金管理委员会、监督小组。按照项目的运作方式，课题组只提供一部分启动资金，其余部分要村里根据自身承受能力集资或投工投劳解决，全村60来户被分成六组，每组10户，各负责一段，不到三个月时间公路就建成。

村民全面参与资金监管，在具体操作中，各村一般都会由村民成立资金监管小组或账目监管小组，对项目每一笔款项的进出进行监督。村民参与的另一个显著效益是对项目成本的控制。因为村民从始至终全面参与基础设施项目的决策、实施和监管，村民都把项目建设当成自己的事情，在买材料时会讨价还价货比三家，在每笔支出上都精打细算。不仅节约了成本而且保证了质量。牛安营村有300亩旱地，村民急想修一条1 500米长的引水渠。县水电局测算，工程需要9万元，而村民采用参与式的办法自己投工投劳，集资6 000元，加上农科院匹配的1.1万元，总共只用了1.7万元就建成了水渠。村民自己管钱，没有暗箱操作，使每一分钱都用在刀刃上。

5.2.3.3 贫困地区农村基础设施服务资金监管与成本控制——一个典型案例[1]

凯佐乡滚塘自然村在村委组织下，修建了一条通往公路的土路，后来由于车辆的碾压和雨水冲刷，路面毁损难以通行。虽然有村民对公路进行过修补，但由于缺乏资

---

[1] 案例来源：靳永翥. 公共服务提供机制[M]. 社会科学文献出版社，2009（9）：105-107.

金，这条土路依然通行困难。加拿大国际发展研究中心委托贵州省农业科学院在凯佐乡推广扶贫项目后，滚塘村按照既定程序申请到了村庄公路支线的修建项目。公路全长 0.6 千米，修路大约需要 14 000 元。按照项目规定，贵州省农业科学院代表项目开发指导方和村民必须以 1∶1 的比例进行融资。在滚塘村修路项目上，省农科院代表项目指导方投资 7 000 元。滚塘村民按户集资，每户出资 100 元，共筹资 4 800 元，其余资金用劳动力折算。

IDRC 项目在滚塘修路项目上赋予了村民决策和实施权，由于资金有限，将公路外包修建不现实，村委和组长召集自然村村民就公路的修建问题商讨对策。最后村民就修路问题基本达成一致意见：一是村民自主设计、自己修路为主，合同外包为辅，请本村曾经有过公路承包和修建经验的村民担任技术顾问，以省去一笔设计费用；二是成立账目监管 5 人小组，严格控制材料购买成本和修筑费用开支；三是碎石、压路和铺路等工作则通过熟人联系私人建筑商进行外包。在工程外包时，村里由对建筑行情熟悉的人和村组长组成工程发包谈判代表，通过讨价还价，也迫于村民的热忱和资金困境，最终承包商以当时最低价格与村民签订了协议。协议公示后，滚塘村村民自发组织修路共用 5 个月时间，花费仅 14 000 元，建成了一条连接公路的水泥路。期间由于资金不足，村民积极争取各种材料支援（从长顺县两个部门获得 5 吨水泥的援助）。按公路宽度计算，当时本地公路每千米的建筑价格为 8 万—10 万元。显然，滚塘村公路修建中的村民参与大幅节约了修路成本。在后期的公路管护上，村民也想了一些办法：一是成立了项目管理小组，承担公路巡查任务，对公路两侧路基的挖掘行为进行制止，必要时给予破坏路基的行为进行惩罚或罚款，罚款用于公路的维护。二是轮流进行垃圾清扫和路面定期检查工作，并严禁大货车超载上路压坏路面；三是管理小组对经常路过该路的车辆经行登记，并收取过路费用于道路维护，5 吨货车每年 30 元，3 吨以下农用车和拖拉机每年 15 元，马车每年 10 元，摩托车每年 5 元，而每户村民每年也收取 5 元费用。该路已经使用多年，但依然完好，没有大修。

在这个案例中我们可以看到将权力赋予村民后，村民利用自己的智慧进行自我管理，对修路项目进行了颇有成效的资金监管和成本控制。

虽然在前文中提到，财政资金是农村基础设施服务的主要来源，而凯佐乡的村民参与项目的资金来自于国际援助，凯佐乡的生动事例在贫困农村基础设施服务保障机制中也非最具有代表性。但就基础设施服务的资金监管和成本控制而言，凯佐

153

乡的村民参与机制对贫困地区农村的基础设施服务资金保障具有普遍的借鉴意义。我们是否可以参照设计出一种这样的制度机制，村民参与到财政性资金保障的基础设施服务建设，对财政性资金进行有效的监管和成本控制，从而防止本就有限基础设施服务资金外溢，节约基础设施建设成本。

5.2.4 小结

基础设施服务是一种公共物品，但是农村基础设施服务提供情况比较复杂，有些基础设施公共物品性质模糊。不同性质和外部效益的公共物品有着不同的资金保障机制。对于大宗的外部效益明显受益范围较广的基础设施，一般都完全由财政资金进行生产提供。但对于外部效益和受益范围窄的基础设施，由于财政资金的有限而公共基础设施服务需求巨大，完全依靠财政资金生产不现实，只能是由财政资金"部分生产"，其余空缺部分由其他资金来补充。而且在集体性基础设施财政保障的问题上，财政资金的提供主体——公共部门在搜索和界定问题上存在盲区，公共部门并不是主动去收集解决问题，必须通过多次的纵向和横向信息沟通才能纠正（如吴家山村的筹资过程）。在基础设施服务资金监管和成本控制方面，我们可以借鉴凯佐乡村民参与机制，合理赋权，提高群众的参与程度，把资金监管和成本控制交给村民自己，这样既可以保障基础设施服务质量又可以节约成本并减少资金外溢，同时又减少政府工作量，赢得群众对政府的支持和信任。所以，在上述贫困地区农村基础设施服务资金保障机制的案例研究中，贫困地区农村虽然在基础设施服务资金保障方面还存在较大的提高空间，但是从财政资金、"财政资金+村民筹资筹劳"、国际援助资金等多元化渠道强化项目融资，从通过村民自主管理、主动参与，强化资金监管与成本控制，最终取得了较高的农村基础设施服务供给绩效水平。

5.3 贫困地区农村基础设施服务质量保障机制的案例研究

5.3.1 调研样本与调研方法的选取

本次调研主要运用问卷调查法。调研选取了贵州省贵阳市花溪区桐木岭村、燕楼乡、孟关乡等地展开实地调研。调研小组一共发放问卷300份，回收288份，其中有效问卷280份。调查对象统计分析结果见表5-3-1：

表 5-3-1 调研对象基本信息统计

调查地点	贵阳市花溪区桐木岭村、燕楼乡、孟关乡
性别	男性99人，女性95人
年收入	1万元下男性66人，女性70人；1万至5万男性70人，女性59人；5万至10万男性7人，女性9人；10万以上男性2人，女性3人。

资料来源：附录三问卷第1、2个问题调研统计计算数据。

对此次样本选取的科学性及客观性分析如下：

调查地点选取贵阳市花溪区桐木岭村、燕楼乡、孟关乡等地，主要从地域交通、年收入和民族构成等几方面兼顾考虑，以体现选点的代表性；调查对象中男女比例适中，样本的年龄构成以20—50岁为主，年龄阶段覆盖面广，并且重点突出；48.5%的劳动群体年收入在1万元人民币以下，说明调查地点代表性较强，样本选取具有一定的科学性和合理性，确保调查得到客观真实的结果。

5.3.2 调查结果及现状分析

通过调研发现，贫困地区农村基础设施服务质量保障较差，具体体现在村民使用后的满意度较低、村民对农村基础设施的信息反馈和绩效评价较差，以及基础设施的使用寿命较短、维护较少等方面。

第一，贫困地区农村基础设施服务质量的满意度较低。如表5-3-2所示：

表 5-3-2 贫困地区个人对农村基础设施服务的满意度评价表（%）

基础设施	非常满意	满意	一般	不满意
公路交通	3.2	29.6	47.2	20
水利设施	1	18.6	41.4	40
医疗卫生设施及服务	2	37.5	39.4	21.1
电网改造	1.4	39.3	30.7	30.4
公共卫生	2.4	18.2	43.6	36.8

资料来源：附录三问卷中第3—7个问题填写结果统计得出调研数据。

公共服务保障机制
——基于贫困地区农村基础设施建设的经验证据

从表 5-3-2 的内容可以看出，村民对于公路交通设施的满意度为 32.8%，对水利设施的质量满意度为 19.7%，对医疗卫生设施及服务的满意度为 39.75%，对电网改造的满意度为 40.7%，对公共卫生设施的满意度为 20.6%。另外，通过调研发现，还有 44% 的村民家中自来水供应不正常。

水利设施相对于其他公共基础设施来说，更多的村民直接表示不满意，占到了 40%，如图 5-3-3 所示：[1]

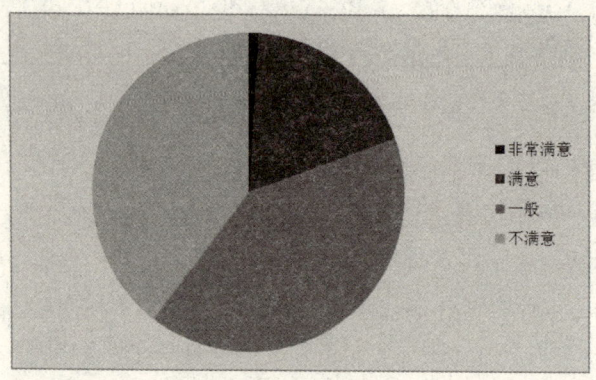

图 5-3-3 贫困地区农村水利设施服务的满意度评价

这是由于近年来气候变化引起的干旱对水利设施提出了更大的考验，再加之环境污染和河道水渠的淤积堵塞，一方面出现了旱涝灾害，另一方面也影响了农民对农田的实施灌溉。

另外，对于公共卫生的满意度也较低，有 36.8% 和 43.6 的人表示不满意和一般。如图 5-3-4 所示：[2]

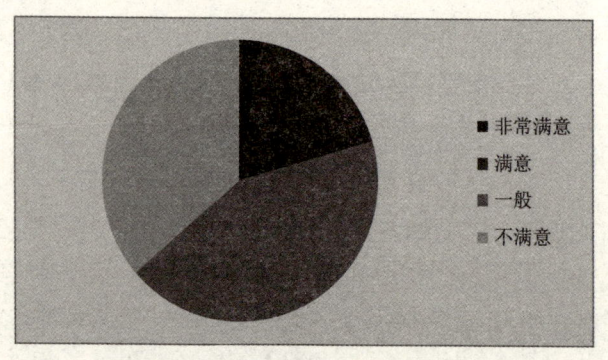

图 5-3-4 贫困地区农村公共卫生设施服务的满意度评价

---

[1] 数据根据附录三问卷中第 4 个问题填写结果计算得出。
[2] 数据根据附录三问卷中第 7 个问题填写结果计算得出。

贫困地区农村公共卫生存在的主要隐患来自于排污设施以及垃圾处理方面。排污设施方面比较令人失望，有的地方连简单的排污沟渠也没有，有的地方村民直接把污水倾倒在路边。垃圾处理设施也很少，垃圾堆积情况比较多，村庄内部的公共卫生比较令人堪忧。当前，许多贫困农村地区公共卫生状况的恶化已经成为一个严重的社会问题。生活垃圾、"工业三废"以及畜牧业、养殖业所带来的养殖污染、农药、化肥污染等，使贫困农村地区的居住环境以及人身健康遭到严重威胁，成为贫困农村地区可持续发展的严重阻碍。面对不断恶化的公共卫生环境，贫困农村地区的环境保护、公共卫生管理等却还处在无意识的状态，多数贫困农村地区的公共卫生基础设施还处于空白阶段。为此，政府应当加大投入与力度对水利设施与公共卫生进行治理。

其他方面满意度也不高，相对较好的一些的是公路交通与医疗卫生设施及服务方面，村民直接表示不满意的数值分别为 20% 与 21.1%。如图 5-3-5、5-3-6 所示：[1]

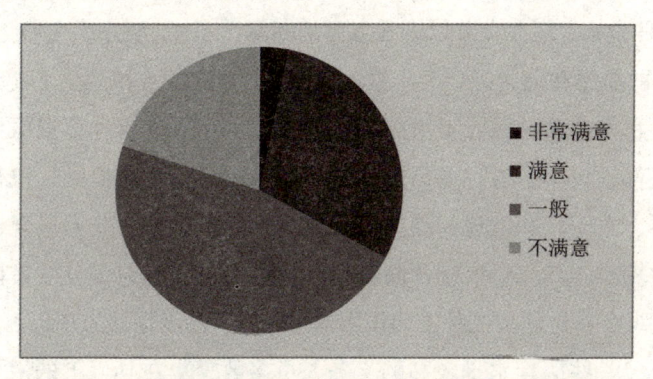

图 5-3-5　贫困地区农村公路交通设施服务的满意度评价

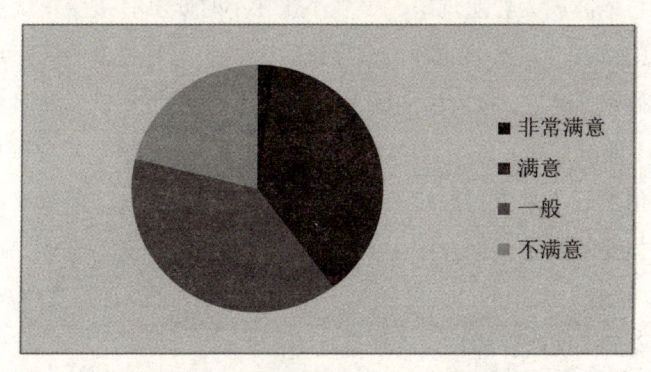

图 5-3-6　贫困地区农村医疗卫生设施及服务的满意度评价

---

[1]　上述两图根据附录三问卷中问题 3 和 5 填写结果统计数据绘制。

公共服务保障机制
——基于贫困地区农村基础设施建设的经验证据

改革开放以来，我国农村公路建设取得了举世瞩目的成绩。农村交通基础设施规模不断扩大，农村公路运输水平以及安全保障水平都有明显的提高，农村公路财政投入逐年增加，为农村地区人民生活水平做出了重要贡献。但通过调研发现，仍有近半数的村民对贫困农村地区公路交通设施服务做了"一般"的选择。这说明虽然今年来农村道路通畅率有所提高，但是从建设的质量上来说，多数还是沙石路，道路崎岖，质量较差，雨天积水，晴时起灰。农村地区公路交通设施质量较低的主要原因是由于财政投入不足，全国大部分贫困地区县乡一级政府无力筹集农村交通建设所需资金。加之政府职能错位、路政管理体制不健全等问题，使得贫困农村地区公路交通设施服务满意度评价较低，质量问题频频显现。

而医疗卫生设施与服务方面也存在着类似问题，农村医疗卫生设施是由一定的医疗卫生组织为农村居民提供的医疗和防疫保健设施，如乡村医院、医疗防疫站等等。当前，广大贫困农村地区的医疗卫生设施供给与农村人口的医疗卫生需求是不相适应的。具体说来，还存在着以下几方面的问题：其一，医疗卫生服务机构不健全。由于市场机制的作用和公共医疗卫生投入的减少，原有的乡镇卫生医院逐渐被瓦解，取而代之的是私人性质的医疗卫生服务机构和各种私人诊所和草根医生，并且医院的规模和数量都比较小。通过调研发现，很多诊所设备相当简陋，仅仅只有一些消毒液、听诊器、血压计和常规药品。由于市场化的影响，一些人口规模较小的地区看病更是非常困难。其二，疾病预防的财政投资不足。绝大部分的贫困农村地区村级医疗卫生组织在农村预防接种中的作用非常有限，甚至是缺失现象。农村防疫站、妇幼保健站以及一些医疗水平较高的义务人员多数聚集在县以上的卫生机构，这一问题在贫困农村地区成为普遍现象，很多小孩在小时候没有接受正规疫苗的种植，或者是不完全的以及计量不够的种植，导致后天生病花费更多的医疗成本。其三，医疗价格高，服务质量差。按农民的话来说就是"小病靠抗，大病等死"。一方面，村级医疗机构不能看大病，医疗服务水平低，稍微重一点的病则需要到更好的医院，而另一方面，虽然近年来农村医疗卫生改革取得了明显成效，多数农民被纳入了医疗保险体系，但是从当地的医疗卫生质量上和医疗保险额度上来说，还存在着明显的欠缺与不足。而相对大型的公立医院大多还存在着药价贵、诊疗费用高等普遍问题，以农民手里享受到的医疗保障来说，还远远不够。

第二，村民个人对于农村基础设施的信息反馈程度低。虽然多数村民都对本村基础设施予以积极正面肯定，给予他们的生活带来了便利，但是从农村基础设施使用后的信息反馈来看，村委及乡政府干部对于基础设施的使用状况关心较少。调查显示，关心本村基础设施使用状况的人，认为自己和普通老百姓关心的分别占到30.4%和54.3%，认为村委和乡政府干部关心的则只占到25%和14.6%。而基础设施使用情况的反馈通过村民自己上报的占到60%，政府派人巡查的情况占15%，承包公司定时检测则只占到4.6%。[1] 这反映出农村地区公共基础设施建后无人问津的现象明显，加之农村地区民主和法制意识淡薄，社会化管理程度较低，农民无法用法律法规保证自己的知情权、参与权、监督权等应有的权利。

第三，贫困农村地区公共基础设施总体质量较差。调查发现，超过半数的村民认为当地乡村道路及水利设施的质量较差、寿命较短，电网和饮水工程的质量及使用寿命相比之下情况较好。具体见表5-3-7：

表5-3-7 贫困农村地区个人对于公共基础设施的质量评价（%）

基础设施	质量很差，寿命很短	质量较差，寿命较短	质量较好，寿命较长	质量很好，寿命很长
乡村道路	28	41.4	25.3	5.3
水利设施	36.1	33.9	25	5
电网使用	24	16	49.6	10.4
饮水工程	24.6	22.5	46.1	6.8

资料来源：附录三问卷中问题10—13填写结果统计得出调研数据。

电力是重要的战略资源和公共财富，也是农业生产和农村经济发展的重要生产要素。在电网使用方面，从2004年起，国家开始实施中西部地区农村电网完善工程。根据《国民经济和社会发展第十一个五年规划纲要》的要求，在"十一五"期间，继续安排资金改造和完善了中西部部分地区农村电网。从数据显示，49.6%的人表示质量较好，寿命较长，还有10.4%的人表示质量很好，寿命很长。如图5-3-8所示：[2]

---

[1] 数据根据附录三问卷中问题8和9填写结果统计得出。
[2] 图表根据附录三问卷中问题12填写结果统计绘制。

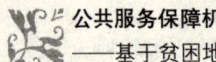

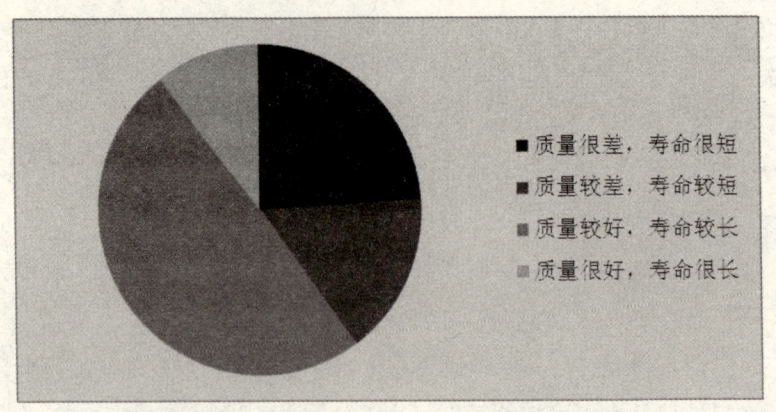

图 5-3-8 贫困地区农村个人对电网使用的质量评价

这表明通过电网改造和中西部农村电网完善工程的实施，使农村电网结构明显增强，农村地区供电能力和供电可靠性显著提高。但还需要进一步推进农村电力体制改革，理顺农村电网资产关系，建立使用农村电力发展的长效机制。

在饮水工程方面，根据国家全面建设小康社会和建设社会主义新农村的要求，力争在 2015 年前，基本解决农村饮水安全的问题，建立起农村饮水安全保障体系。根据水利部发布的相关数据，国家在"十一五"期间，共计解决了 2.1 亿农村人口的饮水安全问题，大幅减少了农村饮水不安全人数。从调研小组抽样调查的数据来看，评价相对较好。如图 5-3-9 所示：[1]

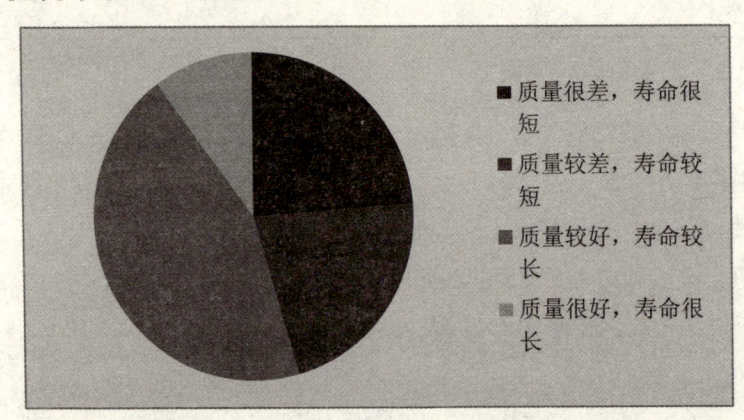

图 5-3-9 贫困地区个人对饮水工程的质量评价

不过，也存在一些问题，如贫困农村地区基层技术力量薄弱、供水工程规划的

---

[1] 图表根据附录三问卷问题 10 填写结果统计绘制。

科学性不够、部分工程建后管理薄弱、水质检测和监督机制不健全等。

相比之下，乡村道路和水利设施的质量评价相对较低。乡村道路方面，质量很差，寿命很短的评价有28%，质量较差，寿命较短的评价则占到41.4%。如图5-3-10所示：[1]

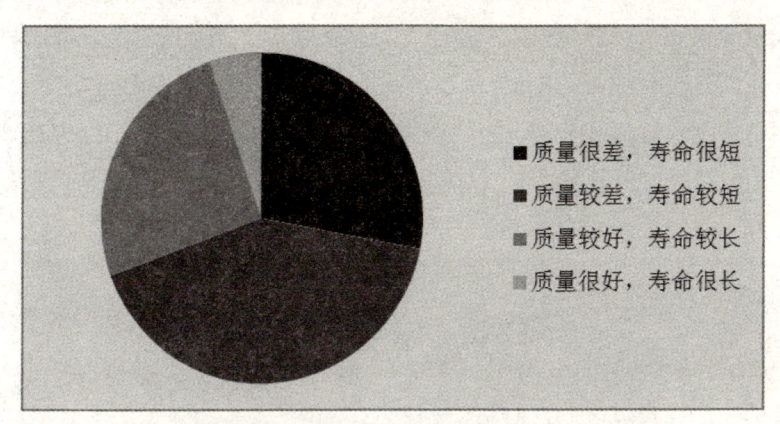

图5-3-10 贫困地区农村个人对乡村道路的质量评价

这主要是因为乡村公路路面质量差、缺少桥涵等构造物，再加上养护不利、坑洼不平、晴通雨阻的现象非常普遍。另外，由于资金匮乏，而忽视防护设施、标志、标线等建设，道路运行后期存在较大的安全隐患，成为交通事故的潜在威胁。

水利设施方面，认为质量很差，寿命很短的评价有36.1%，居各类别之首，而认为质量较差，寿命较短的人也占到了33.9%。如图5-3-11所示：[2]

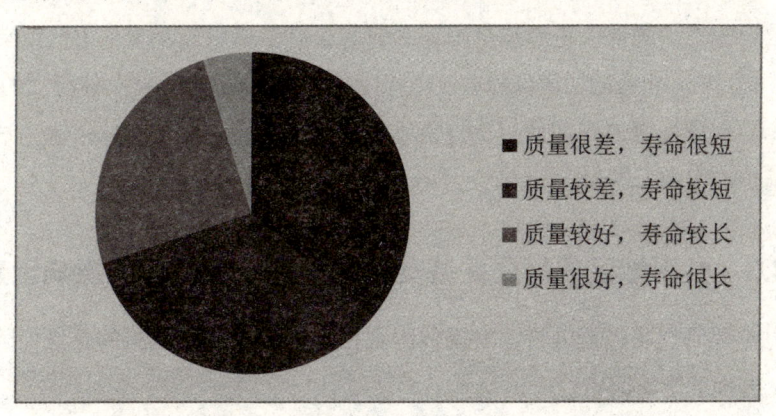

图5-3-11 贫困地区个人对水利设施的质量评价

---

[1] 图表根据附录三问卷问题13填写结果统计绘制。
[2] 根据附录三问卷中问题11填写结果统计绘制。

我国是世界上水土流失最为严重的国家之一，而90%以上的贫困人口生活在水土流失严重的地区。水利工程也是贫困农村地区公共基础设施建设项目中的重要组成部分。贫困农村地区的水利建设质量评价不高，主要原因还是由于缺乏长期、稳定的建设资金渠道，且资金投入严重不足，缺乏稳定、充足的资金来源。另外，在水利工程建设后的检测缺失也是导致质量评价较低的一个重要原因。

第四，贫困农村地区基础设施修建完成后的维护情况较差。根据调查显示，认为很少维护的情况占到了18.2%，认为出现故障后维护和从不维护的情况则分别占到了47.9%和16%。如图5-3-12所示：[1]

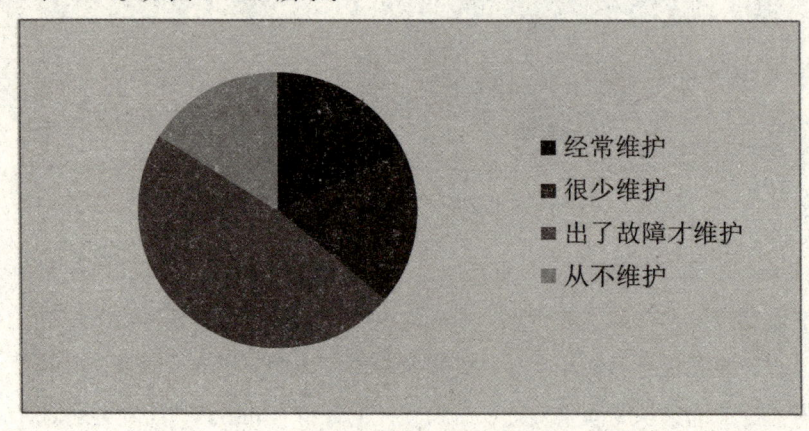

图 5-3-12　贫困地区农村基础设施质量维护情况

基础设施维护的缺失是造成贫困地区农村公共基础设施质量低下的重要原因之一。一方面，缺乏相关的法律保障和制度保障；另一方面，由于"集体行动的困境"、"搭便车"现象的普遍存在使村民自发维护的动力显得不足。总体来说，这一普遍存在的维护难题令人堪忧。

5.3.3　贫困地区农村公共基础设施服务质量保障的影响因素分析

通过对调研现状进行分析，发现贫困农村地区公共基础设施的质量保障主要有以下几个方面的影响因素。

5.3.3.1　贫困地区农村基础设施服务合同外包前的风险规避

贫困地区农村基础设施服务合同外包是一种将公共服务通过合同外包的方式推

---

[1] 根据附录三问卷中问题14填写结果统计绘制。

向市场，利用市场的力量参与基础设施服务的供给，以发挥市场机制在效率和成本等方面的竞争优势。随着新农村建设以及权威治理向合同治理的转变，地方政府对其私营部门和非营利伙伴的依赖性正在不断增强，这意味着伴随着市场化的实践其风险也在不断增长，而同时对于这一问题的风险规避却一直难以引起重视并未能采取相应的制度化策略。

公共服务合同外包的风险主要包括：①道德风险；②寻租风险；③新垄断风险；④社会不公平风险；⑤政府合法性风险。[1] 首先，贫困地区农村基础设施服务的道德风险是普遍存在的，外包合同可能存在的不完备性严重影响和妨碍了委托代理当事人双方忠实地履行契约条款；其次，从实践来看，贫困地区农村基础设施服务的寻租风险可能发生在服务需求确定、评标定标、外包方式选择、信息发布、履约验收等各个环节当中，一些政府官员甚至会运用拖延或拒付资金的方式，从合同承包商那里勒索钱财；再次，新垄断风险也是可能存在的，基础设施服务的生产者由公共部门转向私营部门，原有的公共垄断可能会随之转为私营垄断，进而产生对公众利益非常不利的局面；其四，公共基础设施合同的外包无疑会给强势的私营部门带来更多的商业机会，另一方面，当地村民在享受公共基础设施服务上可能会受到商业化的影响，从而违背了公共基础设施的公平性原则；最后，合同外包无疑具有不确定性，这种不确定性产生的弊病往往会成为民众质疑政府合法性的理由。

当前贫困地区农村基础设施服务合同外包一方面缺乏项目的事先考察和外部市场竞争环境；另一方面，政府监管能力较差。具体来说：

其一，缺乏项目事先考察。根据调研发现，40.4%的农村基础设施建设的相关决策制定前从未进行过考察，而部分考察也仅占到40.7%。如图5-3-13所示：[2]

事先考察对于决策制定的正确性与否至关重要，例如选址、可行性调查等等。由于缺乏对基础设施建设的事前考察，地方乡镇政府往往只注重资金渠道的获得，而忽视了项目的可行性研究，对项目立项缺乏科学论证，在一定程度上影响了农村基础设施建设的质量。通过项目事先考察，对基础设施建设进行科学合理的规划并最终落实到合同外包，能够最大程度地降低风险，保障人民群众的实际利益。

---

[1] 詹国彬.公共服务合同外包的理论逻辑与风险控制[J].经济社会体制比较，2011（5）：150–153.

[2] 此图根据附录三问卷中问题15填写结果统计绘制。

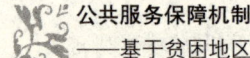

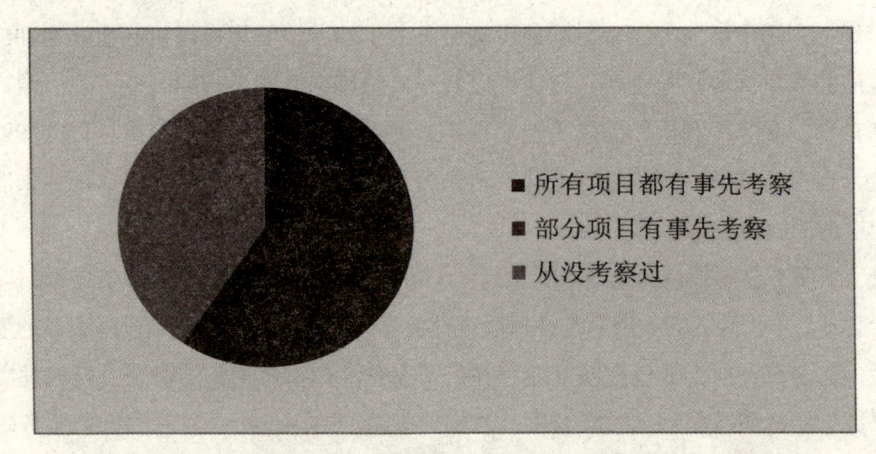

图 5-3-13　贫困地区农村基础设施建设的相关决策制定前考察情况

其二，缺乏市场竞争和稳定的市场秩序。合同外包更多地来说是一种市场行为，它更多地依赖于社会与市场而主张较少地依赖于政府，本质上所倡导的是一种竞争性行为。贫困地区农村基础设施服务合同外包的宗旨是强调把竞争机制注入到农村基础设施服务中去，用竞争去驱动贫困地区农村基础设施服务建设。但是在贫困地区的农村社区很难找到足够的承包商，这就意味着在服务外包过程中引入充分的竞争在理论上可行，实际实施起来却很困难。为此，需要在合同竞标的过程中通过公开的信息发布或主动的市场考察吸引和搜寻合格的、潜在的承包商，增加合同竞标的充分性；其次，政府可以在外包服务的种类或范围上寻求创新和变化，在不同服务的类型上引入不同的承包商以及把大型服务项目分解为多个小型项目的方式，以增进合同承包商之间的相互比较和竞争；此外，政府还可以在合同承包的期限上做出一定的选择，合同期太长可能会增加地方政府解约和引入新的合作伙伴的成本和难度，而合同期太短则可能会影响到承包商某些责任的履行。所以，根据合同外包服务的性质合理确定外包合同期的长短对于防范和规避合同外包的风险也非常必要。

其三，政府监管能力较差。合同外包生效后，政府的职责就随之发生了一些改变。政府由原来的"划桨"更多地转变为"掌舵"，即更多地履行监管职能，而从原有的服务生产环节中退出。但这并不意味着政府由此就变成了小政府或弱政府，相反其监管职能却得到了极大的强化。为此，政府可从以下几方面入手，加强监管能力，保护消费者利益，防止垄断：①制定公开透明的招标程序和行政程序；②构建有公民参与的多元监督机制；③限定私营企业在合同外包后的活动范围，明确"责"、"权"、"利"。④建立健全相关法律法规，将其制度化、法制化。

合同外包的引入为贫困地区农村基础设施的建设带来了希望，但同时也对充分的市场环境与政府的监管能力提出了挑战。如何规避合同外包前的风险，不仅是地方政府管理水平的提升，对于贫困地区农村基础设施服务的质量保障也具有着重要意义。

5.3.3.2 贫困地区农村基础设施服务公共物品生产合同后的生产监督

在贫困地区农村基础设施服务公共物品生产合同后的生产监督过程中，西方国家设立专门的基础设施维护委员会，提倡公民或社区以各种形式参与农村基础设施建设监督管理，鼓励公民、社区积极捐助农村基础设施建设资金。[1]非政府组织作为农村基础设施建设资金的主要提供者，负责建设资金监督管理、科学组织与划拨，理事会主要辅助协调和监督公民参与农村基础设施建设活动，以更好地监督和维护公共基础设施项目。[2]我国农村公共物品市场一直存在着"重供给而轻管理"的倾向，公共物品生产合同后的生产监督一直没有建立起制度化的长效机制，导致乡镇政府提供公共物品的质量低下。这主要是由于政府职能不清、管理权责不明、监管机制不健全以及财务管理混乱等问题引起的。例如，据调研发现，修建基础设施时，31.1%的人表示不清楚资金使用的情况，24.3%的人认为没有进行监督，19.3%的人表示是村民共同监督，而由专门部门和人员进行监督的仅占到总数的三分之一，如图5-3-14所示：[3]

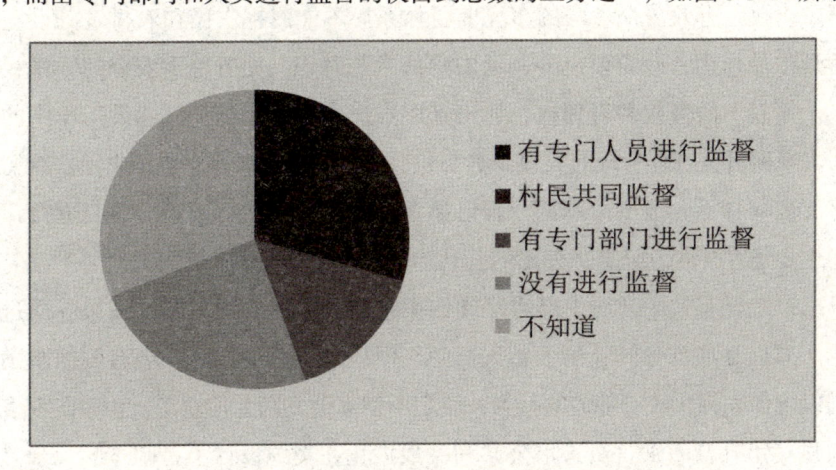

图5-3-14 贫困地区农村基础设施修建时的资金监督情况

---

[1] Ambe J. Njoh. Municipal councils, international NGOs and citizen participation in public infrastructure development in rural settlements in Cameroon. Habitat international, 2011: 101–110.

[2] N.sang. Improving the rural data infrastructure: the problem of addressable spatial units in a rural context. Land Use Policy, 2005: 175–186.

[3] 图中数据根据附录三问卷中问题16填写结果统计得出。

公共服务保障机制
—基于贫困地区农村基础设施建设的经验证据

长期以来，我国农村地区基础设施服务修建时的资金挤占、挪用现象普遍。财政转移支付农村基础设施建设专项资金的拨付中还普遍存在着多头审批、项目重复设置、层层截留等现象，很大程度上影响了农村基础设施建设的顺利运行。[1] 公共物品生产合同后的生产监督缺失现象相当普遍，当前农村基础设施建设过程中的质量监督管理体制未能发挥完整的效能，项目建设、工程监督以及项目质量检测机构的质量检查工作不规范，监督措施不完善。[2]

通过调研发现，当前贫困地区农村基础设施服务公共物品生产合同后的生产监督主要存在以下几个方面的问题：

第一，缺乏完善的法律制度框架。目前，我国各级政府缺乏农村基础设施建设合同外包后的监督管理职责方面的明确定位，这主要是由于相关法律法规的缺失引起的。迄今为止，尚没有相关法律对农村基础设施生产合同后的质量监督职能、监督内容、监督程序和监督方式等出台专门性的法律规定，农村地区公共物品生产合同后的监督得不到法律保障。要通过立法进一步明确合同双方的权利与义务，规范化管理承包商的生产行为，合理界定供给者、出资者、监管者之间的职能。通过完善这一领域的法律法规，使监管工作有法可依。

第二，缺乏有效公众参与的多元监督体系。不能忽视农民在农村基础设施建设监督管理中的作用，政府要充分调动农户的参与意识，充分尊重农户的知情权、选择权、决策权、监督权和管理权，突出基层农户在农业基础设施建设工作中的主体地位，实现项目全过程管理的农户"参与化"。[3] 应当尝试建立包括农民群众监督在内的多元监督体系，改变政府部门自己制定政策、自己执行政策、自我进行评估的格局，逐步建立开放、公平、公正的公共物品生产合同后的生产监督体系。

第三，缺乏有效的政府内部激励和约束机制。虽然农村基础设施服务通过合同外包的形式转让或部分转让给了私人部门，但还是有必要设计一套有效的激励和约束机制以确保和强化政府部门的行为，使之不偏离公共利益的轨道。相关研究表明，试图通过货币补偿激励官员追求公共利益最大化在契约设计上是困难的，于是，晋升制度以及各种监督制度就成为政府治理中最重要的激励和约束机制。[4] 要充分发挥

---

[1] 温思美，张乐柱等.农村基础设置建设中的财政资金管理研究[J].华南农业大学学报社会科学版，2009（1）：5.

[2] 于水.农村基础设施建设机制创新[M].社会科学文献出版社，2012：334.

[3] 刘天军.农业基础设施项目管理研究[D].西北农林科技大学，2008：130.

[4] 冯海波，委托代理关系视角下的农村公共物品供给[J].财经科学，2005（3）：144.

审计部门的监督作用,彻底刹住乱收支、扰乱财经秩序的不正之风。同时,要建立严格的问责机制,对违反财经法规、行政不作为、加重农民负担的单位和主要负责人,要追求相关责任。[1]

第四,缺乏严格的市场准入机制与规范的服务。地方政府监管部门对于全方位监控合同外包后农村基础设施服务市场化行为的能力较弱,缺乏保证公平有序的竞争环境。对私人部门和第三部门公共物品生产合同后的生产监督,政府缺乏严格把关,审核服务内容的规范程序。对供给价格和供给质量,政府监管部门应当加强指导和规范,以切实保护农民利益。

在贫困地区农村基础设施服务公共物品生产合同后的生产监督过程中,政府必须切实履行向全社会公平、有效地提供基本公共服务的责任。在农村,政府应当同时履行作为生产者、购买者和监督者的多重职责。当务之急,是乡镇基层政府要转变工作重点,从"重供给"到"重监管",开放市场准入、监控服务价格、规范服务质量、保证公平有序的竞争环境。从长远来看,建立公开、公平、公正的多维度监管体系,是贫困地区农村基础设施服务公共物品生产合同后的生产监督的一个方向。

5.3.3.3 贫困地区农村基础设施服务生产交付前的质量评定

贫困地区农村基础设施服务生产交付前的质量评定是指在农村基础设施建成之后,交付之前,对项目的各项质量进行的评定工作。通过调研发现,33%的农村基础设施在交付前没有进行质量检验,贫困农村地区基础设施服务生产交付前的质量评定存在严重缺失。能否保证基础设施的使用寿命,能否发挥农村基础设施服务的真实绩效,能否使农民的公共利益得到保障,是衡量农村基础设施服务生产交付前的质量的一个重要指标。农村基础设施服务生产交付前的质量评定缺失的问题主要由于以下几方面的原因:

第一,缺乏统一、标准的农村基础设施质量评价体系。农村基础设施生产交付前的质量是整个建设过程的结果评价,直接关系到建设项目能否按期投入使用,关系到农民的农业生产及日常生活,对农村基础设施质量有着重要影响。目前对于农村基础设施质量评价体系的研究较少,研究具有一定的局限性,缺乏统一的、综合性研究。已有的研究成果,对建立标准的农村基础设施质量评价体系的重要性、紧

---

[1] 胡武贤,江华.农村公共物品市场化供给与政府监管[J].改革与战略,2008(12):91.

迫性研究，以及为什么要建立农村基础设施质量评价体系等问题展开了论述。但是，对于怎样建立、由谁来建立、评价体系指标的构建等问题的研究还比较少。大多数学者的研究主要集中于农村基础设施建设的财政资金保障、体制层面等方面，尽管少数学者主张对农村基础设施生产服务建立全方位、跟踪式的质量评估，但主要还是集中在项目进行前的资金保障以及建设过程中的监管，对项目交付后的质量评定研究还较少，从社会组织、农民协会等参与农村基础设施交付前的质量评定则更少。因此，贫困地区农村基础设施服务生产交付前的质量评定的相关研究还有待进一步深化。以新公共服务理论、标杆管理等理论作为指导，在设计质量评价指标体系的基础上，对贫困地区农村基础设施服务生产交付前的质量进行评定，并将基础设施的效益价值、农民的满意度纳入评价体系中，这将有助于贫困地区农村基础设施服务质量得到更好的保障。

第二，缺乏相关专业人才与设备。农村基础设施服务生产交付前的质量评定需要相关专业人才。质量评定需要全方位、多角度地进行评估。但是，由于质量评定在我国起步较晚，加之贫困农村地区人才匮乏以及寻租等问题的产生，乡镇政府部门很难做到切实有效的质量评定，农村基础设施服务的质量得不到有效的保障。目前，多数农村基础设施质量评定还停留在目测阶段，检测人员仅凭自己的工作经验就得出质量检查的结果。在高水平、精确监测仪器的使用以及专业质量监测人员的配备上，表现出极大的匮乏，质量监督管理活动缺乏强有力的人和物的保障。

第三，政府职能缺失、交叉现象严重。通过文献研究发现，地方政府在对贫困地区农村基础设施服务生产交付前的质量评定存在的问题主要有：专项评定多，日常检查少；出现问题后评估的现象多，不出现问题则不对质量进行评定的情况多；对资金投入的评定多，对资金流向以及使用率的评定少；宏观评定多，微观评定少。我国农村基础设施服务质量评定的主体多、职能交叉现象严重。项目评定者与项目监督者角色趋同，评定主体对农村基础设施服务建设盲目乐观，对项目质量问题、使用绩效等缺乏客观实际的评价，对可能出现的隐患很难做出理性判断。此外，缺乏社会评定的合理合法性地位，难以成为评价体系中的重要力量。农村基础设施项目一经验收，项目管理的重点就从项目建设中脱离出来，转变为农村基础设施的建后管理和维护。农民和村级组织等成为农村基础设施的受益群体，应直接参与到农村基础设施服务生产交付前的质量评定中，并成为项目后续阶段的管理主体。由此，应当建立起多层次、多方位的生产交付前的质量评定体系，如图 5-3-15 所示：

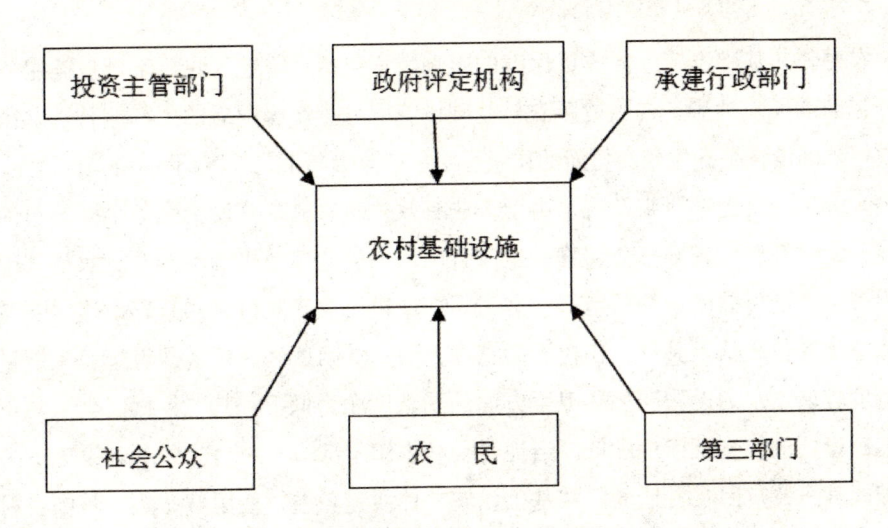

图 5-3-15　农村基础设施服务质量评价主体结构示意图

由政府评定机构牵头，从社会选聘一些质量评定方面的专家参与质量评定工作，组织权威的农村基础设施生产交付前的质量评定机构，促进评定工作公平、公正、公开地进行。由投资主管部门、承建方的行政主管部门对项目的资金、质检等工作向政府评定机构进行汇报，并展开实地验收。社会公众通过政府部门的政务公开及时了解整个质量评定工作。而当地农民和第三部门的有效参与，保证了质量评定的真实可靠性，使整个评定工作更具有说服力，一方面保证了广大农民朋友与社会公众的知情权；另一方面，让农民广泛参与到农村基础设施的质量评定工作中，可使农村基础设施能长久持续地发挥作用。

第四，质量评定工作缺乏法律保障。我国农村地区基础设施建设的质量评定缺乏一个规范的管理框架，且针对性不强，执行力度不够，法律法规之间的关联性、协调性不足。因此，贫困地区农村基础设施服务生产交付前的质量评定更需要完善的法律制度来保障。相关质量评定法规的制定能够有效规范私人部门的建设活动，确保农村基础设施在投入使用前的质量得到保障，使今后有可能出现的问题提前得到发现，并将责任落实到部门和人。相关法律规定的颁布与实施，将责任主体的行为处于可量化的法制框架之下，能够更好地保证农村基础设施服务在生产交付前的质量，使质量评定结果有法可依，做到有理有据，更好地保障人民群众的公共利益。

5.3.4 小结

农村公共基础设施服务质量保障的影响因素包括贫困地区农村基础设施服务合同外包前的风险规避、贫困地区农村基础设施服务生产合同后的生产监督、贫困地区农村基础设施服务生产交付前的质量评定。在对贵阳市花溪区桐木岭村、燕楼乡、孟关乡等地的实地调研中发现，由于无法有效规避农村基础设施服务合同外包前的风险，农村基础设施服务公共物品生产合同后的生产监督机制不健全，农村基础设施服务生产交付前的质量评定严重缺失，当地村民对于农村公共基础设施服务质量保障总体评价较低。其一，在村民满意度方面，贫困地区农村基础设施服务质量的满意度较低。水利设施和公共卫生方面的满意度尤为低下。其二，村民个人对于农村基础设施的信息反馈程度低。当地村委和乡镇干部对于农村公共基础设施的关心不够。其三，贫困农村地区公共基础设施总体质量较差，使用寿命短。其中乡村道路和水利设施的质量问题尤为明显。其四，贫困农村地区基础设施修建完成后的维护情况较差。公共基础设施建成后很少维护或是出现故障后的现象普遍存在。

质量保障问题是一个贯穿于贫困地区农村基础设施服务提供的重要环节，也是非常薄弱的一个环节。因此，强化贫困地区农村基础设施服务质量保障机制，选择有社会责任感、有能力的企业，有效规避合同外包前的风险，完善公共物品生产合同后的生产过程监督机制，加强生产交付前的质量评定以及基础设施使用后的村民满意度调查，以提高农村基础设施服务质量，显得尤为迫切。

5.4 贫困地区农村基础设施后期维护保障机制的案例研究

改革开放之后，农村经过几个阶段的建设，基础设施建设方面有了显著发展，不管是政府还是农民对发展农村基础设施都较为重视，使得交通基础设施建设成为农村基础设施建设中最为完善的一面。不过，由于大量的农村基础设施的陆续建成，其管养工作必然成为当前和今后各级相关部门和基层政府面临的紧迫课题。目前，国家虽然已经对农村基础设施的后期维护做了一些政策上的规定，但是由于农村基础设施的公益性，仍然没有得到相关部门以及国内学者的重视，尤其是在贵州这样的贫困地区，农村基础设施的维护基本上还处于起步阶段，对于农村中的交通基础设施、水利基础设施、文化基础设施等农村基础设施只建设不维护的现象还很严重。鉴于此,在建设社会主义新农村和实现全面小康社会目标的大背景下,探讨改革现行农村基础设施的后期维护机制,不断提高农村基础设施的管养水平显得尤为重要和迫切。

5.4.1 调研样本与研究方法的选取

本次调研主要采取抽样问卷、深度访谈和参与观察相结合的方法,对贵州省高坪乡进行实地调查研究,高坪乡6个村此次调研中共发放问卷200份,回收问卷190份。其中经筛选得有效问卷180份,无效问卷10份。在收集有效问卷后,运用Excel和SPSS统计分析软件对有效问卷进行统计分析。本次研究选择对贵州省高坪乡乡村公路进行案例研究,通过对贵州省高坪乡乡村公路后期维护的研究,抽象出构建贫困地区农村基础设施后期维护机制的具体建议,以为农村基础设施后期维护机制的构建提供参考。

5.4.2 调查结果及现状分析

通过实地调研,高坪乡村级公路后期维护机制现状如下:

5.4.2.1 村级公路维护融资机制

5.4.2.1.1 政府职能方面

一是政府对村级公路后期维护的投资管理不重视,且投资职能不明确,财政投资责任弱化,政府应该扮演什么角色,哪些方面应该加大投入,哪些应该减少投入,哪些方面政府应该全面退出,哪些方面政府应该发挥作用。在对高坪乡村级公路的后期维护的调查中,当问及"您认为各级政府部门对农村公路的维护工作的重视程度"时,有21%的人认为政府很不重视,38%的人认为政府不重视,30%的人认为政府的重视程度为一般,只有仅12%的人认为政府重视村级公路的后期维护。[1]

> "对于我们家门口的这条乡村路,我只听说过政府投资了多少钱用于修建,但是都没有听过政府有出钱用于维护,尽管去年才对这条路进行了硬化,但是现在已经开始损坏了,从来没有见政府有人来检查过,他们根

---

[1] 数据来源于附录四问卷中问题1的统计结果。

本就不重视我们村级公路的维护。" （村民访谈对象，08，男，42岁）

"前年我家门口这条公路曾经由于下大雨损坏过，村支书组织我们乡政府申请维护的资金，他们不但迟迟没有答复我们，也没有派专人下来检查，好长时间之后这条路才修补好，真是伤透了我们的心。"

（村民访谈对象，01，男，63岁）

二是村委会融资主体有名无实。村委会与政府性质不一样，不是国家政权机关的任何一种，乡镇政府和村委会之间不是上下级关系，乡镇政府对村委会不行使领导权。村委会不是真正意义上的政府机关，本身并没有财权，并不能拿出相应的资金对村级公路进行维护。

"我们就处于上不着村，下不着店的尴尬位置，名义上我们是村级公路的维护主体，但是实际上我们只是一个自治组织，又不是正式的政府机关，乡政府不给予我们权力，农民又不听从我们的，当遇到维护资金的问题，我们又没有收入，因此也没办法自己拿出钱来。"

（村干部访谈对象，04，女，38岁）

5.4.2.1.2 融资方面

第一，村级公路后期维护资金不足。首先，长期以来，政府为了推动城市经济的发展，在对基础设施的资金配置上，绝大部分向城市基础设施倾斜，并通过倾斜性政策、行政权力及制度安排等抽取农村剩余，而忽视农村的农村基础设施的建设。由于贵州省地处西部地区财政收入不充裕，因而对农村的基础设施的投入十分有限。此外，在政府部门对公路的投入上，绝大部分资金都用于容易出成绩的县道、乡道以及村公路主要干线，而对村级公路尤其是组级公路投资较少。其次，按照国家确定的补助标准。从2008年起，贵州省交通厅和贵州省财政厅均安排了补助和专项资金，并明确了补助范围和市州、县级政府维护资金的补助来源。地方政府在颁布村级公路维护条例后，每年市、县两级政府也按一定标准拨付了维护经费，但经费的多少跟公路的级别有着密切的关系。在仁怀市2004年施行的《仁怀市村级公路建设和维护管理办法》中按以下标准安排村级公路管理的维护经费。①已改造上等级乡道公路，补助1 500元/千米，由市交通局组织实施；②重要乡道公路补助1 200元/千米，由乡镇政府组织实施；③一般乡道公路补助900—600元/千米，由乡镇政府组织实施；④通村公路补助300元/千米，由乡镇政府督促村组织实施。[1] 虽然每年州、县两级财政按300元/千米的标准对农村公路拨付维护费,但随着社会经济的不断发展,农村公路网络日渐形成,交通流量不断增大,道路硬化里程逐年增加,维护资金的投入已无法满足农村公路的发展需要。特别是村级公路维护,由于一直未纳入交通公路部门的管养范围,村道的管养没有正常的维护经费来源,且多数村在修建村道公路时已负债累累,根本无法筹出资金来维护。

表5-4-1 问卷调查融资机制相关因素情况统计表 [2]

问题	选项	人数	比例（%）
您认为各级政府部门对农村公路维护的重视程度是	很不重视	37	21
	不重视	68	38
	一般	54	30
	重视	18	10
	非常重视	3	2
您认为在农村公路维护的投资中,主要采用了什么投资方式	政府投资	120	67
	农民集资	52	29
	吸引私人投资	0	0
	民间组织投资	0	0
	其他	8	4
您对当前农村公路维护管理的投入的满意程度是	非常满意	1	1
	满意	5	3
	一般	30	17
	不满意	112	62
	非常不满意	32	18

第二,村级公路维护的投资主体单一,筹资渠道狭窄。《中华人民共和国公路法》规定了农村发展原则"自建、自养、自管"的"三自"方针。同建国以来农村电力、水利等基础设施一样,这一政策也都是在向城市倾斜的分配格局的基础上所建立的,并且也是在城乡二元化的背景下。在这一背景下,农村投资相对较少。具有准公共产品属性的农村公路使得建设农村公路的基础设施主要依靠政府的投资,而高坪乡农村公路的后期维护所需资金的投资主体过于集中于各级政府,社会资本基本没有参与该地区农村公路的维护,这就造成了农村公路建设投资主体的单一,而投入相

---

[1] 发布部门：贵州省仁怀市人民政府办公室　发布文号：仁府办发〔2004〕120号。
[2] 表中数据来源于附录四中问题1、2、3的填写结果统计得出。

对较少的区域，其他融资渠道较少，从而导致农村公路。在对高坪乡的村级公路进行调查的过程中，"您认为在农村公路维护的投资中，主要采用了什么投资方式"，其中，有120人选择了政府投资，占整个投资比率的67%，农民集资52人，占了整个投资比率的29%，而在对高坪乡6个村落的村级公路的调查中，没有一条公路是当地政府和村民吸引私人和民间组织投资的。

5.4.2.2 村级公路维护决策机制方面

村级公路维护管理决策是根据路面使用性能的分析和预测结果对维护资金、有限能力等资源进行最优分配，确定最佳维护对策和实施序列的过程。随着农村公路的老化，路面使用性能的变化直接影响下次维护决策，各种维护措施所对应的不同维护结果的好坏可以通过专业队伍的评价得到结论。[1] 在村级公路的维护决策中，其存在的问题主要包括以下四点：

5.4.2.2.1 决策主体单一

在村级公路后期决策的过程中，村级公路后期维护的决策主体主要是村民、村委会（主要是指村民委员会和村党支部委员会这"两委"）和基层政府（通常是指县和乡两级政府）。其中，村民主要作为某一区域内的村级公路服务提供者、生产者和使用者。村委会主要承担村级公路建设项目的组织，在村级公路建设中扮演着双重角色，既充当村民与基层政府沟通的代言人，也担任基层政府在农村社区的代理人；而基层政府主要承担村级公路服务的提供，在高坪乡村级公路的后期维护中，基层政府（包括县政府和乡政府）、村委会是目前村级公路后期维护的主要推动力量。村级公路维护决策过程中的基层政府、村委会决策主体在决策制定阶段起主导作用。在此次调查中，当被问及"对于农村公路的维护管理的相关政策最常见是以哪种方式出台的"这一问题时，44%的受访者表示村级公路建设方案由政府决定，28%受访者表示由村委会决定，3%受访者表示由村民自己决定，5%受访者表示由政府、村委会和村民协商决定。[2] 调查结果表明，村级公路建设决策过程中的决策主体在决策制定阶段的影响力度，首先对于单个决策主体来看，对于村级公路后期维护过程中的决策阶段，主要以村委会的影响为主，村民的影响力为辅，政府的影响力较弱；而从决策主体的综合作用来看，政府、村委会和村民在村级公路建设决策制定的阶

---

[1] 张建伟.农村公路维护管决策方法研究[D].陕西：长安大学硕士学位论文，2011：49.
[2] 数据来源于附录四问卷问题4填写结果统计得出。

段主要是通过协商方式来进行的。然而对于在村级公路的后期维护来说，广大村民是其最重要的主体。但在农村公路的后期维护中，当地村民基本上不参与农村公路后期维护的决策。在本次对高坪乡六个村的村级公路进行调查中，当被问及"您认为普通人参与提供农村公路维护决策的程度有多大"时，有63人选择了没有参与，102人选择了很少参与，其比例占所有选项的86%。调查结果表明，村民在村级公路的维护决策中的参与程度十分有限，村民参与决策制定的作用尚未得到完全发挥。（表5-4-2）。[1]

表5-4-2 村级公路后期维护决策相关因素问卷统计表

问题	选项	频数（人）	比例（%）
您认为普通人参与提供农村公路维护决策的程度有多大？	没有参与	63	35
	很少参与	102	51
	一般	20	11
	大范围参与	5	3
对于农村公路的维护管理的相关政策最常见是以哪种方式出台的	政府决定	80	44
	村委会决定	85	28
	村民自主决定	5	3
	政府、村委会和村民协商决定	10	5

5.4.2.2.2 决策主体的权力与责任不清

2005年国务院办公厅印发的《农村公路维护体制改革方案》和2007年贵州省出台的《农村公路维护体制改革实施方案》将农村公路维护的责任主体明确为县(市、区)人民政府，并对农村公路路政管理工作也进行了明确："县、乡道的路政管理工作由县级交通主管部门负责，村道的路产保护工作由村委会负责"。贵州省仁怀市人民政府办公室公布的《仁怀市村级公路建设和维护管理办法》中，指出乡公路维护实行责任制，乡镇为第一责任人，承担境内管辖路段乡公路的维修维护。村道维护责任名义上也落实到乡镇，可执行却有难度，乡镇基本上不管。使得现实的路政管理工作依然未延伸到村。此外，在农村公路的修建与维护中，多部门共同管理村

---

[1] 数据来源于附录四中问题4、5填写结果统计得出。

级公路的修建与维护的资金，造成其互相推卸责任。

"高坪乡政府一直强调该村公路维护的重要性，我们也知道村级公路除了修建外，后期维护更重要，但是我们都不知道村级公路维护的主体真正应该是谁，《仁怀市村级公路建设和维护管理办法》中说乡镇是第一负责人，但是高坪乡政府距离我们村较远，根本就无暇顾及我们村公路维护的效果，然而我们村委会又没有足够的资金，所以我们村村级公路就算是出现损坏，也不知道找谁。"　　　　　　　（村干部访谈对象02，男，47岁）

"现行《公路法》推行的却是"县道县管，乡道乡管，村道村管"的管理机制，所以村级公路维护决策的主要主体应该是村委会，村干部对当地的情况比较了解，也比较容易观察到村级公路的使用情况，况且高坪乡下辖10个村，除了十条村公路主线外，每个村还是十多条村公路支线和组级公路，我们根本管不过来。"　　　　　　　（乡干部访谈对象01，男，32岁）

5.4.2.2.3　村级公路维护中的信息沟通不畅

第一，村级公路后期维护的决策主体对村级公路的具体情况不了解。在村级公路后期维护的决策过程中，需要获取关于村级公路后期维护的政策信息、地理环境信息、村民需求信息，资源信息以及当地农村的经济发展和治理情况，这些信息与村级公路后期维护的决策信息相关，村级公路后期维护的决策者需要综合所有以上这些信息来决策。总的来说，一些由政府主导的信息沟通机制已经建立，但是社会主体对于政府在决策信息沟通中却处于显著的被动地位，并且仍然存在不科学的信息搜集方法、不健全的信息搜集制度、民众与政府之间信息沟通的非对称性、非制度化等问题。在高坪乡村级公路的修建中，政府领导班子作为当地村级公路的决策者，对于关系农村地区和农民实际需求相关信息没有及时搜集。

"我家门口的这条公路修建了已经两年，偶尔会见到一些人对损坏比较厉害的地方进行修补，但是总是修补了不过三个月又开始出现问题，我们这里总有重车经过，周围大部分公路两边的土地也比这条公路高，再加上村民总是向公路上扔垃圾，使得公路总出问题，但是政府根本就不关心这些问题，政府只进行损坏修补。"　　　（村民访谈对象06，女，35岁）

第二，村级公路维护中的信息缺乏公开。村级公路建设决策中的信息沟通包括信息的搜集与公开。一方面，需要决策者广泛地搜集与村级公路建设有关的有效信息；

另一方面，需要在决策者和村民之间达到这些信息的顺畅交流与沟通。（原文重复3.5.3）在高坪乡村级公路的维护过程中，信息公开程度低；提供信息公开的方式和渠道单一；形式主义严重，已公开的信息质量不高，而对于有质量的信息却实行保密。村民对村级公路的维护情况不了解，无法参与村级公路维护的决策。在此次调研中，当被问及"您对该公路的建设了解吗"时，在有效的180份问卷中，有80人选择了"不了解"，23人选择了"非常不了解"，52人选择了"一般"，比率达到了96%。"在公路维护过程中，相关部是否把相关信息进行公开"，有81%人回答了否，只有7%人回答了是，其中还包括村委会干部和村委会干部家属。（表5-4-3）[1]

表 5-4-3　村级公路维护决策信息公开问卷统计表

问题	选项	频数（人）	比例（%）
相关部门是否对公路维护信息进行了公开	是	12	7
	否	146	81
	不了解	22	12
你对村级公路的维护情况了解吗	非常不了解	41	23
	不了解	80	44
	一般	52	29
	了解	5	3
	非常了解	2	1

5.4.2.2.4　决策方式以"自上而下"为主

在高坪乡村级公路的维护决策过程中，主要是由自上而下公共行政体制决定。自上而下不可避免地带来了以下两个方面的问题：首先，决策者的偏好导致了决策的偏差。其目标函数主要是追求满足政府或领导者自身的效用，不需要追求农村社区和居民的效益最大化，所以，在高坪乡村级公路后期维护的决策中，各级政府及其官员作为主要决策者，往往会根据自身的利益、偏好或政绩导向来决定村级公路的维护，只把目光和精力集中在农村公路的修建而忽视了村级公路的后期维护，即使是把精力用在维护上，也只关心一些紧急性维护，而忽略了村级公路的日常维护。其次，自上而下的决策无法表达农民需求，导致供需脱节。[2] 在目前这种自上而下的

---

[1] 表中数据来源于附录四中问题6、7的填写结果统计得出。
[2] 沈子兰，小苗.对我国农村公共产品供给决策机制的探讨[J].法制社会，2011(02): 172-173.

决策机制下，乡镇政府和政府机构忽视了村民在村级公路维护的主体地位和实际需求，农民作为村级公路维护最主要的主体，很难表达自己的需求偏好，无法在在村级公路维护决策中体现自己的意志，行使自己的权利。

5.4.2.3 村级公路维护监督机制方面

5.4.2.3.1 监督体系不完善

首先，村级公路建养资金由交通部门及财政部门拨付到具体责任方，然后由具体的责任方具体管理资金的使用，但是由于信息沟通渠道不畅，并不能对资金的使用进行有效的监督管理，导致农村公路建养资金不能够专款专用，使本来就资金短缺的局面更加严重。

> "我们根本就不知道我们这条公路还有专门的维护资金，他们从来就没有对资金的使用情况进行公开过，我们不了解，也谈不上监督，只希望在公路有问题的时候政府能赶快把这条路修补完整。"
>
> （村民访谈对象，03，男，52岁）

其次，缺乏专门的维护队伍和维护人员。村级公路修建之后，维护成了延长村级公路使用寿命的唯一方法，对村级公路的维护包括定期维护和日常维护，由于修建村级公路是一项专业性很强的工作，因此，对于村级公路的后期维护，需要专业队伍进行专业的维护，但是在高坪乡村级公路的后期维护中，并没有专业队伍对公路进行专业维护。在对高坪乡村级公路进行调研的过程中，当问及"您所在地有无专人对该公路进行维护"时，有168人回答了否，只有12人回答了是。

> "我从来没有见过有专门的维护人员对我们村的村级公路进行检查，在修建公路时，还经常看到一些专业的人员在现场指导，而且还有很多比较先进的机器设备，但是自从公路修好以后，就再也没有见过这些人，我们很希望能够参与，但是没有人引导，我们也不知道该怎么做。"
>
> （村民访谈对象，10，男，45岁）

5.4.2.3.2 监督主体作用有限

在村级公路的后期维护中，包括对村级公路的质量监督、资金监督、审计监督以及进度监督。对于农村公路的建设，由于其本身的特性，不应该实行政府单一的监督，而应该调动各方监督主体的积极性，让农民，生产者，村委会以及基层政府共同参与农村农路的监督，并且让其监督贯彻到农村公路从决策到维护的全过程。

实际上，在村级公路后期维护的监督管理中，各方监督主体发挥的作用都非常有限。在对高坪乡的调研过程中，通过与村民进行交谈，他们一致表示，在这条路从决策到维护，除了修建时候的出动劳力之外，对于其他事项基本不知，相关部门更没有争取过他们的意见，信息的缺乏无从监督，并且政府也没有意愿让村民参与公路建设的监督。如表5-4-4。[1]

表 5-4-4　村级公路监督情况问卷调查统计表

问题	选项	人数	比例（%）
村级公路建设方案实施过程中的监督主体有哪些	政府	29	16
	村委会	98	54
	村民	17	9
	政府、村委会和村民	36	20
您认为普通人参与提供农村公路维护监督的程度有多大	没有参与	122	68
	有一些参与	55	31
	大范围参与	3	1

5.4.2.3.3　村民监督渠道狭窄

虽然《村民委员会组织法》规定了村民的监督权利，但对村民如何实施监督权，通过什么机构实施监督权并没有明确的规定。依照该法村民只能由村民大会进行监督，但是村民大会一年开一次，难以形成对村级公路的维护的有效的监督。在对高坪乡村级公路进行调研时，采用"村民参与村级公路后期维护的监督渠道畅通吗"这一问题考察村民在对村级公路监督时的监督渠道。其中，2位受访者认为村民参与监督村级公路建设方案实施的渠道非常畅通，12位受访者认为监督渠道畅通，56位受访者选择"一般"，78位受访者认为监督渠道不畅通，32位受访者认为监督渠道非常不畅通。如图5-4-5所示。[2]

"除了村里召开村民会议我们能反映一些问题之外，我不知道还有什么渠道能参加农村公路后期维护的监督，我们就算是了解村级公路出现的问题，也不知道向哪个部门反应。"　　（村民访谈对象，07，女，32岁）

---

[1] 数据来源于附录四问卷中问题8和9的填写结果统计得出。
[2] 此图根据附录四问卷中的问题10填写结果统计得出。

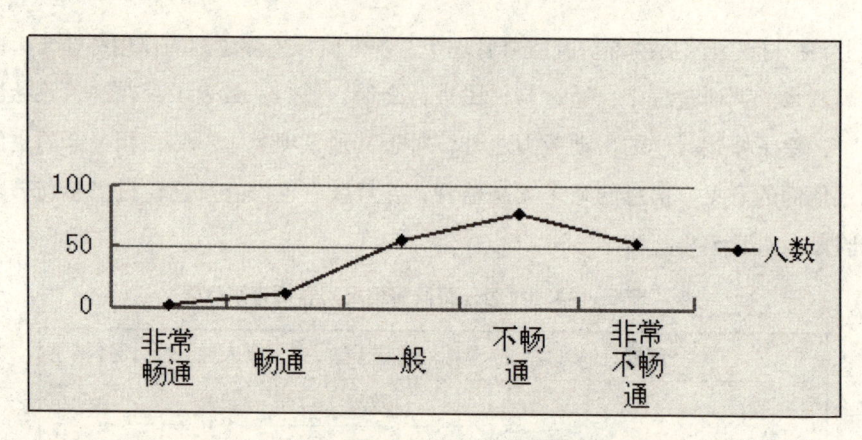

图 5-4-5　村民监督村级公路后期维护的渠道

5.4.2.4　村级公路后期维护公民参与机制方面

公民参与村级公路的后期维护包括公民参与村级公路的后期维护决策、村级公路后期维护的融资以及村级公路后期维护的监督，在村级公路的后期维护的整个过程中，村民是从决策到监督的最主要的主体，公民参与是农村公路后期维护的基本原则。

5.4.2.4.1　公民参与途径有限且参与范围狭窄

在村级公路的后期维护中，村民作为主要主体，从决策到监督，主要通过村民会议以及村务公开栏了解村级公路的维护的相关信息，其他的公民参与方式在村级公路的后期维护中都没有得到很好的体现。如表 5-4-6 所示，对于"您通过什么途径了解村级公路后期维护的相关信息时"这个问题来说，有 40% 的村民表示是通过村务公开栏了解村级公路的后期维护信息，而有 3% 的村民通过政府公开栏了解村级公路的后期维护信息，有 38% 的村民是通过村民会议了解村级公路建设决策信息，有 1% 受访者通过其他途径了解村级公路建设决策信息，有 32% 受访者则表示没有途径了解村级公路建设决策信息。在对高坪乡进行调研的过程中，主要通过村民在村级公路后期维护的决策、监督以及融资的参与程度来反映当地村民对于村级公路的参与程度，如表 5-4-6 所示，有 99% 的村民都参与了村级公路后期维护的融资，而对于村级公路后期维护的决策与监督，村民参与的程度策较少，尤其是对于村公路后期维护的监督，大部分居民表示没有参与。当问及"您认为普通人参与提供农村公路维护监督的程度有多大"时，有 46% 的村民表示没有参与，34% 的村民表示有一些参与，只有11%的人表示大范围地参与了村级公路的后期维护。而在对村级公路后期维护的监督进行调查时，有68%的村民表示没有参与，31%的村民表示有一些参与，仅有11%的人选择了大范围参与。

表5-4-6　村民参与乡村公维护的情况问卷统计表[1]

问题	选项	频数（人）	比例（%）
您认为普通人参与提供农村公路维护决策的程度有多大	没有参与	83	46
	有一些参与	62	34
	大范围参与	20	11
您认为普通人参与提供农村公路维护监督的程度有多大	没有参与	122	68
	有一些参与	55	31
	大范围参与	3	1
您认为普通人参与提供农村公路维护融资的程度有多大	不参与	2	1
	有一些参与	106	59
	大范围参与	72	40
您通过什么途径了解村级公路后期维护的相关信息	村务公开栏	72	40
	政府公开栏	6	3
	村民会议	68	38
	其他途径	2	1
	没有途径	32	18

5.4.2.4.2　公民意识淡薄、参与能力有限

在村民参与高坪乡村级公路的过程中，一些村民参与态度比较冷漠，不愿意参与，尤其是以当地年龄在35岁以上的女性年龄为主。其次，由于当前大部分公民对于个人利益的关注远远大于其对公共利益的关注，造成公民难以站在公平立场上在审视自身利益、他人利益和公共利益，再加上当地村民认为自身的参与并不能影响政府的决定，索性就自己忙于自己的事情，不管政府如何安排村级公路的后期维护。最后，由于构建参与式治理所需求的平等思想、民主思想和妥协思想都是乡镇公民所缺乏的，从而导致了在实践中乡镇政府认损害行政决策效率，影响政府决策公平都是因为扩大了公民的参与，而不愿意让村民广泛地参与到村级公路的维护中来。

[1] 表中数据来源附录四问卷中问题11—14的填写结果统计得出。

"我参与不参与都一样，政府早就做出了决定，我们这些农民又不能改变他们（政府官员或村委会班子），他们只是通知我们而已，根本就不是真心的想征求我们的想法，我们还不如用这些时间去做点农活。"

（村民访谈对象，13，女，42岁）

"我们村这些村民对于公路的维护一点都不积极，当我们村委会组织村民开会，讨论如何对村级公路进行维护时，最多只有一半的村民参与，就算是公路出现损坏，让他们投劳时，他们也推三阻四，每次人都不能到齐。"

（村干部访谈对象，01，男，50岁）

5.4.2.4.3 公民参与中的"搭便车"行为

公民参与村级公路的后期维护，从决策，融资到监督，都需要付出一定的成本。村民参与村级公路的成本包括以下要素：①经济要素，即村民参与活动中所需的物力、财力的费用以及村民预期经济收入的损失；②身体要素，村民在参与村级公路维护活动中的投工投劳、身体损耗以及别人可能"搭便车"的心理压力；③社会生活要素，村民参与村级公路维护的过程中家人的正常生活的变化和干扰。参与不仅要付出成本，还可能导致个人的收益的实现存在一定的风险，更主要的是，即使个人不这样去做，一样可以享受别人努力得来的好处。因此，理性人的不作为则是对自己最有利的经济性选择，使自己的参与成本为零，而享受的却是他人参与的外溢收益。个人的这种理性行为则逐渐会成为大多数人的行为选择。

"我们村很多人没有参与过村级公路的修建，没有出钱也没有出力，现在也是一样的享受公路修建完之后所带来的成果，现在对这条公路的维护也是一样，肯定有很多人不愿参与，既然别人不参与都能享受成果，为什么我要那么积极呢！"

（村民访谈对象，09，女，35岁）

"一些不积极的公民肯定不愿意参与，但是这条公路的修建与维护对本地村民的好处是不可估量的，我们不能因为一些村民的不积极就暂停对公路的修建和维护，每个村都存在这样的人，只顾眼前的小利益而忽视了大局和长期的利益。"

（村干部访谈对象，07，男，36岁）

5.4.2.4.4 村级公路维护中信息公开不够

村级公路的后期维护与整个村级公路的设计、修建和使用息息相关，而公民参与村级公路的后期维护包括参与村级公路后期维护的决策、公民参与村级公路后期维护的融资以及村级公路后期维护的监督，因此，乡政府以及村委会应该把村级公路从修建，使用到维护的所有信息向村民公开。在高坪乡村级公路的维护过程中，信息公开程度低；提供信息公开的方式和渠道单一；形式主义严重，已公开的信息质量不高，而对于有质量的信息却实行保密。村民对村级公路的维护情况不了解，无法参与村级公路维护的决策。在此次调研中，当被问及"您对该公路的建设维护情况了解吗"时，在有效的180份问卷中，有80人选择了"不了解"，23人选择了"非常不了解"，52人选择了"一般"，比率达到了96%。"在公路维护过程中，相关部门是否把相关信息进行公开"，有81%人回答了否，只有7%人回答了是，其中还包括村委会干部和村委会干部家属。（表5-4-7）[1]

表5-4-7 村级公路维护决策信息公开问卷统计表

问题	选项	频数（人）	比例（%）
相关部门是否对公路维护信息进行了公开	是	12	7
	否	146	81
	不了解	22	12
你对村级公路的维护情况了解吗	非常不了解	41	23
	不了解	80	44
	一般	52	29
	了解	5	3
	非常了解	2	1

5.4.3 贫困地区农村基础设施后期维护机制的构建

当前，在农村村级公路的后期维护中，需要政府从以前管制和垄断的角色中转换出来，适应其新的角色。政府不再是单一主体，而只是其中一个主体。政府的管理方式也从以往的直接管理变为间接管理。政治权威应该支持各种层次的群体和社群有能力自治。在贫困地区农村基础设施的后期维护上，政府应可以通过掌舵者角色扮演在宏观与微观层次上服务于农村基础设施的维护，充分发挥农村基础设施维护中村委会、村民、村庄精英的重要作用。从而构建起适宜的农村基础设施维护机制。

5.4.3.1 政府信息透明机制的构建

第一，加强政府信息公开平台建设，丰富村务公告栏中农村基础设施维护的相

---

[1] 表中数据来源于附录四问卷中问题6和7的填写结果统计得出。

关信息。同时增加召开村民会议的频率，把农村基础设施的使用情况、维护情况、资金使用情况等相关信息及时地向村民传递，对于需要维修的农村基础设施，村委会应该通过"一事一议"和村民共同商量对策，在统一意见的基础上向相关部门申请资金的支持。第二，丰富信息公开的形式，通过丰富政府公开农村基础设施后期维护的形式，使村民有更多的渠道了解相关信息，方便和政府进行信息沟通。例如通过在乡镇政府网站以及以乡村新闻和乡村广播的形式来使当地人民群众了解农村基础设施后期维护的相关内容。

5.4.3.2 完善的资金管理机制的构建

在农村基础设施后期维护机制的行程中，建立一个完善的筹资机制是使农村基础设施得到维护的重要前提。目前，面对我国农村基础设施的多元化的供给机制，对应的在农村基础设施的后期维护中，就是筹资的多元化。首先，公共财政是农村基础设施供给的主要筹资渠道，而农村基础设施的维护作为其供给的一个主要部分，因此我国农村基础设施的维护资金应该以政府为主。其次，农村基础设施维护的市场筹资。在农村公共产品的供给中，准农村公共产品可以通过政府补贴、政策支持、税收优惠等方式由政府和市场混合提供，或者由市场独立供给。农村基础设施作为准公共产品，市场供给是其筹集资金给的重要力量，而不是由政府财政完全筹集。如在乡村村公路的后期维护中，应鼓动社会力量参与到农村公路建设中来，对于效益良好、交通流量大的农村公路项目，可申请实行招商引资或贷款修路建设政策，通过过路过桥费的收取实现农村公路建设的滚动发展。首先将农村公路的建设资金纳入地方（省、市）公路建设计划，实行统贷统还，这样，既可以筹集建设资金，整合资源，同时又可以提高地方交通部门的调控能力和调控力度。最后，农村基础设施维护的农民自主筹资。在农村基础设施的后期维护中，农民可根据自身需求，通过成立合作组织自发、自主、合作提供资金，同时，地方政府应该在村集体自筹的基础上，进行鼓励性的资金补贴，提供农村信用联社、农业发展银行等多种低息、无息贷款融资渠道，鼓励个人捐款，调动村集体和农民的供给积极性。

5.4.3.3 草根式的公民参与机制的构建

公民参与贫困地区农村基础设施后期维护机制，是指村民参与到农村基础设施后期维护的过程中，表达自身对农村基础设施服务的需求，参与农村基础设施建设决策制定、评估和执行。在农村基础设施后期维护的计划、决策、修建、使用和维护的每一个过程中,每一步都应该由草根式的公民参与。首先,建立村民真实需求表达机制。在农村村民会议或村民代表会议、乡镇人民代表大会上,由全体农民或农民代表对本社区事宜进行表决,使农民表达真实需求的渠道畅通。其次,建立"自上而下"到"自下而上"相结合的民主决策机制。在农村基础设施的后期维护中,相对于政府和公民这两个决策主体,应建立起将利益表达机制和维护决策机制结合,"科学民主决策"和"以农民需求为导向"相结合的农村基础设施后期维护的决策机制。最后,我们还可以以村民代表大会的形式来保障这样的民主决策机制的建立。通过村民代表大会村民或村民代表有权代表村民对不满意的提案行使否决权,或者收集好村民的意见提出提案,最终将民主决策落到实处,使广大村民有一个表达自己需求的渠道,建立起一个自下而上的民主决策机制。

5.4.3.4 完善的监督机制的构建

在农村基础设施投入有限的前提下,如何提高投入效率,防止投入资金的渗漏和挪用,取决于有效的监督机制。第一,引入多方监督主体共同监督,发挥村民的积极作用。从目前的农村基础设施的后期维护情况来看,农村基础设施后期维护的监督主体主要包括各级人民代表大会、审计机关以及地方政府、村委会以及全体村民。各级人民代表大会及常务委员会是农村基础设施维护资金的重要监督主体之一,并且负责监督同级政府是否按公共职能的要求划拨了经费,以及经费的使用情况;审计机关作为国家的经济监督部门,理应承担起公共财政支出的审计监督职能;政府作为农村基础设施的投资主体,对农村基础设施从预算到建设再到使用以及维护都具有监督作用;村民委员会是村民自我管理、自我教育、自我服务的基层群众性自治组织,是农村基础设施建设的主体,同时对农村地区基础设施的维护具有重要的作用,是农村基础设施后期维护的重要主体;此外,政府的权力来自于人民,对广大西部地区农村居民来说,政府必须对其负责,民主政治也决定了村民(或村民监督小组)对政府的行为享有监督权。第二,设立专门的村级公路监督机构。对于贫困地区农村基础设施的后期维护,应充分发挥乡村精英和村民的积极作用,设立乡村精英管理,村民自愿参与,村委会监督的村级公路的专门监督机构。此外,政府可以聘请监督专员来对每个维护生产中心进行监督检查,但是监督者的人事关系及待遇必须与生产部门分离。监督人员的分派可实行轮流制监督,对监督单位的时间不做固定安排,定期进行更换,或者根据实际情况随时派遣。这样,监督就成为了合作对象的监督。最终通过合同管理实现的监督，可以去除上下级监督的缺点，提高监督的效果。第三，拓宽村民参与村级公路后期维护的监督渠道。在贫困地区村级公路的后期维护中，由于村民参与监督的渠道狭窄，方式单一，不能充分发挥村民真正的主体作用。因此，必须拓宽村民参与监督的渠道与方式，除了要充分发挥村民会议以及村级宣传栏的作用之外，还应该增设监督电话、监督邮箱等监督渠道。

5.4.4 小结

通过对贵州省高坪乡的实地调研笔者发现，由于主观和客观方面的诸多原因，农村基础设施维护投资被新建投资挤占，维护管理工作得不到足够重视，贫困地区农村基础设施后期维护绩效水平较低。村级公路在实际维护过程中存在的问题可以归纳总结为：一是信息公开不及时；二是缺乏维护资金；三是未制定相关激励措施，导致维护过程中产生"搭便车"行为；四是没有进行平常维护，出了问题才修补等问题。农村基础设施维护不足的原因也是基础设施维护不足普遍存在的问题。一方面是由于农村基础设施本身的特性，另一方面是由于各种利益的驱动，包括政绩利益、腐败利益、经济利益、公共利益等，也都驱使新农村基础设施的不断兴建而不是维护；第三是农村基础设施建设和维护过程中存在的质量问题，将维护不足的问题转嫁到后期维护管理工作中。

要推进贫困地区农村基础设施的管理真正实现"建养并重"，实现贫困地区农村基础设施的可持续发展以及农村经济增长的可持续性，就需要重新审视农村基础设施维护管理问题，实现质的突破，并建立贫困地区农村基础设施的后期维护机制。

本研究基于上述案例中贫困地区农村基础设施服务后期维护绩效水平以及存在的问题，发现基础设施后期维护的维护主体与责任分担，决策安排或制度化保障，维护资金筹集机制、监督机制和公民参与等方面的强化力度不够。为提升贫困地区农村基础设施服务后期维护品质，还需强化贫困地区农村基础设施的后期维护机制。

6 贫困地区农村基础设施服务提供的保障机制创新

6.1 决策保障机制运行中的问题呈现与机制创新

6.1.1 决策保障机制运行中的问题呈现

在农村基础设施提供的过程中,决策保障机制的作用是根本性的。科学、合理的决策机制能够很好地反映各利益相关者的诉求,同时也是农村基础设施建设中资金筹集、质量达标等的重要前提和保障。但是笔者通过实地调研,发现当前农村基础设施修建的过程中其决策机制仍存在决策主体权责不对等、村民需求表达失真、决策环节多且程序复杂、决策信息不完备、决策评估不科学及决策执行困难等诸多问题。

6.1.1.1 决策主体权责不对等

农村基础设施决策的权责主体主要包括三大类:基层政府、村委会和村民。基层政府的主要决策权力包括项目规划、项目审批、监督控制、评估验收等。决策责任是来自上级政府的行政责任和来自村民与社会的舆论责任,承担决策失误的后果。但受到我国社会转型时期"压力型"体制及分税制改革的影响,我国基层政府所掌握的资源极其有限,但同时其需要担负的责任却非常重大,基层政府长期处于权责不对等的境况。因此,基层政府在建设农村基础设施的过程中,常常感到捉襟见肘。村委会作为基层政府在农村社区的代理人,其被赋予决策制定、评估、执行及其监督等多种权力,但也要面临由于决策执行不畅、执行结果偏离决策目标而被基层政府追究责任或信任丧失的危险。村民参与决策的过程中同样存在权责不对等的情况,其虽然享有需求的表达、决策制定及监督等权利,但是其权力行使的渠道往往并不畅通，这可能使得农民要承担由于农村基础设施的修建严重偏离村民的需要而给其生产和生活带来不利的影响。由此可见，无论是基层政府、村委会还是村民都面临决策权利和责任不对等的局面，这是当前农村基础设施决策机制的重大缺陷。

6.1.1.2 村民需求表达失真

在案例研究中，近70%的民众表达了其愿意为农村基础设施的建设提供建议和意见，然而与之相反的是，仅有18%的民众认为其所提出的建议受到重视或有用。这其中存在着村民需求表达失真的问题。"投票之谜"指出：对于整个社会来说，投票机制无法自动将人们对各种各样物品的各种各样偏好转成偏好序列（Arrow，1951）[1]，这主要受到偏好表达机制以及投票程序等因素的影响。由此，可能导致某一类基础设施能够代表一部分人的需求而不能代表另一部分人的需求，这造成民众总体需求信息的失真（或无效）。另一方面，村民存在投机行为，部分村民为了免于承担建设费用而隐瞒自己对农村基础设施的真实需求，又或是因无须自己出资而盲目夸大其需求，这使得获得的民众需求信息的信度和效度难以保证，这是村民需求表达失真的又一重要影响因素。另外，部分农村基础设施具有准公共物品的属性，具有"经济人"属性的村民，往往优先考虑具有私人分享属性的物品（例如由村主干道连接农户间的串户路），其次才考虑不可分割的集体分享的物品（如村主干道）。这也造成了农民需求表达的失真。对农村基础设施民众的需求表达是做好正确、科学决策的重要基础，而这种村民需求表达失真的状况严重阻碍了决策制定的有效性。

6.1.1.3 决策环节多、程序复杂，决策方案难以制定

农村基础设施的决策程序主要包括项目提出、项目初审、项目概算、项目公示、项目申报、项目实施以及项目验收等众多环节。在第一环节（项目提出环节）中就要经由召开村民代表大会征询村民意见、村民投票表决等诸多程序，并且在投票的过程中采取一致同意的投票规则，亦即决策方案必须取得所有村民的一致同意或至少没有一个村民反对才能申报实施。然而村民的偏好是不尽相同的，再加之村民存在需求表达失真等问题，使得项目的提出变得较为复杂。而即使项目能够顺利提出，但是后续还有诸多环节，例如项目初审、项目的概算、项目实施及验收等环节，这些环节还涉及资源的配置、使用、控制、监督等问题。这些问题都使得决策制定和

---

[1] Arrow, Kenneth J.1951. Social Choice and Individnal Valuse. 2d ed .New York: John Wiley.

规划变得十分困难。

6.1.1.4 决策信息不完备，信息沟通渠道狭窄、公开不及时、公开程度低

农村基础设施的决策需要充分的政策信息、时空信息和科学知识信息等，然而这些信息在农村基础设施决策的过程中都不太完备。政策信息方面，农村地区民众的生活相对封闭，信息网络不发达，加之地方政府或村委会对信息的公开程度不高、不及时。更为重要的是，调查发现仍有36%的民众认为农村基础设施的相关信息没有得到公开。其中公开的信息中，民众大多是通过村民会议中获悉，而通过村务公开栏、政府公开栏等渠道将信息公开的情况所占比例较低，同时还有14%的人认为没有途径了解相关信息。这一信息公开渠道狭窄、公开不及时及公开程度的情况使得民众对国家的相关政策知之甚少，这极易导致决策偏离国家政策初衷。在时空信息方面，最了解当地民众需求、地理环境特征及人力、物力条件等时空信息的村民存在需求表达失真的情况，这使得决策信息不完备，同时决策权也无形中交到了村委会特别是政府官员的手中；然而"受过较高教育的政府官员通常并没有认识到他们缺乏时空信息或信息不足会在公共政策决策中产生问题，所以他们常常很少注意为解决这类信息不对称问题而改变自己的方法"[1]。最终导致决策的时空信息缺乏。科学知识信息方面，村民自身文化水平较低、相关科学知识缺乏，基层政府相关的专业技术人员较少、民众咨询专家的成本较高等问题的存在，使得当地农村基础设施决策过程中科学知识的不完备。与此同时，当地还存在信息沟通渠道狭窄和信息公开程度低、不及时等问题，这些信息障碍都严重影响政策的科学、有效制定。

6.1.1.5 决策评估不科学、不完善

决策评估包括对决策方案的评估和决策执行结果的评估两个方面。其一，基层政府是农村基础设施的评估主体，负责对决策方案、决策执行结果进行评估，并且评估结论通常由基层政府做出，村民在决策评估过程中没有发言权，调查发现仅有30%的村民参加了对方案的评估，这样的评估缺乏民主性和有效性。其二，农村基础设施的决策执行结果常常被基层政府所忽视。在他们看来，不论执行结果怎样，项目已完工，想要对其进行修正是不可能的，因而基层政府对决策执行结果的评估

---

[1] 埃莉诺·奥斯特罗姆等著，陈幽泓等译. 制度激励与可持续发展[M]. 上海三联书店，2000：59.

偏重于乡村公路的质量,其结论通常为优"、"良"、"合格"或"基本合格",然而他们并没有从成本—效益角度来进行综合评估,这极易造成资源的过渡使用而产生浪费。其三,缺乏专门的评估人员和组织,未形成一套科学、合理的决策评估指标体系,使得评估缺乏方向性、明确性。在决策评估的过程中,应该组建具有专业技术的评估团队,同时由评估团队制定相应的评估方案,构建健全的指标体系,进而对评估对象进行评估。然而当前这样的局面还仍未形成。高达70%的民众对农村基础设施修建的情况感到一般或者不满意。因此,当前农村基础设施的评估机制仍存在许多不科学、不完善之处亟待改进。

6.1.1.6 决策执行困难、监督不完善

在农村基础设施设施决策制定的过程中,其管理主体或执行主体具有"经济人"属性,这将产生"搭便车"、"寻租"等机会主义行为,造成决策执行偏差。这样一来,对决策的执行过程进行监督便得必不可少。农村基础设施决策执行的监督形式主要有政府监督、村委会监督、村民监督及三者共同监督等多种形式。但在实际操作的过程中,作为政府监督主体的基层政府往往没有发挥监督作用,其监督权常常委托给村民监督的主体之一——村委会进行代理。在贫困地区农村基础设施监督形式中,村委会监督比例高达54%,政府监督仅占16%。然而,村委会既是农村基础设施建设的管理者,又是监督者,这样的角色类似于"既是运动员,又是裁判员"的状况,这极易引起"寻租"等行为的产生。另外,村民作为村民监督的又一主体,但由于监督渠道狭窄、不畅通等使得其监督作用很难发挥。因而,对农村基础设施建设实施方案监督效果的调查发现,认为监督效果一般或不好的村民占77%左右,这说明监督的效果是非常低下的。因此,农村基础设施决策在执行及监督等方面都亟待完善。

6.1.2 决策保障机制运行中的机制创新

6.1.2.1 决策保障机制创新的核心原则与标准

原则和标准是观察问题和处理问题所依据的准则和规范。农村基础设施服务提供的决策保障机制创新主要以公民参与的核心原则以及科学、民主、效率等几个关键的标准为前提。这些原则和标准为农村基础设施决策保障机制的创新指明了方向和路径。

其一，决策保障机制构建的核心原则：公民参与。公民参与指公民参与管理国家公共事务和提供公共服务。在当前民主化浪潮席卷全球、公民社会日益发展成熟的背景下，公民参与意愿也日渐提升，这就要求在管理国家公共事务和提供公共服务中必须引入公民参与。同时，公民积极有效的参与又能培养公民的参与意识和参与技能，推进民主政治的进程。而且，公共决策的实质是解决公共问题、实现公共利益，在某种程度上，公共利益就是公民利益的结合体，公共决策必须要能实现最大多数公民的利益诉求，因而公民参与是实现公共利益的重要途径。因此，公民参与不仅是民主政治进程的助推器，也是公共决策的本质要求。

贫困地区农村基础设施建设中的决策保障机制以公民参与为核心原则，是指村民参与到农村基础设施建设决策过程中，表达自身对农村基础设施服务的需求，参与农村基础设施建设决策制定、评估和执行。本研究中，构建农村基础设施建设中的决策保障机制以公民参与为核心原则，是基于两个方面的考量：一方面，村民作为农村基础设施的使用者、直接利益相关者，农村基础设施建设质量、效率和效益与其能否享受到优质高效的农村基础设施服务有着直接联系，村民基于对自身利益的考虑，出于对农村基础设施服务的需求，一般会积极、主动参与到农村基础设施建设决策过程中，对决策的制定提供各种意见或建议。另一方面，村民参与农村基础设施建设决策，一是能够促进农村基础设施建设决策民主化、准确回答"建设什么农村基础设施"，农村基础设施是为村民服务的，村民需要什么样的农村基础设施服务，村民最有发言权；二是能够促进农村基础设施建设决策科学化、科学回答"怎样建设农村基础设施"，即如何选址、采用何种方式修建等；三是能够提高农村基础设施建设决策效率、改善农村基础设施服务质量。因此，构建贫困地区农村基础设施建设中的决策保障机制，必须以公民参与为核心原则，保障村民积极、主动、有效并有序参与农村基础设施建设决策过程。

其二，决策保障机制构建的标准：科学、民主、效率。在对乡村公路的案例研究中发现，农村基础设施建设决策过程存在一系列问题，其原因是决策不科学、不民主、效率低，因此，农村基础设施建设中的决策保障机制的功能应以提高农村基础设施建设决策科学化、民主化水平和决策效率为重点。所以，构建贫困地区农村基础设施建设中的决策保障机制也必须以科学、民主、效率为标准。

标准一：科学性标准。这是指农村基础设施建设中的决策保障机制要体现科学性，其实质是促进农村基础设施建设决策科学化。随着科学技术的飞速发展，科学性标准已成为一切决策活动的根本标准。实现科学发展必须科学决策，科学决策是所有决策者追求的目标，也是决策的重要标准。科学性标准要求在农村基础设施建设决策过程中，要引入多元的决策主体，尽可能收集完备的信息和运用现代科学技术与方法进行决策。

标准二：民主性标准。这是指农村基础设施建设中的决策保障机制要体现民主性，其实质是促进农村基础设施建设决策民主化。缪勒认为："民主——即通过正规的选举程序来决定和履行集体的各种选择——是具有一定规模且不受个人支配的各种社区所必需的一种制度。"[1] 农民是农村基础设施的利益相关者，农村基础设施建设决策体现的是公共利益，涉及村民的共同利益，因而在农村基础设施建设决策中要广泛邀请民众参与，体现决策的民主性，其基本要求是保障村民参与农村基础设施建设决策，确保农村基础设施建设决策公平、公正、公开，尽可能维护公共利益，体现广大村民的根本利益。

标准三：效率性标准。这是指农村基础设施建设中的决策保障机制要体现效率性，其实质是促进农村基础设施建设决策效率。效率性标准的核心是尽可能以最小的投入获得相同的产出，或以相同的投入获得最大的产出。在农村基础设施建设决策过程中，效率性标准体现在两个方面：一是决策过程有效率，亦即在决策过程中，要花费最少的时间、经费及人力等搜集到最多的信息，为准确详实地做出决策提供基础；二是决策结果有效率。运用决策结果的产出与决策制定所花费的成本进行对比衡量，尽量做到效率最大化。

6.1.2.2 决策保障机制构建与创新

农村基础设施运行中的决策保障机制构建主要包括决策主体权责分配机制、农民需求表达机制、决策程序和方法选择机制、决策信息沟通机制以及决策评估修正机制等。

6.1.2.2.1 决策主体权责分配机制

根据公共选择理论，农村基础设施建设决策是基层政府、村委会和村民就建设农村基础设施做出集体选择与行动的过程。基层政府在农村基础设施建设决策中的利益取向容易偏向政绩，出现寻租、公共利益部门化等问题；村委会作为基层政府在农村社区的代理人也会出现同样的问题；村民基于"个人理性"，在农村基础设

---

[1] 丹尼斯·缪靳著，张军译. 公共选择 [M]. 生活·读书·新知三联书店上海分店出版，1993：16–17.

施建设决策中会出现"搭便车"的选择。因此，必须建立农村基础设施建设中的决策主体权责分配机制，形成权责一致的农村基础设施建设决策体制，具体内容如下：

首先，引入多元的农村基础设施建设决策主体。第一，明确规定村民为农村基础设施建设决策主体。不管农村基础设施采取政府供给模式、市场供给模式或其他供给模式，某一区域内的村民都是农村基础设施的使用者或直接受益人。有研究表明，使用者和其他利益相关者参与基础设施的设计、经营和维护能有效改善基础设施建设业绩。[1]因此，必须明确规定农村基础设施使用者或直接受益人为农村基础设施建设决策的主体。第二，根据农村基础设施的不同属性选择不同的供给模式，同时将市场、非政府组织等利益相关者规定为农村基础设施建设决策主体。

其次，科学分配农村基础设施建设决策权力。适当削减基层政府和村委会的决策权力，赋予村民更多的决策权。农村基础设施建设什么、怎样建设、由谁建设诸如此类，应该由村民说了算，以村民需要不需要、同意不同意、满意不满意作为农村基础设施建设决策的标准。具体而言，就是要在农村基础设施建设决策过程中，充分保障村民需求表达权、参与权、监督权、执行权；减少政府审批环节，将更多的决策权力下放给村民；减少村委会参与决策制定的权力，保障村委会的监督权，在农村基础设施建设决策过程中充分发挥村委会的监督作用。

最后，合理界定农村基础设施建设决策责任。权力和责任密不可分，有什么样的权力，就应该承担什么样的责任，做到权责对等。责任具有规范权力的功能，在公共决策中，责任有利于防止权力偏离公共利益。有权无责，必然导致决策者在决策过程中独断专行、损公肥私，甚至会导致其他更为严重的腐败行为出现；有责无权，必然导致决策者在决策过程中殚精竭虑、难以决断、势微言轻等问题，同时承担了不应该承担的责任。因此，在科学分配决策权力的基础上，必须合理界定各决策主体的责任。具体而言，对于基层政府，可以把农村基础设施建设成效作为政府绩效指标之一，作为基层政府官员奖惩、升迁的考核指标之一，但是该绩效指标要尽量完整，综合考虑各种因素，防止面子工程的出现；对于村委会，可以把农村基础设施建设成效作为其工作考核指标、奖惩的重要依据；对于村民来说，其在农村基础设施建设决策中的责任后果就是享受不到优质服务，当然，对于村民中的"搭便车"者来说，还需要制定相应的规则或惩罚措施，将其排除在使用者之外。

---

[1] 世界银行.世界银行发展报告(1994年)[M].中国财政经济出版社，1995：73-78。

6.1.2.2.2 农民需求表达机制

在市场领域，需求决定有效供给，通常能达到供需平衡这种最理想的供给模式。在非市场领域，通常由供给决定需求，这在一定程度上造成了公共物品供给低效、结构失衡。那么，在非市场领域，是否也可以由需求决定供给呢？"阿罗不可能定理"已经表明不可能由个人偏好加总为社会偏好，而且，布坎南也认为在集体决策中的各决策主体并不是依据公共利益进行集体选择，因此，把个人需求加总为集体选择进行公共物品供给在理论上和现实中遇到了困境。但是，奥尔森的研究表明，小集团尤其是具有选择性激励机制的集团更容易组织起集体行动。所以，当公共物品供给涉及少数人（或小集团）的利益时，只要制定相应的选择性激励机制，一般能将个人需求转化为集体选择。由于农村基础设施是为某个区域内的村民提供服务的，具有很强的区域性特征，如乡村公路、环卫设施等是为某村或某自然村内的村民服务的，因而存在将个人需求转化为集体选择的可能。

如何在农村基础设施建设中将村民的个人需求转化为集体选择呢？这就要求在农村基础设施建设决策中应当体现村民的意愿和要求，要做到这一点，仅凭基层政府及其工作人员的良好愿望和优良素质是不够的，必须建立一套把村民的利益和要求由下而上及时传达的机制，即需求表达机制，或称为偏好显示机制。只有充分了解村民的需求，满足村民的知情权，让村民讨论和参与决策，这样的决策才会符合村民的利益和要求。构建农民需求表达机制，首先，要拓宽村民参与农村基础设施建设决策的渠道，让村民能够表达自己对农村基础设施的需求；其次，创新村民参与农村基础设施建设决策的方式，让村民充分表达自己对农村基础设施的需求；再次，建立相应的激励机制和利益补偿机制，让村民表达自己对农村基础设施的真实需求，如用正激励的方式鼓励村民表达真实需求，用负激励的方式对隐瞒真实需求的村民施予惩罚；最后，建立需求回应机制，及时回应村民的需求，让村民积极表达自己对农村基础设施的需求。

6.1.2.2.3 决策程序和方法选择机制

决策程序是在决策过程中发现问题、确立目标、制订方案、选择方案并付诸实施的步骤和顺序或决策环节的总和，这是一个动态的过程。在前文对乡村公路建设决策程序与方法的研究发现决策环节多、程序复杂，决策方法单一。例如，仅政府审批就有乡级政府审批和县级政府审批两道环节，这在一定程度上导致了决策效率低下。同时，在决策中采用的一致同意规则，其前提假设是每个村民对乡村公路服务的需求是一致的，但在实际决策中因个别村民的需求或意见难以整合时，使得决策久议不决，这也在一定程度上导致了决策效率低下。因此，有必要建立决策程序和方法选择机制，提高决策科学化民主化水平和决策效率。

首先，在决策程序方面，依据不同类型的农村基础设施，制定不同的决策程序。对于那些投入巨大、技术性高的农村基础设施，要以提高决策科学化水平为重点，在广泛吸收村民意见和建议的基础上，加强政府审批和专家咨询论证环节，确保农村基础设施项目的科学性和适用性；对于那些投入较低、技术性低的农村基础设施，要以提高决策民主化水平为重点，适当简化决策程序，减少政府审批环节，充分尊重村民的意见和建议，赋予村民更多的自主权，保障农村基础设施项目的民主性和针对性。

其次，在决策方法上，根据农村基础设施服务使用者人数的多寡，选择不同的决策方法。集体行动理论表明，集团越大，越难以达成一致行动，而小集团比大集团更容易达成一致行动。因此，对于那些受益范围广、涉及村民人数较多的农村基础设施，通常难以达成一致同意，即使能够达成一致同意，其所付出的成本也会很高，从而降低了决策效率，可以选择多数投票规则，如简单多数、过半数多数和绝对多数等；对于那些受益范围狭窄、涉及村民人数较少的农村基础设施，只要制定相应的激励措施，通常能够达成一致同意，可以选择一致同意规则。

6.1.2.2.4 决策信息沟通机制

信息是决策的基础，科学的决策需要及时准确的信息沟通，"准确和及时的信息是改进决策及公民和社区参与，改善服务所必需的前提"[1]。信息沟通是一个信息双向流动的过程，可以分为自上而下和自下而上两个方向。自上而下的信息流是国家向民众解释和宣传公共政策、方针等的过程，而自下而上的信息流则是民众向政府表达意见和诉求的过程。决策的过程实质上是一个信息搜集、处理与公开的过程，完备的信息有助于提高农村基础设施建设决策科学化民主化水平和决策效率，因此，必须建立农村基础设施建设中的决策信息沟通机制，建立健全信息搜集、处理和公开制度，提高对决策信息的处理能力，拓宽信息搜集与公开的渠道和方式。

首先，健全和完善决策信息处理系统。决策信息处理能力关系到决策质量和效率，健全和完善的决策信息处理系统有助于提高决策信息处理能力。在农村基础设施建

---

[1] 世界银行东亚与太平洋地区.改善农村公共服务[M].中信出版社，2008：Ⅻ.

设决策过程中，涉及的信息量大、信息复杂，因此必须健全和完善农村基础设施建设中的决策信息处理系统。首先要充分发挥村委会在信息处理系统中的作用。村委会在农村基础设施建设决策中对信息起着"上传下达"的功能，位于决策处理系统的中枢，具有重要的地位和作用。要培养村委会重视决策信息的意识，提高村委会搜集和公开信息的能力，明确规定村委会搜集与公开信息的职责。其次要拓宽村民表达意见和建议的渠道与方式，保障村民充分表达意见和建议。再次要发挥基层政府在农村基础设施建设中甄别和处理信息的作用，有效甄别决策信息并及时处理回馈，充分发挥决策信息在农村基础设施建设决策中的作用。

其次，拓宽信息搜集的渠道和方式。有效搜集决策信息是提高决策科学化水平的基础。在传统的农村基础设施建设决策过程中，决策信息通常是通过村民会议或村民代表会议等方式搜集而得的，信息搜集的渠道狭窄、方式单一，这在一定程度上导致了决策信息不完善、不及时。因此，必须拓宽信息搜集的渠道和方式，如增加电话、邮箱等渠道，通过问卷调查、民意访谈、专家咨询、电话访谈、设立意见箱等方式搜集信息，尽量提高信息搜集有效性和完整性。

最后，拓宽信息公开的渠道和方式。决策信息公开是提高决策民主化水平的重要保障。在农村基础设施建设决策过程中，村民了解相关信息主要是通过村民会议、村民代表会议等途径。由于召开村民会议和村民代表会议的成本较高，就调研情况来看，在乡村公路建设过程中村民会议或村民代表会议通常只召开1—2次，这在一定程度上导致了决策信息公开不及时，使得村民了解信息的渠道和方式单一。因此，在农村基础设施建设决策过程中，应该充分发挥政务公开栏、村务公开栏的作用，及时公开相关信息，还可以在村设立项目公示栏，定期公开与农村基础设施项目相关的信息，诸如项目的进展情况、资金使用情况等。

6.1.2.2.5 决策评估修正机制

决策评估是由评估主体（由谁来评估）、评估内容（评估标准、评估范围与评估指标体系等）、评估对象和评估结论（评估的作用）等几个部分组成的一个系统。决策评估有利于提高决策质量与效率，促进决策科学化；在决策评估中引入公众参与，还有利于促进决策民主化。虽然农村基础设施建设决策评估中有对决策方案的可行性评估、决策执行过程和对决策执行结果的评估，但是评估主体较为单一、对决策执行结果的评估不科学、决策评估的作用没有真正发挥。因此，必须从构建多元的评估主体、建立健全决策评估制度、发挥决策评估的作用三个方面建立和完善农村基础设施建设中的决策评估修正机制。

首先，重视专家与村民在决策评估中的作用，构建多元的评估主体。"政策评估主体就是参与政策评估的组织或个人，在评估体系中处于核心地位，发挥着主导作用。"[1]评估主体多元化是促进公共决策科学化民主化的基础，有利于获得客观、准确的评估结果。在农村基础设施建设决策过程中，要实现评估主体多元化，可以建立农村基础设施项目评审小组，将相关专家和村民（或村民代表）吸纳为项目评审小组成员，赋予村民更多的评估权，形成基层政府、村委会、专家、村民共同组成的多元的农村基础设施建设决策评估主体。

其次，建立健全决策评估制度，促进决策评估制度化。"公共政策评估制度是规范政策评估行为、确定评估程序、理顺评估权力和责任、保证评估活动有序开展的制度保障。"[2]建立健全农村基础设施建设决策评估制度，一是明确规定评估主体及其职责；二是科学规定评估内容，将科学知识与事实经验相结合，建立科学的评估指标；三是制定和规范评估程序，减少评估随意性而导致评估结果的偏差；四是重视对评估结论的分析与应用。同时还要对评估结果进行公布，并设定相应的奖惩制度。

最后，完善决策评估修正机制，充分发挥决策评估的作用。公共决策评估在决策过程中是一种手段，而不是目的，评估的目的是修正完善公共决策。因此，在农村基础设施建设决策评估中，必须重视对评估结论的整理、分析与应用，充分发挥决策评估的作用。一是要建立决策评估结论反馈机制，及时向决策者（如村民、村委会等）反馈评估结论；二是要建立决策修正机制，让决策者能够有机会修正决策，并且及时根据评估结论调整或修正决策。

6.1.2.2.6 决策执行监督机制

农村基础设施建设中的决策执行监督机制是在农村基础设施建设决策执行过程中，对决策执行过程进行监督的监督主体、监督方法和监督制度的总称，其功能是保证决策执行按照决策方案进行，实现决策目标。"在每一个群体中，都有不顾道德规范，一有可能便采取机会主义行为的人；也都存在这样的情况，其潜在收益是

---

[1] 高兴武. 公共政策评估：体系与过程 [J]. 中国行政管理，2008(2)：58–62.
[2] 李长文. 我国公共政策评估：现状、障碍与对策 [J]. 兰州大学学报（社会科学版），第37卷第4期，2009（7）：48–52.

如此之高以至于极守信用的人也会违反规范。"[1]本研究认同公共选择理论所依据的"经济人"这个基本的行为假设，认为在农村基础设施建设决策中的各行为主体，都有使自己的利益最大化的倾向，在决策执行的过程中将不可避免地产生"寻租"、"搭便车"等行为，造成决策执行偏差。因此，在农村基础设施建设决策执行过程中，必须加强监督，建立和完善决策执行监督机制。

首先，构建多元的决策执行监督主体。在农村基础设施建设决策执行过程中，除了要发挥基层政府、村委会的监督作用外，还要明确规定村民为农村基础设施建设决策执行的监督主体之一，赋予村民监督决策执行的权力，形成基层政府、村委会和村民共同监督农村基础设施建设决策执行的合力，由三者相互促进和相互制约，提高监督的信度和效度。

其次，拓宽村民参与监督的渠道与方式，充分发挥村民监督的作用。监督的渠道与方式对发挥监督的作用有着重要影响。拓宽村民参与监督的渠道与方式，除了要充分发挥村民会议的监督渠道外，还要增设电话、邮箱等举报监督渠道，通过举报电话、举报信箱等方式创新村民监督的方式。

最后，建立健全农村基础设施建设决策执行监督制度。监督制度是农村基础设施建设决策执行监督有效运行的重要条件。建立健全农村基础设施建设决策执行监督制度，一要明确规定农村基础设施建设决策执行主体的责任和义务；二要建立农村基础设施建设决策执行公示制度，定期公示决策执行情况和资源信息，如物资、资金等情况；三要建立农村基础设施建设决策执行责任追究制度，严厉惩处执行中的违纪违规行为，及时纠正执行中的偏差。

6.2 资金保障机制运行中的问题呈现与机制创新

6.2.1 资金保障机制运行中呈现的问题

6.2.1.1 资金供给主体单一

我国农村基础设施建设的投资主体包括政府、社会及个人捐赠、村民自筹等。

---

[1] [美]埃莉诺·奥斯特罗姆. 公共事物的治理之道 [M]. 上海三联书店，2000：61.

对于贫困地区来说，为了弥补"市场失灵"，其具有公共物品特性的农村基础设施的投资主体理应是各级政府。然而，由于中央、地方在整合资源配置过程中财力有限，导致在农村基础设施建设投入资金偏少且资金长期不能及时到位，政府在贫困地区农村基础设施建设中职能缺位现象严重。在贫困地区，由于自然地理环境的限制，交通、信息等封闭，在寻求社会及个人捐赠方面严重受限。加上经济社会发展的落后，村民生存生活尚且存在问题，多数对于集资来修建基础设施是持反对态度的，而且，基于农村基础设施投资大、投资回报期长的特点，即使有部分村民或愿意集资，其资金积累能力远远不能供应农村基础设施建设。

6.2.1.2 资金来源渠道不畅

税费改革之前，农村义务工和积累工是兴建农村基础设施的主要筹资筹劳渠道；税费改革之后，农村"两工"被取消，尤其是在2003年彻底免除农业税之后，许多急需建设的基础设施由于资金、劳力无法保证而不能新建，同时，已经修建好的基础设施在遭受毁坏后也无力管理和修复。随着社会经济的发展，尤其是进入21世纪以来，我国贫困地区农村基础设施建设资金来源渠道不畅主要体现在两个方面：

信贷投入渠道不畅。在实地调研过程中，可以清晰地看到在贫困地区的乡、镇上，唯一的金融机构是农村信用合作社（或叫农村合作商业银行，以下简称"农信社"）。农信社作为乡镇上唯一的金融机构，其业务范围主要是农民领取农业税减免补助、领取民政补贴、满足农户小额贷款以及农村产业化小额资金需求，具有自身规模较小、资金薄弱等的特点，无力支撑农村基础设施建设所需的长期、大量、稳定的资金。同时，农信社自身也存在诸多问题。调研发现，农信社工作人员多数不在当地居住生活，流动性大，导致许多呆账坏账成为历史遗留问题，无法解决，从而进一步影响了农信社为农村基础设施提供融资的能力。唯一的农信社作为农村金融体系充分体现了我国贫困地区农村金融体系不健全的普遍现象，这一现象也表明了农村基础设施建设很难获得金融机构的信贷资金。信贷投入渠道不畅在另一方面还体现在承贷主体的模糊性上。如果金融加以投入，究竟是中央财政承贷，还是乡政府承贷，或是村集体承贷，主体不明。[1] 承贷主体难以寻求，主要是由于农村基础设施的产权不明，进而导致金融机构不愿对贫困地区农村基础设施提供信贷的资金支持。

民间资本进入受阻。农村基础设施的公共物品属性决定了村民个人对某一基础

---

[1] 张杰.中国农村金融制度：结构、变迁和政策[M]：中国人民大学出版社，2003：16.

设施的使用并不会影响其他村民的使用,村民可以免费使用公共资源,进而导致"搭便车"现象严重。由于部分农村基础设施的产权归属不明,一部分村民甚至把自己某些经济活动中的成本转嫁给那些产权不明晰的基础设施上,这就会导致对民间资本吸引力的下降,进而阻碍民间资本进入到农村公共基础设施的建设中来。民间资本进入贫困地区基础设施建设受阻的另一个因素是融资渠道的不畅通。据国家计委宏观研究院的研究,中国资本市场目前已形成股票类、贷款类、债券类、基金类、项目融资类和财政支持类融资方式。[1]但是,在贫困地区,对民间资本开放的渠道仅仅只有短期信贷和大企业股票制两种,远远不能满足民间资本融资的渠道需求。除此之外,民间资本即使进入到农村基础设施建设领域,也仅仅只是小型基础设施的建设,而且还存在制度性保障导致的不公平竞争现象。

6.2.1.3 资金监管混乱与使用效率低下

首先,贫困地区农村基础设施建设在资金供给上缺乏制度化和规范化的建设。管理机制的缺位,导致了争取资金的成本越来越高,在某些项目上成本超过了15%,这一方面造成了农村基础设施建设发展的地区差距呈扩大化趋势,另一方面大大影响了公共基础设施建设的效率,同时,还潜移默化的败坏了公共部门的形象。

其次,有效的监督机制和绩效评估机制的缺失,致使部分农村基础设施建设项目成为形象工程,虽然建成竣工,却完全不能发挥其应预期的社会服务功能,有的甚至是"豆腐渣"工程,成为违章建筑等。监督与绩效评估机制的缺失,一方面造成农村公共资源的浪费和损失,另一方面极大地削弱了社会资本进入农村基础设施建设的积极性。

6.2.2 资金保障机制运行中的机制创新

6.2.2.1 资金保障机制创新的原则与标准

6.2.2.1.1 资金保障机制创新的原则:政府主导、公民参与

原则一:政府主导。广义的政府包括了国家的立法机关、司法机关和行政机关等公共机关,代表着社会的公共权力。政府可以被看成是一个制定并实施公共政策

---

[1] 陆迁,何学松.民间资本介入农业基础设施领域的障碍与建议[J].西北农林科技大学学报(社会科学版),2006:1-4.

的统治机构，其特点有：以公共利益为服务目标；政府行为主要发生在公共领域内；以国家暴力为后盾，具有凌驾于一切其他社会组织之上的强制力和权威性等。基于政府的这些特点，资金保障机制创新以政府主导为原则，一方面可以为资金来源、使用、监督等过程提供政策性的指导；另一方面，政府本身服务目标就是实现公共利益最大化，这也促使政府在为资金来源、使用、监督等过程提供政策性指导之外积极进行招商引资等举动，弥补政府在资金保障方面的不足，为其他社会力量进入到农村基础设施的建设中提供心理和政策上的保障。

原则二：公民参与。公民参与原则是指公民参与到国家治理和提供公共服务上来。公民参与作为贫困地区农村基础设施建设的原则之一，主要是指村民要参与到基础设施建设中资金的筹集、使用、监管过程中。资金保障机制创新，一方面就是资金提供主体的多元化。多元化的提供主体包括了项目资金自筹。在凯佐乡的项目资金中，村民自筹虽占比例不大，但是多个项目的村民自筹可以看出，村民愿意为水利、乡村公路等农村基础设施出钱出力。村民出资以后对于这些钱是怎么用的，用到了具体的什么项目上都具有知情权和监督权。只有村民都参与到资金的筹集、使用、监督过程中，才能充分调动村民参与农村基础设施建设的积极性。另一方面，设立长期专项资金，公民参与的作用也不容忽视。村民才是农村基础设施的直接受益者，只有村民才知道什么样的基础设施是他们日常生产、生活所必需的，才能够更加有效地去管理和进行后期维护。总的来说，公民参与作为资金保障机制创新的核心原则，能够充分保证村民积极、主动、高效地参与到农村基础设施建设中。

6.2.2.1.2 资金保障机制创新的标准：公开、科学、效率

在对吴家山村、滚塘村、白沙村的案例研究中发现，农村基础设施建设的资金筹集、使用、监督过程中存在一系列问题，这主要归因于资金投向不科学、使用不合理、监督不公开、成本浪费现象严重。因此，贫困地区农村基础设施建设的资金保障机制应该以提高农村基础设施建设资金的科学投向、有效使用、公开监督力度为主要功能。所以，贫困地区农村基础设施建设的资金保障机制创新也必须以公开、科学、效率为标准。

标准一：公开性标准。这是指农村基础设施建设中的资金保障机制要体现公开性，其实质是促进农村基础设施建设资金使用要公开透明。在当今社会，腐败行为无处不在。公开性标准就是要求农村基础设施建设中资金的筹集、使用均要公开，不能让资金管理者同时担任资金使用的监督者。坚持公开性标准，村民才能参与监督资

金使用，防止"寻租"行为的产生，进而从根源上杜绝腐败。只有秉承公开性标准，才能做到资金使用公平、公正、公开，才能最大化维护公共利益，才能充分调动村民参与基础设施建设及其管理中来的积极性。

标准二：科学性标准。这是指农村基础设施建设中的资金保障机制要体现科学性，其实质是促进农村基础设施建设资金使用科学合理。随着社会向前发展，科学发展逐步进入公众的视野。科学性发展要求农村基础设施的建设密切联系农村实际，结合先进的科学技术和方法，在使基础设施建设的资金时做到因地制宜，量体裁衣。

标准三：效率性标准。这是指农村基础设施建设中的资金保障机制要体现效率性，其实质是促进农村基础设施建设资金使用要高效。效率性标准要求在资金筹集时做到以最短的时间筹集到相同或最大的资金，在资金使用时做到一分一厘都是花在基础设施建设上。通过效率性标准，农村基础设施建设才能做到以最小的投入获得最大的产出。

基于上述资金保障机制创新的原则与标准，结合我国当前贫困地区农村经济发展的状况和基础设施服务建设的现状，应该从如下角度来创新我国贫困地区农村基础设施服务的资金保障机制。

6.2.2.2 资金供应机制创新

农村基础设施，如农田水利设施、乡村公路、乡村环卫设施等，多为非竞争性和非排他性的纯公共物品。农村基础设施的纯公共物品属性，导致了上述基础设施全部由政府直接提供资金保障从而使其更有效率的情形。随着社会的发展进步，这种单一地直接由政府财政支出来保障农村基础设施建设已不能发挥其最大效率，引入资金供应主体多元化和资金来源渠道多样化凸显其重要意义。

6.2.2.2.1 资金供应主体多元化

在二元经济机构下，单一的政府财政支出在支持农村基础设施建设时具有很大的局限性。中央财政把更多的资金投放在了第二、三产业以及城市基础设施建设，同时，地方政府也存在财权和事权不匹配的问题，这就导致了在我国贫困地区农村基础设施建设中财政投资严重不足的现象。所以，资金供应主体多元化是我国贫困地区农村基础设施建设的大势所在。

按照一般的逻辑，农村基础设施服务作为一种公共物品，在其生产提供上政府必然是主要的资金供应主体。但是在我国"政府"作为公共部门的习惯性称谓，其所包含的范围非常广泛和庞杂，在贫困地区农村基础设施服务等生产提供实践中，提供资金的主体可以是一级政府也可以是某一职能部门或相关事业单位，虽然从资金来源上看都是财政性资金，但由于投资的政策过程有所不同，政府有必要被看作是一个多元化的资金供应主体。

虽然政府在贫困农村地区的基础设施生产服务上有无可比拟的优势，但是政府的财政生产产出与农村公共物品和服务需求之间有一定差距，在贫困地区由于政府财政拮据，再加上财政转移支付有限，贫困地区财政资金并不足以完全负担基础设施服务的供给，在财政资金之外还必须通过村民自筹劳资的方式来保障基础设施服务。而且，一些集体性公共物品和俱乐部物品的外部效益不高，政府完全提供的意愿比较低，对于这类物品和服务的生产需要受益主体的协作。虽然目前政府是主要的基础设施服务资金供应主体，但在贫困地区农村，村民也是基础设施服务资金供应主体。

对于一些营利性的农村基础设施服务，企业可以成为资金供应主体，但是营利性农村基础设施具备一定的公共物品性质，不能完全依靠市场机制发挥作用，所以此类设施服务所需资金仅依赖市场机制无法得到保证。并且由于农村基础设施存在投资收益期长、收益率不高，致使企业一般不愿为其提供资金。因此企业投资基础设施服务需要政府对其调控。

6.2.2.2.2　资金来源渠道多样化

我国农村基础社会建设中，资金来源多为政府拨款，村民自筹和社会捐赠极少。加之资金来源渠道不畅，更是为农村基础设施的建设增添诸多困难。这就要求在贫困地区农村基础设施建设中，资金来源渠道应该多样化。

首先，应该倡导以政府为主体、多种社会力量参与建设的资金来源渠道。例如美国，其资金来源主要有：建立政府基金、联邦政府提供优惠贷款、各级政府财政拨款、向社会发行债券、向受益区征税、社会团体或个人的捐赠以及项目业主自筹资金等等。规模大的农村公共基础设施一般由联邦政府与州政府投资建设；规模适中的农村公共基础设施大都由地方政府投资建设；规模最小农村公共基础设施则由基层地方政府乡（镇）委员会负责投资建设。[1]对农户、妇女、儿童等特殊人群采取补贴的主体不仅仅是政府，还包括各地方的慈善机构。在韩国，农村基础设施的提

---

[1]　赵冬辉.中国农村基础设施建设融资问题研究[D].东北林业大学，2012：25-26.

供主要是民间主导投入。进入 21 世纪以来，韩国政府更是多次强调要进行农村的自我完善和变革，从而彻底由政府主导投入转为民间主导投入。

其次，应该完善农村金融体系，为信贷资金进入农村基础设施建设提供基础。在日本，农村金融体系非常完善。日本农村金融体系包括了三个层级：一是全国层面的农林中央金库，二是区域层次的信用社，三是地方层级的农协。在三个层级中，首先是农户自愿入股参与地方层级的农协，其次是各地方农协入股参与信用社，最后是信用社入股参与农林中央金库。三者之间并不是复杂的领导与被领导、管理与被管理的关系，而是相对独立的各自管理、各自运行。农协联系广大农户，通过自愿的方式鼓励农户入股农协，同时农协又为广大农户提供优先于非农协成员的贷款和存款服务。信用社作为农协与农林中央金库的中间组织，其主要作用是对基层工作进行指导弥补农协工作的不足。农林中央金库是日本最大的农村金融机构之一，其在国家法令法规的规范下对全国信农联的资金活动进行协调、管理，同时为下级提供信息和咨询服务。日本健全的农村金融体系几乎覆盖了农村和农村生活的方方面面，它将农民与市场联结起来，不但解决了农村基础设施建设的资金问题，还涉及医疗、福利，做到了全方位服务。因此，在我国贫困地区完善农村金融体系，对于基础设施建设意义重大。

6.2.2.3 资金使用机制创新

6.2.2.3.1 资金使用的评估与修正

谈到资金使用的评估与修正，必须要明确我国现有项目管理模式。在我国，指挥部模式是传统的项目管理模式，指为某一特定项目的建设而设置一个专门的行政机构代理政府行使相关职能。在这种管理模式下，管理人员多是从各个横向职能部门中抽调出来组成的，管理人员多数不是专业人士，针对所建项目缺乏专业知识，从而导致在项目资金的成本控制方面存在较大的问题；除此之外，管理人员的组建具有临时性，在项目建设完成后无法进行经验和教训的积累，在项目运作和后期完善与维护中造成资源的浪费。其次是法人责任制项目管理模式。项目法人是依法设立的独立性机构，他对整个项目的策划、融资、建设、运营的全过程负责。在我国市场经济发展不完全、相关运作机制不健全的情况下，法人资质管理的相关办法与政策不完善，法人责任制受政府部分干扰较大。综合以上两种模式，我国项目资金使用存在着成本浪费严重、投向不科学、各专项资金不能及时到位等问题。

在贫困地区农村基础设施建设的资金使用的评估与修正问题上，应该引入代建制管理模式，这也是近几年来项目管理中发展较快、应用较广的管理模式。"代建制"指的是政府通过招标，选取专业化的项目管理机构负责项目的建设管理和组织实施工作，按照代建合同严格控制项目的成本、工期、质量等指标，代建单位获得相应的代建费用，项目建设完成后交付给政府。[1] 换句话说，政府代建制就是政府职能通过委托项目、合同外包等形式进行转移，从而使得项目资金使用更加有效，达到节约人力、物力、财力的目的。代建制根据其代建单位的不同可分为企业型、事业单位型和政府机关型三种。[2] 企业型指项目委托给一家专业化的企业代理行使业主职能，负责项目的全过程实施，事业单位型是指有政府成立的专门的事业单位代理行使业主职能，政府机关型则是指由政府主管部门直接负责项目的建设管理。[3] 代建制管理模式在全国已经得到广泛应用，其优势也逐渐凸现出来，在贫困地区农村基础设施建设中引入代建制模式，一方面明确了项目各方的责任提高资金投入的利用效率；另一方面，代建制模式具有专业化的项目团队，对于项目建设的工期、质量、成本等各个环节提供了有利的保障，尤其是在资金使用时的评估与修正，从根本上节约了建设成本；最后，专业化的团队精简了管理人员，节约了管理成本。

6.2.2.3.2 多种组合的财政支出方式

通过第 5 章的分析表明，我国贫困地区农村基础设施建设财政支出方式不仅手段单一，而且支出方式的搭配组合少之又少。历史分析和现状分析均表明，农村基础设施领域运用比重最高的财政支出方式是全部无偿直接提供支出方式和部分无偿直接支出方式，其次是运用相对较少财政资金有偿使用、财政贴息、税收优惠等有偿和简洁支出方式。[4] 财政支出方式的组合创新，一方面可以提高财政支出效率，另一方面可以最大限度地提高财政支出在适应社会经济发展方面的程度。因此，创新财政支出方式的组合，丰富财政支出的手段在资金保障机制创新中意义重大。

财政支出方式的组合创新具体来说体现在：第一，直接支出方式和间接支出方式相结合的资金保障机制。财政直接支付方式，既能够减轻农民的负担，增加农民的收入，提高农民种植的积极性，又能够增加贫困地区农村居民提供基础设施服务

---

[1] 尹力. 政府投资代建项目成本管理与控制研究 [D]. 河北科技大学，2011：15.

[2] 臧红文. 政府投资工程项目的成本管理研究 [D]. 中国海洋大学，2009：25.

[3] Love P E D, Irani Z. A project management quality cost information system for the construction industry. Information & Management, 2003, 40(7): 649–661

[4] 冯林. 农村基础设施财政支出方式研究 [D]. 山东农业大学，2010：27.

的资金存量。间接支出方式主要包括财政贷款贴息制度和财政参股制度。财政贷款贴息制度是吸纳、黏合信贷资金投入财政支出项目的有力举措，可以充分发挥财政资金"以少带多"、"四两拨千斤"的投资功效，形成财政资金的规模效应，解决资金短缺的问题。[1]财政参股是指由政府委托国有投资主体，以财政资金投资入股的形式参与项目建设从而使政府成为股东的财政支出方式。[2]农村基础设施服务具有准公共物品属性，根据学界的普遍认为，提供此类物品应以政府供给为主，市场供给为辅。由于贫困地区农村基础设施投资量大，见效时间长，收费困难，而且贫困地区农村市场发育程度较低，市场有效配置资源的机制尚不完善等原因，政府通过财政参股，引导资源合理配置，可以实现政府与市场的有机结合，扩大资金来源，满足农村基础设施服务提供的资金需求。第二，纵向支出方式与横向支出方式相结合的资金保障机制。目前我国财政运用最为广泛的纵向支出方式是一般性转移支付和专项转移支付。一般性转移支付是指上级财政拨付主体不规定所拨付资金的具体用途，受援的下级政府可以用来弥补财政缺口。专项转移支付一般服务于上级政府特定的政策目标，用于特定公共物品供给或某一具体事项，例如主要用于扶贫的财政专项转移资金。学者徐青云认为财政横向转移支付就是以均衡同级地方政府之间的财力为直接目标，实现地区间基本公共服务均等化为追求，在地方政府间实行的财政资金的转移。[3]根据同级政府间财政失衡原因和财政横向转移支付的定义，财政横向转移支付具有以下特点：①发生在同级政府间；②富裕地区政府向贫困地区政府进行财政资金转移；③财政横向转移支付是实现公共服务均等化的重要方式。现阶段在各同级政府之间实行的"对口支援"便是财政横向转移支付的一种表现。例如宁波市对口支援黔东南苗族侗族自治州、黔西南布依族苗族自治州，对促进两地的医疗卫生、教育等基础设施服务提供具有重要贡献。虽然对口支援与真正意义上的横向转移支付存在差距，但上述理论与实践透视出，我国已经构建出同级政府间实现财政横向转移支付的雏形，只需进一步完善。[4]纵向支出方式与横向支出方式相结合的资金保障机制，在弥补了纵向支出方式局限性的同时为横向支出方式提供了市场有效配置资源的发展方向，两者相互补充，共同为贫困地区农村基础设施

---

[1] 闫锡杰，卢丙文.完善财政支农政策体系研究[J].农村财政与财务，2009(12)：6-7.

[2] 冯林.农村基础设施财政支出方式研究[D].山东农业大学，2010：25.

[3] 徐青云.我国横向转移支付制度研究[D].中南民族大学，2012：7.

[4] 钟晓敏，岳瑛.论财政纵向转移支付与横向转移支付制度的结合[J].地方财政研究，2009(5)：26-30.

建设提供有力的资金保障。第三，政府财政支付与农民出资相结合的"一事一议财政奖补"资金保障机制。"一事一议财政奖补"制度的基本原则之一是民主决策，筹补结合，要求必须尊重民意，在村民民主决策、自愿出资出劳的基础上，政府给予奖励补助，从而达到政府投入和农民出资出劳相结合。这一结合一方面为农村基础设施建设提供了资金来源的主体，另一方面，充分调动了农民参与到基础设施的建设中的来积极性。

6.2.2.3.3 设立长期的专项资金

贫困地区农村基础设施具有投资大、回报期长的特点，许多项目在建成后就再无人问津。而实际上，农村基础设施的后期维护及管理十分重要。对此，建立长期专项资金对于保障贫困地区农村基础设施建设必不可少。

针对农村基础设施设立长期专项资金在我国发达地区已经存在。例如：东莞市东坑镇。东坑镇自2009年开始，每年将3 000万—5 000万的经费作为农村基础设施建设的专项资金，主要用于道路改造维护、鱼塘升级、环境管理、水利水电维护等。到目前为止，全镇13个村已通过专项资金的运用对25个项目进行管理，推进农村面貌改善同时为村民的生产生活提供了便利，该镇基础设施也发挥了应有的社会服务功能。在贫困地区，农村长期专项资金的管理体制不健全，资金不能及时到位，部分农村基础设施由于长年没有进行管理与维护，其使用期限不能达到预计年限，最后的结果就是重新建设。可见，长期专项资金作用巨大。

6.2.2.4 资金监管机制创新

6.2.2.4.1 建立有效的资金使用监督机制

首先，要建立适合贫困地区农村特点的资金监督体制。农村建设需要资金量大、来源渠道多、涉及部门多，在农村基础设施投入上分散、额度小、范围广。针对这一特点，探索并构建财政监督、审计监督、人大监督、舆论监督和群众监督全方位的监督体系。在发挥专业的财政监督和审计监督的同时，要特别重视基础设施服务收益主体的监督，让群众全面深入参与到资金使用的全过程，不仅可以提高资金使用的监督效果，还可以增强群众对政府的信任。监督的前提条件是信息公开，监督的内容包括：基础设施项目预算、预算执行、部门决算以及项目材料和服务的采购程序与价格、工资支出、工程进度与工作量等方面。充分发挥立法、财政、审计、社会监督的综合效能。人大偏重于预决算的宏观监督，群众和新闻媒体侧重于过程监督，审计机关主要是项目完成后的审计监督，财政监督应突出全过程专业的监督方式。

其次，针对财政投入的大型基础设施，必须完善资金使用审计制度。资金使用审计必须关注资金分配、拨付、使用和收支管理等主要环节，对于特别巨大财政资金投入要增加审计次数并进行重点审计和跟踪审计。在审计机构方面除审计机关的审计外，可以引入第三方审计组织，并使其进入从项目发包到验收的整个工程建设管理过程，从而形成第三方审计与项目财务决算审计以及项目验收制度相结合的机制。

6.2.2.4.2 完善以县级政府为核心的资金管理体制

在具体实践中，因为基础设施资金来源的多样性，导致形成了多部门管理资金的模式，容易产生既得利益集团依赖财政体制权力寻租的共谋行为，导致基础设施建设资金效率低下和资金外溢，因而必须进行必要的改革。然而，任何制度变革必须尊重历史和现实，并与现行制度相适应。贫困农村地区基础设施服务资金管理体制改革也必须遵循这样的历史规律。可行的方案是构建以县级政府为核心的农村基础设施建设资金管理体制。原因是农村基础设施建设的重心在县域，所以资金管理的核心应与基础设施建设的地域范围匹配，而且以县为核心进行资金管理，既可以进行一定规模上的筹划和布局，具有规模经济优势，又具有一定的信息优势（掌握比较具体的农村基础设施服务的需求信息）。具体做法：一是打破原先财政资金层层下拨的规则，中央和省级转移支付直拨县级财政；二是在县级财政或单独成立新农村建设资金管理中心，汇集并统一管理和使用基础设施建设资金，不再由各个部门分管；三是充分利用乡财县管体制改革中闲置下来的农村财政所原有财政资金管理专业人才，将乡镇财政所作为县财政资金管理中心的下属单位，专门负责各乡镇基础设施建设资金的管理和监督。[1]

6.2.2.4.3 构建资金投入绩效评价体系

基础设施服务资金绩考核是资金监管的一个重要方面。实施农村基础设施建设服务资金绩效评价考核，需要健全相应资金绩效评价指标体系和使用效益分析方法。根据绩效评价结果采取相应的激励或惩戒措施，比如可以将绩效考评结果与预算挂钩，作为安排年度项目经费预算的重要参考。在任何一个环节没有通过绩效考核的

---

[1] 温思美，张乐柱，许能锐．农村基础设施建设中的财政资金管理研究[J]．华南农业大学学报（社会科学版），2012（1）：7．

项目，都不能获得后续的资金支持。这样就可以从制度上及时终止一些可行性和操作性不强或实施效果不好的项目，避免了财政资金的浪费，提高资金使用效率。

6.3 质量保障机制运行中的问题呈现与机制创新

6.3.1 质量保障机制运行中的问题呈现

农村基础设施是农村地区经济增长的必要前提，然而在不发达的西部贫困地区，农村基础设施建设存在事前考察不足、事中监督不力、事后验收流于形式等客观质量问题，同时还引起了民众感知到的质量较差、满意度普遍不高等主观质量问题。这一系列问题使得农村基础设施在这一地区不仅没有成为经济增长的催化剂，反而给当地民众造成极大负担。

6.3.1.1 农村基础设施修建前考察不足

农村基础设施修建前的考察主要包括对其必要性、可行性以及当地的地理环境、修筑条件等相关信息进行调查的过程。农村基础设施修建前的考察是其质量保障的重要前提和基础。但笔者对于样本地区进行调研时发现，在对当地的地理环境、条件等的事前考察方面，除少部分项目（如电网改造、医疗卫生设施等）外，其余的大多数农村基础设施项目在修建前进行真实、详细的考察是比较鲜见的。这主要基于两个方面的原因：首先，基层政府缺乏相关技术人员，而民众虽然知晓当地的"时空信息"，但由于缺乏相关的技术指导，最终没有形成一套科学、合理的考察方案和手段；其次，基层政府官员、村委会或项目相关负责人未意识到考察的重要性，对其重视程度不够。如此一来，农村基础设施选址不当、布局不合理等问题随即出现，这严重影响了农村基础设施修建的质量。另一方面，相关部门对当地民众关于农村基础设施的需求信息的事前考察也存在诸多不足之处，主要的原因有两点：第一，基层政府惯用的是自上而下的决策方式，因而他们往往忽视对民众需求信息的搜集；第二，部分政府官员认为民众的需求信息存在失真现象，因而未对其进行事前考察。同时，对于合同外包项目，基层政府对竞标企业的事前考察也是极为有限的。总而言之，由于各种因素导致了农村基础设施的事前考察不足，而考察不足又对农村基础设施的质量产生了诸多不利影响。

6.3.1.2 农村基础设施修建过程中的监督力度不够

农村基础设施修建的方式有多种,其中在样本地区中较为常见的是工程公司承包、政府统一修建、群众集体修建三种。由于修建方式的不同,其相关的监督主体也不尽相同。首先,工程公司承包是政府将农村基础设施项目通过招标的方式,将其承包给中标的工程公司修建的情形。合同外包的方式使得政府可以从农村基础设施修建的琐事中获得解脱,但合同外包也存在"道德风险"、"逆向选择"等机会主义行为和风险。在这种方式中,基层政府理应是农村基础设施修建的重要监督主体。然而目前,并没有相关法律对农村基础设施合同外包后的监督管理职责进行明确规定,因此政府作为监督主体的地位显得有些尴尬。这造成的监督"盲区"为承包公司获取更高的利润而尽可能压低成本提供了充足的空间,而受到压缩成本的驱使,工程公司极有可能以次充好而违法使用劣质材料,甚至暗中缩减修建规模等,这给农村基础设施的修建质量带来诸多不利影响。其次,政府统一修建也存在监督力度不够的问题。按照公共选择理论,政府官员和普通民众一样,都具有"经济人"属性,其活动具有内部性的特征。基层政府在修建农村基础设施的过程中,由于其具有一定的公共权力而封锁相关的重要信息,使得监督部门或是民众由于信息的缺乏而导致监督不力。再次,群众集体修建的项目中,村委会或是乡村精英既是农村基础设施建设的管理者又是相应的监督主体。这样的双重身份使得监督无效。由此可见,无论是何种修建方式,农村基础设施修建过程的监督总显得非常无力。总体而言,导致这一问题主要原因包括缺乏完善的法律制度框架、缺乏有效公众参与的多元监督体系、缺乏有效的政府内部激励和约束机制及缺乏严格的市场准入机制与规范的服务。最终导致农村基础设施的修建质量也受到严重影响。

6.3.1.3 农村基础设施修竣工后的验收(质量评定)流于形式

项目验收是通过实地勘查、听取汇报及审查相关资料等方式检查项目计划规定范围之内的各项工作或活动是否已经全部完成,以及对项目修建的质量进行把关的一个重要环节。在笔者对调研样本进行实地调研的过程中,发现关于农村基础设施竣工后的验收(或是质量评定)往往流于形式,呈现"走过场"的局面。其一,在合同外包的农村基础设施项目中,政府相关部门对项目进行验收的过程存在"寻租"行为,在某种程度上政府和承包公司成为了利益的共同体。因此,验收常常流于形式。其二,在政府主持修建的项目中,政府既是管理者又是验收者的双重身份使得项目的验收并无实质效果。其三，民众集体修建的项目中，由于民众是项目的直接利益相关者，其对项目修建的质量较为关心，因而以该形式修建的农村基础设施项目的效果最佳。但由于政府很少对该类项目进行验收，而民众受自身知识、技术及经验等的限制，使得项目竣工后的验收变得十分困难，甚至部分项目从未进行验收。就其原因，笔者认为主要可归结为政府对农村基础设施修建质量的重视程度不够而导致其相关职能缺失、政府官员的"经济人"属性、验收专业人才的缺乏及缺乏统一和标准的农村基础设施质量评价体系等。

6.3.1.4　民众感知到的农村基础设施总体质量普遍较差

公众感知是重要的质量测评方式之一，这是基于政府服务的质量是有顾客界定的，顾客在服务接受的过程中可以通过自身的体验、感觉准确地感知到政府服务的实际绩效水平。[1] 因此，民众感知的质量也应成为农村基础设施质量评价的重要组成部分。在对样本地区的调查发现，民众除了对电网、自来水等基础设施的评价相对较高外，超过半数的民众认为当地的水利设施、乡村道路、医疗卫生设施及公共卫生设施等的总体质量较差、寿命较短。民众普遍指出当地的农田水利设施中的水池和管道或是漏水或是被淤泥堵塞，特别是在干旱的季节，缺水问题尤为突出，使得农业生产用水没有得到根本保障。在农村公路修建（包括道路硬化）方面，往往呈现路基不牢固、道路狭窄、坑洼较多及路面硬化的厚度不够而极易被毁坏等质量问题，这使得道路的寿命较短，未产生应有的效益。而医疗卫生方面，目前所有村庄都有自己的村卫生室，但卫生室里的工作人员相关医务知识、经验等都非常有限，仅能治疗小感小冒之类的疾病，而情况严重的只能到乡（镇）或县城等地治疗。调研对象中，仅有部分村庄修建了公共卫生设施，如垃圾桶、垃圾池等。虽然具备相关设施，但由于垃圾处理不及时而时常出现臭气熏天、蚊虫满天飞的状况，这严重影响了村容村貌，与新农村建设的目标不相符。

6.3.1.5　民众对于农村基础设施质量的满意度较低

克莱顿·托马斯曾指出："将公民作为现代公共管理的有机组成部分是一个较新的思想和观念，是二十世纪末的管理创新。"[2] 随后在新公共管理运动不断开展的

---

[1] 吕维霞.论公众对政府公共服务质量的感知与评价[J].华东经济管理，2010（9）：128-132.
[2] 约翰·克莱顿·托马斯.公共决策中的公民参与：公共管理者的新技能和新策略[M].北京：中国人民大学出版社，2005：3.

过程中,"公民满意度"逐渐成为评价政府公共服务质量的重要指标。但笔者对样本地区进行调研发现,民众对当地农村基础设施的满意度评价普遍偏低,而农田水利又是获得满意度评价最低的一项。其中的原因主要包括两个方面:其一是农田水利设施本身的质量问题,例如水池漏水、水渠堵塞等,其中也有维护不足的因素;其二是今年中国西南地区的干旱现象非常严重,贵州的大部分地区也深受其影响,如此一来,农业对水利设施中水源的需求量增大,然而水利设施储存和输送水资源的能力却极为有限,常常供不应求。正是这样的自然灾害,使得农田水利设施的质量问题在民众面前暴露无遗。这对于以农业生产为生的农民而言无非是巨大的威胁。

6.3.2 质量保障机制运行中的机制创新

在农村基础设施质量保障机制运行的过程中存在诸如事前考察不足、事中监督不力、事后验收流于形式等问题亟待解决,相关的机制创新势在必行。笔者认为农村基础设施质量保障机制创新主要可从以下几个方面开展:建立健全农村基础设施事前的考察机制、加强农村基础设施在修建过程中的监督机制、完善农村基础设施质量验收和评估机制,同时还需强化公民参与机制和引入市场竞争机制,全方位保障农村基础设施的建设质量。

6.3.2.1 建立健全农村基础设施事前的考察机制

事前考察是农村基础设施科学、合理建设的基础,同时更是其良好质量的重要保证。因此,要建立健全农村基础设施事前的考察机制。事前考察的内容主要包括农民需求信息、当地地理环境及自然条件特征等。

首先,考察当地民众关于农村基础设施的需求信息。当地民众是农村基础设施的使用者和直接受益者,民众的需求是农村基础设施修建的必要性和可行性的前提。因此,在修建农村基础设施前,必须要对当地民众的需求信息进行考察。考察的内容主要分为几个方面:其一,当地民众的经济状况及其主要的收入来源。通过对该内容进行考察,可以在一定程度上掌握当地民众对农村基础设施的需求程度及经济支付能力。其二,当地已有农村基础设施的建设和使用情况。农村基础设施的有无、好坏等状况直接决定当地民众对该类农村基础设施的需求或是需求程度。其三,当地民众的生产生活方式及策略也决定民众的需求。例如某一地区的农业非常的发达,村民为了销售农产品而需要时常往返于农村和城镇之间,然而当地的交通基础设施却非常落后，那么该地区民众对于农村公路的需求程度将会很高，也很迫切。只有在了解了民众的真实需求之后，农村基础设施建设的才能具针对性、适用性，修建的质量也会更有保障。

其次，要考察当地的地理环境、自然条件特征等，进行科学选址。一方面要考察当地的地理环境特征，诸如地形、地貌等，这些特征直接影响农村基础设施的合理选址。如农村公路的修建要选择地势平坦或尽量避开农田、悬崖峭壁等，一来是降低修筑成本的需要，二来是保证修建质量和安全性的要求。另一方面要考察当地的自然条件，其中包括气候（如气温、降雨量等）、水源的分布、植被覆盖率及特征等。特别是对于农田水利设施、人畜饮用水设施等而言，水源的分布是影响其选址的重要因素。

另外，若是农村基础设施项目是以合同外包的方式进行生产，对于竞标的工程公司的历史、资历及可信度等进行事前考察也非常必要。例如要对竞标工程公司的财务状况进行分析，掌握其在农村基础设施修建的过程中有足够的履约资金，确保工程能按合同签订的工期及相关要求竣工，提高投资的质量和效果。同时，在承包项目合同签订时，应该邀请基建、财务及法律等相关专家公共参与，防止出现问题或漏洞。

6.3.2.2　加强农村基础设施修建过程中的监督机制

埃莉诺·奥斯特罗姆曾指出：监督和分级制裁对保持足够高的规则遵守率，避免引发一个由较高的违规率所促进的、违规率持续增长的局面是必要的。[1]因此，在农村基础设施修建的过程中，要加强监督机制，减少违规率，增加项目的效率和效益，提高项目的质量。农村基础设施修建过程中的监督机制的构建主要包括公开项目信息、构建内部监督和外部监督相结合的多元监督体系、建立责任追究制度等方面的内容。

首先，对农村基础设施的相关信息进行公布，提高项目建设的透明度。充分的信息是有效监督的基础，而"决策过程、决策结果等的透明度不高，不仅会增大公众监督的难度，也会导致监督效果欠佳"[2]。信息不对称易造成"逆向选择"、"道德风险"等现象，同时可能会导致项目资金被挤占、挪用，或是施工方偷工减料等

---

[1]　埃莉诺·奥斯特罗姆.公共事务的治理之道[M].上海三联书店，2000：279.
[2]　区莹.政府投资工程项目决策监督机制研究[J].经济师，2007（2）.

问题。因此，要对农村基础设施修建的全部信息进行公开。同时，强制性的信息公开，还可以是减少政府在农村基础设施修建过程中的信息封锁行为。农村基础设施项目的信息公开主要包括两个方面：一方面，是项目资金信息的公开。资金信息主要包括资金总额、资金使用计划、资金使用明细等，这些相关信息的公开可以使政府或是民众掌握资金的动向，利于对项目进行监督。另一方面，是对项目进展情况进行公示。公示的内容主要包括项目的决策情况、施工进度、完工时间、项目的负责人、投诉方式等信息。这些相关信息可以通过电视、广播、网络或是村公务栏、工地的围墙等媒介进行公开。另外，还要严格公开相关监督信息，防止监督流于形式的局面出现。

其次，构建内部监督和外部监督相结合的多元监督体系。内部监督的方式主要包括公共部门的行政监察和审计监督等方面，外部监督方式则有社会舆论、公民评议、公民投票等。在农村基础设施修建的过程中，部分项目需要长期进行现场的行政监察，但基层政府的工作人员非常有限，项目的建设很难形成有效的监督。因此，基层政府要加强对项目进行审计监督，对项目资金的使用情况进行事中控制，使资金的使用符合法律规定和项目要求。同时，基层政府还要充分放权，运用外部监督的方式对项目的全过程进行监督。一方面，在修建的过程中可以通过民众进行监督。例如，部分农村基础设施项目就在村庄附近修建，民众可以随时了解到工程的进展情况及质量情况等。诸如农村公路硬化中的路基状况、硬化路面的宽度、厚度等；公共卫生设施中如垃圾池修建的位置、池子的大小等信息都是极易能够了解到的，这位民众监督提供了可能性，同时还保证了监督的有效性。另一方面，修建结束后的使用过程中也可以通过民众加以监督。民众是农村基础设施的直接使用者、受益者，他们可以在使用的过程中发现事中监督中未被发现的问题。另外，还可以通过新闻媒体等对项目修建的全过程进行监督，提高监督的强度和效度。

再次，建立责任追究制度。如果没有奖惩制度，再严格的监督也很难消除农村基础设施的质量问题。因此，相关部门要加强建立健全责任追究制度，对出现问题的项目的施工单位或负责人进行严厉的惩罚，例如规定其在一定的时间段内不能再从事相关行业或活动、加大经济赔偿额度等。只有进行长期的责任追究，才有可能更有效地规范项目参与各方的行为，从而使项目的质量更具有保障。

6.3.2.3 完善农村基础设施的事后验收和评估（质量评定）机制

农村基础设施竣工后的验收和质量评估是质量保障机制中的重要环节，同时也是关键环节。在该环节中要做到组建专门的验收团队、构建质量评估指标体系、严格进行验收检查和公布验收结果等。

首先，组建专门的验收团队。验收团队的成员由政府的相关负责人、基建专家、财务专家级法律专家等共同组成，团队成员的工作主要包括如下几个方面：其一，搜集农村基础设施相关的基本信息，包括项目资料、技术知识及法律知识等；其二，在掌握基本信息的基础上设置相关议程，对农村基础设施的验收方案进行讨论、协商；其三，制定验收方案；其四，实施验收工作；最后，撰写验收报告，并对验收结果进行公示。验收团队具备专门的技能，能够保障验收的科学性和有效性。

其次，质量评估标准及指标体系的构建。质量评估标准是质量评估和验收应遵循的准则，而质量评估指标体系则是进行质量评估的重点内容。项目验收的标准主要包括客观性、针对性、严谨性等方面。质量评估的指标体系主要包括客观指标和主观指标两种类型。客观指标是指农村基础设施中能够直接测量而得的信息，包括项目资金总额、资金的使用情况、项目本身的特征（如农村农路修建的里程、宽度、路面厚度）等；主观指标则包括项目修建的难度、重要性、民众的接受程度、民众满意度等。同时，在设计项目验收和质量评估指标时，可适当加入经济效益、社会效益和生态效益等指标。这些指标可综合反映项目建设的总体绩效情况。项目质量指标体系的构建主要包括指标体系设计的原则和方法、项目相关资料的分析、指标的设立等内容和环节。

再次，严格验收工作，防止部分验收团队成员的寻租行为。验收团队的成员和普通人并没有区别，都具有"经济人"属性，在项目验收的过程中，也极有可能产生寻租、暗箱操作等投机行为。因此，为了规避此类行为，必须严格验收工作和加强对验收人员的防范，一方面可通过规章制度对项目验收成员的行为进行规范，明确项目验收人员的权力和责任；另一方面可设立奖惩制度对验收人员的行为进行奖励或制裁。确保验收工作按质按量完成。

最后，公布验收结果，防止验收流于形式。验收团队验收结束后，要对验收和评估过程中获得的相关数据进行整理分析，在此基础上总结验收结果，即项目通过还是未通过验收。对于通过验收的项目，验收团队需将验收结果公之于众，让民众充分了解项目的情况。而对于未通过验收的项目也需将验收结果进行公布，并陈述项目验收未通过的原因。另外，相关部门还需向未通过验收项目的负责人了解情况，勒令其对项目进行整改，抑或是对项目未通过而造成的损失做出经济赔偿。只有对验收结果进行公布，才能防止相关负责人逃避责任、损害民众利益的行为出现。

6.3.2.4 强化公民参与机制

"新公共服务"是一场倡导公共利益、民主治理和重新恢复公共参与的运动。强调政府公共服务应以合作为基础，更强调公民的权利与价值在政府公共服务中的核心地位。[1] 因此，公民作为农村基础设施的直接利益相关者，理应参与到农村基础设施的整个过程中来。同时，民众是农村基础设施的直接使用者和受益者，对农村基础设施的关怀更多，对其修建质量也更为关注。公民参与机制包括公民参与决策的讨论和制定、公民参与项目全过程的监督、公民对项目信息进行反馈并构建公民投诉制度。另外，还可以通过构建公民委员会（或村民委员会）来强化公民参与。

公民参与农村基础设施的决策和监督能够提高农村基础设施建设的科学性和民主性，同时能提高农村基础设施的服务质量，这在前文已有较为详尽的论述，在此将不再重复。而公民参与中的信息反馈机制和构建公民投诉制度是此处关于强化公民参与机制探讨的重点内容。

首先，信息反馈机制是指民众在参与农村基础设施决策、监督的过程中，若发现政策本身或政策执行过程中存在失误或者错误的情况，可以及时向有关部门反馈，避免失误而造成执行结果偏离决策目标或是导致资源的浪费和损失。建立完善的信息反馈制度，民众广泛参与到信息反馈系统之中，可以及时纠正错误，提高农村基础设施的建设质量。其次，要建立健全公民投诉制度。公民投诉制度的前提是项目信息的公开程度（即透明度）。为了保证公共服务的质量，相关部门要及时、准确地公开项目信息，同时还要设立便捷的投诉程序，确保民众在受到不适当的对待时，有要求补偿的权利。与此同时，基层政府还要设置相关的投诉专线、投诉信箱等，接收和处理民众的投诉。

另外，可建立公民委员会（或称村民委员会）来加强民众参与到农村基础设施建设的相关事务之中。"公民委员会也许是临时的，也许是长期的，但其角色和作

---

[1] 罗伯特·B·登哈特，珍妮特·V·登哈特著，丁煌译. 新公共服务：服务，而不是掌舵 [M]. 中国人民大学出版社，2010.

用要么由委员会成员自己决定，要么由创建他们的权威机构来决定……"[1]农村基础设施建设中的公民委员会可以是临时的，也可以是长期的。临时的公民委员会是指仅在农村基础设施从决策到验收结束这个时期存在的，而长期的公民委员会不仅存在于农村基础设施项目修建的过程之中，而且将一直延续下去。公民委员会的成员可由村干部、乡村精英及部分村民组成，他们的主要任务是参与农村基础设施项目的决策、监督以及维护等工作。

6.3.2.5 广泛引入市场竞争机制

在传统的公共物品、公共服务提供的过程中，政府往往是提供的单一主体，但由于大多公共物品公共服务具有自然垄断性，这是使得政府没有内在动力去降低成本和提高物品、服务的质量。这就使得人们开始研究公共物品、公共服务生产过程中引入竞争机制的问题。E·S·萨瓦斯是美国研究公共事业竞争的主要专家之一，他在对公营部门和私营部门收集垃圾工作进行了大规模的比较之后，指出："结果非常明显，无可辩驳。受合同约束的私营企业同样有效，同样负责，而且比政府机构做同样工作的效率高得多。"[2]随后，许多学者也对公共部门引入竞争机制的具体途径、方法及作用等进行了研究。奥斯本在研究中曾指出：竞争使公营的（或私营的）垄断组织对顾客的需求做出反应。[3]在农村基础设施的生产过程中，引入竞争机制可以增加公众需求信息的回应，增大政府或公众选择的机会，同时也是提高基础设施质量的重要途径。

农村基础设施中由于其物品属性的不同使得竞争机制的使用性也有所不同。农村基础设施中的农村基础教育、公共卫生设施等属于混合物品，由于具有较大范围的正外部性，使得竞争机制在其生产过程中的应用变得非常困难，因而这类农村基础设施只能由政府进行供给和生产。其他类型的农村基础设施，诸如农村公路、农田水利设施、农村医疗设施等由于具有不完全的非排他性或不完全的非竞争性，属于准公共物品，这类物品就可以通过竞争的方式组织生产。竞争机制的生产方式主要包括政府与私人签订生产合同、授权经营、出让经营权、政府经济资助及政府参股等。

---

[1] 理查德·C·博克斯著，孙柏瑛译.公民治理：引领21世纪的美国社区[M].中国人民大学出版社，2005：84.

[2] E·S·萨瓦斯著，周志忍等译.民营化与公司部门的伙伴关系[M].中国人民大学出版社，2002.

[3] 戴维·奥斯本，特德·盖布勒著，周敦仁等译.改革政府[M].上海译文出版社，2006：47.

然而，在引入竞争机制的同时，要注意对合同外包等的农村基础设施的生产方式进行风险规避，防止由于信息不对称而造成道德危害或逆向选择等机会主义行为出现而降低农村基础设施的生产质量，损害民众的公共利益。

6.4 后期维护机制运行中的问题呈现与机制创新

6.4.1 后期维护机制运行中的问题呈现

在调研样本地区中，农村基础设施的修建给民众的生产生活带来了很大变化，但也由于后期维护不足而给其可持续性带来了威胁，同时还增添了给民众负担。农村基础设施后期维护机制运行中存在的问题主要表现为：后期维护中的政府失灵、维护资金不足、维护决策机制不完善、维护过程中的监督不力以及民众参与程度低等。

6.4.1.1 农村基础设施后期维护中的"政府失灵"

首先，政府不重视农村基础设施的后期维护，存在"重建设、轻养护"的现象。作为"经济人"的政府官员，受到短暂任期、升迁压力等的驱使，往往更重视能即刻产生效果的"政绩工程"，然而"维护不会在公共设施的运行中产生立竿见影的效果"[1]，因而很难得到政府的重视。其次，对私人修建的农村基础设施扶持不够导致其养护无力。农村基础设施分为纯公共物品和准公共物品，其中大部分属于准公共物品的范畴。而准公共物品的效益很难完全排他，因而"搭便车"的现象严重，这使得私人维护的动力不足。然而政府对这部分农村基础设施后期养护的扶持力度低，存在"政府失灵"现象。

6.4.1.2 农村基础设施的后期维护资金不足

一方面，受到城乡二元结构的影响，使得农村基础设施后期维护资金的投入被忽视。政府为了推动城市经济的发展，在对基础设施的资金配置上，绝大部分向城市基础设施倾斜，并通过倾斜性政策、行政权力及制度安排等抽取农村剩余，而忽视农村的农村基础设施的建设。再加之贵州省的财政收入长期以来不充裕，对农村

---

[1] 埃莉诺·奥斯特罗姆，拉里·施罗德，苏珊·温著，陈幽泓等译. 制度激励与可持续发展 [M]. 上海三联书店，2000：35.

基础设施后期维护的投入更是十分有限。另一方面，随着农村基础设施建设项目的逐渐增多，对于维护的需求也在逐年增大，使得原本资金不足的局面显得更为窘迫。

6.4.1.3 农村基础设施后期维护决策机制不完善

在农村基础设施的后期维护决策机制中存在决策主体单一、决策主体权力与责任模糊、决策信息沟通不畅以及单一的"自上而下"的决策方式等问题。首先，决策主体单一。基层政府（包括县政府和乡政府）、村委会是目前农村基础设施后期维护的主要推动力量。然而作为利益相关者的广大村民却很难参与到农村基础设施的后期维护决策之中。其次，决策主体的权利与责任模糊。对于农村基础设施特别是本研究中的农村公路的后期维护中的权责主体在相关法律中有明确规定，然而在具体的实施过程中，权责主体相当模糊，权责主体间相互推诿，造成维护困难。再次，决策信息沟通不畅。主要体现在农村基础设施后期维护的决策主体对农村基础设施的具体情况不了解、农村基础设施的相关信息很少公开而缺乏透明度。最后，自上而下决策方式不利于回应民众的需求，而导致决策目标的偏差。综上，这些决策机制的不完善给农村基础设施的后期维护极为不利。

6.4.1.4 农村基础设施后期维护的监督机制不健全

主要包括监督体系不完善、监督主体作用有限以及村民监督渠道狭窄等问题。其一，监督体系不完善。在农村基础设施后期维护的过程中，在基层政府方面未形成专门的监督部门，而民众又很难参与到监督的行列之中，因而相关的监督体系非常不健全。其二，监督主体作用有限。基层政府、村委会及公民受到其自身的各种因素的影响，诸如一些由政府主导的信息沟通机制已经建立，但是社会主体对于与政府的信息沟通中却处于显著的被动地位，并且仍然存在不科学的信息搜集方法、不健全的信息搜集制度、民众与政府之间信息沟通的非对称性、非制度化等问题。另外，村委会的监督具有双重身份，一方面是监督的主体，另一方面是基础设施的修建者，监督的可信度低下。村民作为监督的另一个重要主体，虽然其对监督具有很强的意愿，但是其获取和掌握信息的权力、能力等都较低，这些都使得监督的有效性不高。调查显示，超过 90% 的民众认为政府没有对相关信息进行公开；有近 70% 的民众对农村基础设施的维护情况非常不了解或不了解。总体而言，农村基础设施后期维护的监督机制还非常不健全。

6.4.1.5　农村基础设施后期维护中公民参与不足

主要体现在公民参与途径有限且渠道狭窄、公民参与能力有限且参与意识薄弱、公民的"搭便车"行为等方面。首先，相关负责人对农村基础设施的相关信息较少公布，民众很难了解项目的信息，另一方面，维护决策的制定往往由基层政府做出，民众参与机会较少。其次，村民普遍文化程度不高，受到自身知识、经验及技术等的影响，使得参与的能力有限。同时，长期以来，中国民众习惯服从权威，因此参与意识、民主意识比较薄弱。再次，因为农村基础设施大多属于准公共物品，非排他性和非竞争性不完全，使得公民存在"搭便车"的行为，导致后期维护不足。

6.4.2　后期维护机制运行中的机制创新

后期维护是农村基础设施可持续发展的重要环节。当前农村基础设施的后期维护机制中仍存在诸多问题，诸如后期维护中的"政府失灵"、维护资金不足、维护的决策机制不完善、维护过程的监督机制不健全以及公民参与不足等，使得后期维护机制亟待创新。笔者认为可以从以下几个方面创新农村基础设施中的后期维护机制：政府角色转换、信息透明机制构建、完善资金管理体制、增强监督机制及加强公民参与等。

6.4.2.1　构建贫困地区农村基础设施后期维护机制的前提——政府角色转换

当前，在农村基础设施的后期维护中，需要政府从以前管制和垄断的角色中转换出来，适应其新的角色。奥斯特洛姆教授指出，在公共物品的生命周期中，大致存在着三个角色："消费者、生产者和连接消费者与生产者的中介者"，根据多中心治理理论，对于贫困地区农村基础设施的维护，既反对政府的垄断，也不是所谓的私营化。政府不再是单一主体，而只是其中一个主体。政府的管理方式也从以往的直接管理变为间接管理。政治权威应该支持各种层次的群体和社群培养自治的能力。政府权威应该在各种层面上起支持性的作用，政府官员应培养群体自治的能力，同时专心致力于提供公益物品和服务，而且是以一种符合社会公正标准的方式去协助地方管辖单位解决它们之间的利益冲突。

在贫困地区农村基础设施的后期维护中，政府应主要扮演好以下几方面角色：其一，服务供应责任承担者。在贫困地区农村基础设施的后期维护中，政府可以发挥基础设施维护中其他参与者的作用，将基础设施的维护责任以有效方式分摊给社会、社团、村民或村庄精英。在贫困地区的农村基础设施的后期维护中，由于资源比较紧缺，因此一方面要主动创新不同乡村地区农村基础设施的维护机制，另一方面要勇于承担起监督的责任。其二，公共利益维护者。政府在贫困农村地区尤其多数人利益维护上，没有一个有效的保障机制。需要一套行之有效的制度约束，以保证村民约束自己的行为和利益偏好，做农村公共利益的维护者，而不是优势利益集团或家族的保护伞。其三，公共服务掌舵者。按奥斯本的观点，政府在治理活动中应越来越经常规定自己扮演催化剂和促进者的角色，即要学会怎样用催化的手段，动员整个社区来促成问题的解决；通过穿针引线把稀缺的公私资源结合起来以达成社区目标。[1] 在贫困地区农村基础设施的后期维护上，政府应可以通过掌舵者角色扮演在宏观与微观层次上服务于农村基础设施的维护，充分发挥农村基础设施维护中村委会、村民、村庄精英的重要作用。

6.4.2.2 进行政策强化，形成良好的激励机制

农村基础设施的后期维护不足，部分原因是受政绩、升迁及短暂任期等诸多不良激励因素制约的。因此，在农村基础设施后期维护机制创新中，必须制定和强化后期维护的相关政策，形成良好的激励机制。

"政策强化"的理论渊源源自政治学中的"共同体"概念和管理学中的"强化"理论（Reinforcement Theory）。俄国的生物学家巴甫罗夫最早提出了"强化"的概念：伴随于条件刺激物之后的无条件刺激的呈现，是一个行为前的、自然额、被动的和特定的过程。而Skinner的操作条件反射中，强化是一种认为操纵，是指伴随于行为之后以有助于该行为重复出现而进行的奖罚过程。简言之，该理论认为人的行为是其所获刺激的函数。[2] 将Skinner的"强化"运用到农村基础设施的后期维护机制中，可以进行如下操作：其一，制定科学、合理的农村基础设施后期维护相关政策；其二，在后期维护相关政策执行的过程中进行政策强化；其三，政策强化应当以"正强化"为主，"负强化"为辅。农村基础设施后期维护过程中的"正强化"主要包括对政府相关负责人提供晋升机会、奖金、表扬、改善工作条件、给予学习和成长的机会等；

---

[1] 戴维·奥斯本、特德·盖布勒著，周敦仁译. 改革政府[M]. 上海译文出版社，2006：1-11.

[2] 斯蒂芬·P·罗宾斯（Stephen P.Robbins），玛丽. 库尔特（Mary Coulter）著，孙建敏译. 管理学（第九版）[M]. 北京：中国人民大学出版社，2008：117.

"负强化"包括批评、处分、降级等。通过政策强化，形成良好的激励机制，保证农村基础设施后期维护获得顺利开展，保障农村基础设施的可持续性。

6.4.2.3 完善的资金管理机制的构建

在农村基础设施后期维护机制的行程中，建立一个完善的筹资机制是使农村基础设施得到维护的重要前提。目前，面对我国农村基础设施的多元化的供给机制，对应的在农村基础设施的后期维护中，就是筹资的多元化。

6.4.2.3.1 多渠道融资机制

其一，农村基础设施后期维护的政府融资。根据传统的公共产品供给理论，由于公共产品具有非竞争性和非排他性的特点，因而应当主要由政府负责提供，弥补市场提供的无效率和资源浪费。同时按照公共财政理论，结合我国国情，公共财政是农村基础设施供给的主要筹资渠道，而农村基础设施的后期维护作为其供给的一个主要部分，我国农村基础设施的维护资金应该政府财政为主。我国财政体制实行的是"一级政府，一级财政"，故决不能抹杀任何一级政府的筹资义务。在具体的农村基础设施后期维护中，县级以上人民政府应加大对农村基础设施的资金投入，在财政预算中安排一定比例的农村基础设施的维护资金以保证农村公路建养有稳定的资金来源；将重点农村基础设施公益事业经费列入县乡财政支出范围，财政支出科目中列农村基础设施资金科目，发展规划和年度投资计划中列农村基础设施建设和维护资金，并建立有效的施行与监督机制加以落实。其二，农村基础设施维护资金的市场筹集。在农村基础设施的供给中，存在着诸多的农村公共物品，诸如通路、改路、通电、通邮、通广播电视、改水等都属于准公共物品的范畴，这些准公共物品可以通过政府供给、市场化供给、自治组织供给及混合供给等方式进行提供。如在乡村村公路的后期维护中，应鼓励社会力量参与农村公路建设，对于交通流量大、效益良好的农村公路项目，可申请实行贷款修路或招商引资建设政策，通过收取过路过桥费实现农村公路建设滚动发展。再次，农村基础设施维护的农民自主筹资。在农村基础设施的后期维护中，农民可根据自身需求，通过成立合作组织自发、自主、合作提供资金，以村集体经济收入或者农民集资缴费等方式来实现。同时，地方政府应该在村集体自筹的基础上，进行鼓励性的资金补贴，提供农村信用联社、农业发展银行等多种低息、无息贷款融资渠道，鼓励个人捐款，实现混合供给。

6.4.2.3.2 农村基础设施养护专项资金使用机制

在农村基础设施的后期维护中，应建立农村基础设施后期维护的专项资金使用机制，县级以上人民政府相关主管部门应加强对农村基础设施养护资金的管理和监督。同时，应对农村基础设施后期维护的专项资金进行专户管理、独立核算、专款专用。首先，农村基础设施设施维护资金应由省级人民政府主管部门根据具体情况进行统筹安排。其次，上级人民政府主管部门应对农村基础设施维护资金使用情况进行定期审计和和监督。再次，农村基础设施的维护资金应由市县财政直接拨给县人民政府相关主管部门，县级人民政府主管部门应按养护计划进行合理拨划，并接受财政部门的审核和监督。最后，其他融资主体投入的养护资金应加入到农村基础设施专项维护资金中，并定期向公路沿线乡镇村公示，强化资金使用的社会监督。

6.4.2.4 政府信息透明机制的构建

在偏远的山村地区，对于农村基础设施的后期维护，其中一个重要问题是保护相关利益主体的知情权，即是使用何种方法与途径，让与农村基础设施养护的有关的信息传达到村民的耳朵里。对于政府来说，信息公开是信息社会中各国政府的必然选择，它既是民主政治赖以建立的基础，也是衡量国家政治民主程度和信息化发展水平的尺标，是民主社会的重要特征。推行政府信息公开，是推进社会主义民主、完善社会主义法制、建设法治国家的重要举措，是建立行为规范、运转协调、公正透明、廉洁高效的行政管理体制的重要内容。

政府信息透明机制的构建主要通过如下方式进行：其一，要丰富村务公告栏中农村基础设施维护的相关信息。乡镇政府公开的信息包括：农村基础设施修建以及维护的预算情况、农村基础设施的资金使用情况、修建以及维护的进度，每个农村基础设施的投工投劳情况等。建立优化各单位的公开目录设置，充实公开内容。按照"以公开为原则，不公开为例外"的总体要求，妥善处理好公开和免于公开两类政府信息的界定，完善主动公开的政府信息目录，方便公众及时了解乡农村基础设施维护的相关信息。其二，要增加召开村民会议的频率。很多村民获得农村基础设施后期维护情况的信息都是通过村民会议，但是村民会议召开次数太少，使得村民无法持续获得所需要的相关信息，因此，村委会应加大村民代表大会召开的频率，把农村基础设施的使用情况、维护情况、资金使用情况等相关信息及时地向村民传递，对于需要维修的农村基础设施，村委会应该通过"一事一议"和村民共同商量对策，在统一意见的基础上向相关部门申请资金的支持。其三，在乡镇政府网站中建立关于农村基础设施后期维护信息公开专栏，在农村基础设施后期维护信息公开专栏中设置维护信息公开模块。充分发挥政府网站第一平台的作用，及时发布和更新农村基础设施后期维护的相关信息。其四，新闻媒体公开。在电视台、广播以及地方广播中定期不定期公开农村基础设施后期维护的相关信息，使当地人民群众了解农村基础设施后期维护的相关内容。

6.4.2.5 完善的监督机制的构建

在农村基础设施投入有限的前提下，如何提高投入效率，防止投入资金的渗漏和挪用，取决于有效的监督机制。"凡是属于最多数人的公共事物常常是最少受人照顾的事物，人们关怀着自己的所有，而忽视公共的事物；对于公共的一切，他至多只留意到其中对他个人多少有些相关的事物。"正如亚里士多德所说，个人理性的行为并不一定能够而且在许多情况下不能够产生最佳的社会共同结果，个人理性并不能保证集体理性。根据公共选择理论的经济人假设，在农村基础设施后期维护中将不可避免地会产生"寻租"、"搭便车"的现象，造成决策执行偏差。因此，在农村基础设施后期维护的过程中，必须加强监督，建立和完善农村基础设施后期维护的监督机制。

从目前的农村基础设施的后期维护情况来看，当前农村基础设施后期维护的监督主体主要包括地方政府、村委会以及全体村民。由于农村基础设施后期维护的资金主要来源于各级财政预算支出，根据《中华人民共和国预算法》："各级人民代表大会和县级以上各级人民代表大会常务委员会有权就预算、决算中的重大事项或者特定问题组织调查，有关的政府、部门、单位和个人应当如实反映情况和提供必要的材料。"所以，各级人民代表大会及常务委员会应该成为农村基础设施维护资金的重要监督主体之一，并且负责监督同级政府是否按公共职能的要求划拨了经费以及经费的使用情况；另外，审计机关理应承担起公共财政支出的审计监督职能；政府作为农村基础设施重要的投资和管理主体，对农村基础设施从预算到建设再到使用以及维护都具有监督作用；村民委员会是村民自我管理、自我教育、自我服务的基层群众性自治组织，是农村基础设施建设的主体，同时对农村地区基础设施的维护具有重要的作用，是农村基础设施后期维护的重要主体；此外，政府的权力来自于人民，对广大西部地区农村居民来说，政府必须对其负责，民主政治也决定了村民（或村民监督小组）对政府的行为享有监督权。

6.4.2.6 草根式的公民参与机制的构建

公民参与贫困地区农村基础设施后期维护机制，是指村民参与到农村基础设施后期维护的过程中，表达自身对农村基础设施服务的需求，参与农村基础设施建设决策制定、评估和执行。参与式方法是指发展主体积极地、全面地介入发展的全过程，及参与项目的选择规划、实施、监督及评价和利益分享的一种方式方法。在农村基础设施后期维护的计划、决策、修建、使用和维护的每一个过程中，每一步都应该由草根式的公民参与。

6.4.2.6.1 建立村民真实需求表达机制

根据公共选择理论，农民对农村公共产品需求偏好的表达方式主要有三种：第一是直接民主制，即直接投票。第二是农民投票选举代表，由他们间接表达农民的意愿，即间接民主。第三是通过媒体呼吁和上访等方式向农村公共产品的决策者表达意愿和提出意见。现实生活中农民对农村公共产品需求偏好的表达主要依靠前两种方式，即直接投票和间接投票。直接投票属于直接民主制，是指集体决策中所有相关利益的人都能直接参与投票决策的制度。在农村村民会议或村民代表会议、乡镇人民代表大会上，由全体农民或农民代表对本社区事宜进行表决，使农民表达真实需求的渠道畅通。在村民自治下，明确村民大会（村民代表大会）作为农村社区最高权力机构对本社区事务享有最终表决权，农村社区公共资源的筹集和公共物品的投资须经村民大会（村民代表大会）表决同意。在农村基础设施的后期维护中，要建立农民的需求表达机制包括：其一，建立有效的信息收集机制，使农村基础设施后期维护的需求信息真实可靠，决策有据可依。首先村民应了解农村基础设施从修建到维护的具体信息，对农村基础设施的养护有深入的了解，并具备一定的养护素质，能清晰地表达自己对于农村基础设施养护的真实需求。其二，基层要完善村民委员会和乡镇人民代表大会的制度，让代表们把对农村公共品的需求形成书面建议，使需求表达程序化、法制化。最后，要完善农民上访制度，重视农民对农村基础设施后期维护需求表达的意见，并做出及时处理和反馈。其三，充分运用各种手段提高农民素质，逐渐培养其农民的自主负责的公民意识，尽可能调动起农民参与农村基础设施养护的积极性、主动性和创造性。

6.4.2.6.2 建立"自上而下"到"自下而上"相结合的民主决策机制

在奥斯特罗姆的《制度激励与可持续发展》和《公共事务的治理之道》中，运用了"制度理性选择"的研究方法来研究问题，这种方法把两个重要因素结合起来。第一是它把参与者视为"有意理性的"，即在对行动方案掌握的信息不完全的情况下，他们努力寻求一些措施使自己的实质目标最大化，参与者往往被假定为自私自利的"经济人"，只关心自身和家庭的利益。第二是认识到同一个人在不同的决策环境中会有不同的表现。[1]因此在农村基础设施的后期维护中，不管是政府、村委会还是居民都存在着使自身利益最大化的有利于自己的决策同时也会由于自身所处的不同的决策环境而做出不同的决策。目前，我国农村基础设施后期维护决策主要是"自上而下"的政府决策机制与自下而上的"一事一议"相分离的决策模式，针对集体决策与民主决策中所存在的问题，相应地就形成了"自下而上"的农民参与决策机制与"自上而下"的政府决策相结合的决策形式。在农村基础设施的后期维护中，相对于政府和公民这两个决策主体，应建立起将利益表达机制和维护决策机制结合、"科学民主决策"和"以农民需求为导向"相结合的农村基础设施后期维护的决策机制。

---

[1] 奥斯特罗姆，施罗德温. 制度激励与可持续发展 [M]. 上海三联书店，2000：35.

7 结论与讨论

7.1 背景再现、方法设计与研究过程

"西部大开发与贫困地区农村基础设施服务保障机制研究"这一选题的提出主要基于三个方面的研究背景：一是起点公平理论和需求层次理论的理论背景。在中国偏远的贫困山区，农村基础设施的建设非常落后，包括农村公路、农田水利等基础设施都很难保障民众的基本需求。而按照起点公平理论，这些偏远地区的民众应该与城市居民或发达地区的农民一样，享有基本生活条件保障的权利。二是西部大开发、地方政府职能转型和新农村建设战略实施的需要等政策背景。在西部大开发战略、"十一五规划"等相关政策背景下，公共物品供给非常薄弱的农村地区，对农村基本公共服务提供力度、创新服务机制等产生了强烈的公共诉求，而本选题正好符合相关政策的精神。三是基础设施发展的城乡二元矛盾和（贫困）农村基本公共服务供给的窘境等现实背景。长期以来，我国实行的城乡二元结构体制，使得公共部门提供公共物品时往往呈现重视城市而忽略农村的局面，这造成贫困地区农村的公共物品非常短缺，致富难、上学难、看病难等问题非常突出。因而，本选题的提出具有重要的理论背景、政策背景及现实背景。

贫困地区农村基础设施服务保障机制研究主要基于公共物品理论、起点公平理论和新公共服务理论的理论视角进行展开。其一，公共物品理论的研究。国内外学者对公共物品理论进行了大量的研究，并取得了丰硕的成果。在总结了国内外学者研究的基础上，笔者将公共物品定义为：在一定范围内人人均可受益，没有人被排斥，增加消费的边际成本为零，即具有非竞争性和非排他性，且不可分割消费的物品与服务。公共物品具有非竞争性、非排他性及不可分割性等特征。根据其特征，完全由市场提供公共物品通常很难达到预期的效果，主要原因是私人部门是"利润最大化"的追求者，而公共物品的非排他性使得私人部门没有利润可寻，最终导致市场失灵。

市场失灵使得政府应担起公共物品供给的责任。但是政府在提供公共物品的过程中也会出现效率低下、政府失灵的现象，特别是在贫困地区，于是人们便开始探寻多元主体联合供给的公共物品提供模式。在此模式中，政府起主导作用，制定相关政策，创造多元化合作环境，鼓励和支持企业（个人）、非营利组织参与提供公共物品，满足贫困地区农村公共物品需求。其二，起点公平理论。根据时间序列，可以将公平分为起点公平与结果公平，而起点公平较结果公平更具激励性，同时起点公平也是结果公平的基础和前提。起点公平受分配等因素的影响，它不仅包括形式上的公平还包括深层次的发展能力公平与发展机会均等。现阶段贫困地区的农村社会发展落后、农业基础薄弱、农民发展渠道狭小、农民增收困难正是农村社会发展能力不足、村民个人发展能力不足的表现。完善贫困地区农村基础设施服务保障机制，合理配置基础设施服务资源，给予公平发展机会，能增强贫困地区农村的社会发展能力和农村居民的个人发展能力，在全面实现小康社会和实现共同富裕过程中实现起点公平。其三，新公共服务理论。新公共服务理论是以美国公共管理学家罗伯特·登哈特为代表的众多公共管理学者对新公共管理的自由化和市场化两大支柱理念的反思。新公共服务以民主公民权、社区与公民社会理论、组织人本主义和新公共行政、后现代公共行政为理论来源，主张促进公共服务的尊严和价值；将民主、公民权和公共利益的价值观重新可定为公共行政的卓越价值观。具体包括了服务于公民，而不是服务于顾客；追求公共利益；重视公民权胜过重视企业家精神；思考要具有战略性；承认责任并不简单；服务，而不是掌舵；重视人，而不只是重视生产率等理念。新公共服务理论的价值取向、主张符合我国现阶段政治发展、经济建设、社会管理的要求，能够为政府提供农村基础设施服务提供理论指导。

  本研究综合运用了实地调查法、理论分析法以及实证研究法等研究方法，对研究过程中前期的实地考察、资料收集、后期的资料整理和论文撰写等各阶段调查和解析。其一，在实地调查法方面，主要采用了抽样问卷、深度访谈及参与观察三种方法。抽样问卷法是在调研样本中，每村随机抽取一定比例的农户进行问卷调查的过程。本研究基于不同的角度共设计了《村民对目前农村公共服务的需求偏好排序》《农村基础设施建设满意度调查》《农村合作医疗服务满意度调查》《农村基础教育服务满意度调查》及《欠发达农村地区基本公共服务提供村民心态的总体性调查》5份问卷，总共发放问卷600份，并共回收了570份。受到各种因素的影响，有效问卷的数量和质量为91%。深度访谈主要包括了政府主管领导或负责人、村委及民间精英等三类人群，共获得访谈记录 34 份。参与观察则主要是对具有一定选材意义的村庄或农村社区进行阶段性蹲点观察或针对性事件的观察，其中多数时间以蹲点观察为主，并且一共参与观察了 10 个自然村庄。其二，在理论分析方面，根据研究阶段的不同，主要采用了比较分析方法、文献分析方法及政策分析和公共管理学的方法等进行研究。同时还对边沿经济学、政治学、社会学及管理学等学科的基础理论进行了反思和糅合借鉴。其三，在实证研究方面主要运用了统计分析和个案分析等研究方法。综上，本研究采取了定性分析与定量分析相结合的研究方法，对理论价值、政策过程逻辑与公共服务机制运作中分析工具运用的相互关系进行综合平衡，提高了理论成果的实践指导意义。

本研究的研究过程主要分为如下四个阶段：理论分析和研究模型的构建——实证研究——调研数据整理、统计、建模与问题分析——政策建议。其一，理论分析和研究模型构建阶段主要包括基本概念范畴的界定及其相互关系、理论假设、贫困地区农村基础设施服务提供保障机制选择的影响因素、设定变量及构建研究模型等内容；其二，实证研究阶段是本课题研究的重点，其主要研究任务有：抽样范围的确定、考察内容的拟定、实施调查等；其三，调研数据整理、统计、建模与问题分析阶段主要包括两个方面的研究内容：首先，是对调研的数据材料归纳整理和统计，并运用 SPSS 建模进行相关性分析，做到定性分析和定量分析、理论研究和规范研究的有机结合；其次，是根据前述统计分析和 SPSS 分析，发现问题，从与贫困地区农村基础设施服务提供保障机制选择相关的各个层面和要素进行问题根源剖析，如地域条件、群众理解与合作程度、民众满意度等。其四，政策建议阶段主要包括决策理论依据的阐述和政策建议的提出两个部分。

7.2　主要研究结论

机制就是制度加方法或者制度化了的方法，含有制度固化的倾向，是经过实践检验证明有效的、较为固定的方法，是行动主体的偏好显示工具或者是经验型的概括性认识。即是行动主体通过实践探索得出的有效的经验性工具，并随着实践到认识再到实践不断循环往复，针对某类特殊问题正确解决的合适方法。机制无论在政治领域、经济领域、社会领域、文化领域还是在公共管理领域，机制皆具有某一共性——工具性,皆具有某一作用——普适性作用。机制在这些领域内皆被视作工具来实现某一目标。在各个领域内,面对各类困境,机制皆能够灵活地、有针对性地运用其特有的方法或制度加以解决,共同推动各领域内各项事业发展。而机制在西部大开发背景下的贫困地区农村基础设施服务保障研究中有什么作用呢?这需要具体问题具体分析。本论文根据农村基础设施服务提供相互衔接的不同环节或阶段将农村基础设施服务保障机制分为农村基础设施服务决策保障机制、农村基础设施服务资金保障机制、农村基础设施服务质量保障机制、农村基础设施后期维护保障机制。在这些领域内,机制起什么作用呢?在制定农村基础设施服务决策过程中,机制将保障决策的科学化、民主化,使决策的预期目标和实际结果尽量符合贫困地区农村居民需要的目标。在筹集农村基础设施服务资金过程中,机制将保障基础设施服务供给所需资金得到满足,及时实现公共利益。在保证农村基础设施服务质量过程中,机制将保障贫困地区居民获得具有功能性、普适性和安全可靠性的基础设施服务,以满足农村居民对基础设施服务的需求。在基础后期维护中,机制将保障基础设施的可持续利用,充分发挥基础设施应有的功能。此为本研究的结论之一。

根据理性经济人假设,人(行动主体)是自私,都追求个人效用最大化。这在农村基础设施服务供给过程中,服务供给主体会滥用职权、玩忽职守、寻求私利提供了合理"借口"。而农村基础设施服务是农村经济、社会进一步发展的基础,也是促进村民个人发展的前提。农村基础设施服务是否合理、合法、有效地供给事关贫困地区居民切身利益。所以村民必须对供给主体的行为进行监督,以保障供给主体的行为符合自身的利益要求。而机制作为供给主体提供贫困地区农村基础设施服务的有效工具,如果不对其进行有效的监控,将会流于形式,丧失其应有的功能。故,在农村基础设施服务提供过程中,将公众(村民)纳入基础设施服务提供机制体系中,一方面能够发挥公众的自主性,在基础设施服务供给中贡献自身的一部分力量,另一方面也能监督供给主体是否合理、有效地运用基础设施服务供给机制。再且,村民主动参与农村基础设施服务提供能够增加对基础设施服务供给主体的认同感,促进基础设施服务供给活动顺利展开;也能够提高村民自身的民主参与能力、监督能力。由此可见,基础设施服务供给主体将村民纳入基础设施服务供给过程,是支持自身活动的一个重要方式,也是给村民提供了提高自身能力的一个重要机会,而村民主动参与基础设施服务供给过程,也是给自己搭建了一个展示自身能力的舞台。这也是为什么在农村基础设施服务供给的决策过程、资金筹集过程、质量保障过程和后期维护过程中均体现公民参与的原因。此为本研究的结论之二。

一般而论，机制定位于系统建构和制度理性外化的工具选择层面，其既是静态的也可能是动态的。机制是动态的怎么理解呢？当事物内在属性发生变化时，或者外在整体环境发生变化时，原先的机制就可能无法有效作用于新事物或新环境，这时候就需要机制的创新，以面对新的事物和环境。这体现了机制的动态性。但根据环境变化而进行的机制创新并不是盲目的，而是根据事态的实际情况、事物的内在属性或者运动发展规律，探索的最合适、最有效、可行性强、最具有针对性的作用机制，以符合实际情况，推动事物朝着预期目标的发展。现阶段公共服务供给机制也经历了一个动态变化发展的过程，这一变化发展过程也是随着新环境而展开的。即，公共服务供给机制经历了单一政府供给到政府、市场、第三部门等供给主体多元化供给机制的动态变化发展过程，随后众多学者根据对现实世界的实践调研，发现了许多的、独立于第一部门和第二部门作用范围的其他公共服务供给机制，如集体行动供给机制、个人英雄主义供给机制、公共服务自助生产机制、关系资本供给机制等。在西部大开发背景下的贫困地区农村基础设施服务供给研究中，基础设施服务供给机制也需要创新，并且也已经出现了新的供给机制。在此次研究中，首先从决策机制、资金筹集机制、质量保障机制和后期维护机制四个方面阐述贫困地区农村基础设施服务提供的实践历程，然后再根据这四方面进行实证研究，以期发现新问题，为机制创新做好前提准备。为什么会安排这样的一个写作思路呢？为什么要经历这样的一个过程呢？正如前面所述，机制具有动态性，机制创新需要根据实际情况而产生，需要根据时代新要求，需要根据基层政府在贫困地区农村基础设施服务中的能力和村民的能力来产生，而不是凭空捏造，这也此次研究的结论之三，即机制需要创新。

农村之所贫困是受市场经济、国家政策、资源禀赋差异等因素的影响，而且导致地区差距、城乡差距不断扩大。现在要解决这些问题，仅仅单一依靠传统的方法或仅仅依靠现代市场化工具、工商管理技术和社会化手段都难以奏效，需要传统技术与现代管理工具的结合。既要充分发挥传统技术优势，又要融合现代管理工具优点结，才能在解决这些问题过程中起到事倍功半的效果。各类管理技术都包含特有的管理思想，传统技术包涵的主要思想是公平，现代管理技术体现的思想主要是效率。为此，要解决贫困地区贫困，解决农村地区基础设施服务缺乏，需要将公平和效率结合起来，既保障贫困地区能够享受到公平的待遇，又能够保障不出现因公平带来的效率低下等问题，使贫困地区居民实实在在受实惠。由于贫困农村地区特有的特点和基于全国"一盘棋"考虑，在公平和效率的权重方面必须有差异。农村地区在历史上为了促进城市发展做出过巨大贡献，基于公平理念，现阶段应该大力发展农村，而农村基础设施服务是农村发展的前提条件。正如十八届三中全会坦言，城乡二元结构是制约城乡一体化发展的主要障碍。所以，必须健全农村基础设施服务提供机制，形成以工促农、以城带乡、工农互惠、城乡一体的新型工农城乡关系。随着市场经济的发展，各类行动主体深受市场经济思潮的影响，以自利人的思想行事，过度关注效率而忽视公平。在市场化过程中，贫困地区受资源禀赋因素的影响，效率低下，必定难以和城市、其他发达地区进行竞争。故此，在本研究中，就是笔者为什么以公共物品理论、起点公平理论和新公共服务理论为理论基础，在具体机制研究中又融合现代管理技术的原因。此为本研究的结论之四。

7.3 对可能产生争议问题的进一步阐释

7.3.1 此次研究中运用多学科分析法的原因

在研究某一问题时，大多数研究者为了使研究结论更具有针对性而倾向于采用该问题所属学科的研究方法进行研究。但是随着社会发展，研究问题更具复杂性，某种情况下用该学科的研究方法难以探究问题的根源，需要从多方面、多角度来认识问题。通过各学科之间思想理论与研究方法的融合或互补来共同探讨问题的根源。这也是多学科分析方法能够产生并大量运用的原因之一。在西部大开发背景下研究贫困地区农村基础设施服务提供保障机制，其研究对象是贫困地区农村基础设施服务提供保障机制。从这里我们可以看出，研究对象是一组要素组合，包含基础设施服务的受惠者——贫困地区农村居民、机制的作用对象——基础设施服务、基础设施服务提供工具——机制三个要素。这三类要素是各个学科领域研究的重点内容。例如贫困地区居民研究涉及社会学、政治学，公共服务涉及公共管理学和经济学，而机制差不多是每个学科都不开的内容。为了使本论文合理有效地探究研究对象的内容、特点、作用方式等，必须运用多学科分析法。

因此，在此论文撰写和观点论证中，主要运用政策分析和公共管理学的方法，辅以经济学、政治学、社会学以及管理学的基本理论或原理。对边沿经济学（理性人假设的适用性及其限度、新制度主义以及集体行动理论)、政治学(对公共利益、社会平等的界定和研究前提设定、精英理论以及治理理论中的社会动员、公共事务合作参与思想与公共精神)、社会学(社会资本理论、网络理论及社会交往心理等)及管理学(组织行为学、效率论以及绩效评价体系等)的基础理论在适当情景和场域中进行反思和糅合借鉴，可以算作本书规范研究的基本特点。

7.3.2 农村基础设施是准公共物品还是纯公共物品

公共物品是指在一定范围内人人均可受益，没有人被排斥，增加消费的边际成本为零，即具有非竞争性和非排他性，且不可分割消费的物品与服务。根据其非排他性和非竞争性的拥有程度，可将其划分为纯公共物品、准公共物品。纯公共物品是同时具有完全非排他性和完全非竞争性，准公共物品不完全具有非竞争性和非排他性。根据定义和属性，农村基础设施属于纯公共物品还是准公共物品呢？为了更详细地阐释农村基础设施的物品属性，首先对农村基础设施进行分类。根据众多学者的观点，农村基础设施基本可以分为三类：一类是生产性基础设施，如农田水利设施、田间道路等为支持农业生产所需的配套基础设施；二类是服务性基础设施，如农村信息工程、农村信贷、农村保险等；三类是流通性基础设施，包括农村道路、通讯设施等。以农田水利设施为代表生产性基础设施具有固不可移动和可持续利用的特点，不可移动和可持续利用决定了其具有排他性和非竞争性，属于典型的准公共物品。农村保险的主要受益人农村居民，对其他公民具有排他性，但不具有竞争性，所以，以农村保险为代表的服务性基础设施也是典型的准公共物品。由于受地形、植被、水文等因素的影响，广大农村属于分散型聚落，决定了农村道路呈分散分布。分散型的农村道路难以实现排他和进行竞争，此时，农村公路具有纯公共物品属性。但是些农村地区的道路不是分散分布或者受经济发展因素的影响，能够使用收费制度排除有些消费者。这时就具有准公共物品属性。总之，在判断农村基础设施是属于纯公共物品还是准公共物品时，要根据基础设施具体项目内容或者根据当地农村经济、社会发展因素以及地理环境因素进行分析，但是，无论是准公共物品还是纯公共物品，都属于公共物品范畴，其最重要的供给主体仍然是政府。

7.3.3 在市场不愿意提供农村基础设施情况下还会提供的原因

其一，政府和市场是促进社会、经济发展的主要两股力量。在农村基础设施服务供给过程中，政府是最重要的供给主体，然而政府却不是万能的，存在政府政策失误、政府机构行政效率低下、寻租腐败、政府机构臃肿等政府失灵现象。作为政府最重要的合作伙伴——市场，必须发挥其特有的优势，通过竞争实现高效率，以弥补政府的缺陷。

其二，企业作为最重要的市场主体，在经济活动中，不只是对股东负责的、以盈利为目的的独立实体，还是对社会负责、增进和保护社会福利的行为主体。现阶段，在公共服务供给领域，公共服务的供给责任和生产责任相分离的市场化机制广泛流行，这给企业介入公共服务供给领域并且获得合适的利润回报提供了契机。而在贫困地区，企业介入基础设施服务供给，受贫困的经济社会发展相对落后状况的影响，其并不一定能够获取合适的利润回报，但是为什么还要介入呢？这就是企业社会责任使然。提供农村基础设施服务能够加快贫困地区居民脱贫致富的步伐，能够使贫困地区居民更好地享受发展带来的成果，能够使贫困地区居民尽快地实现中国梦。

7.4 研究不足与展望

7.4.1 本研究存在的不足

7.4.1.1 数据收集方面存在的不足

本研究的数据收集主要采取问卷调查和深入访谈等方式，并且问卷设计和访谈提纲等涉及了需求偏好排序调查、农村基础设施建设满意度调查、农村合作医疗服务满意度调查、农村基础教育服务满意度调查以及欠发达农村地区基本公共服务提供村民心态的总体性调查，调查内容非常广泛、全面。

但是要使问卷及访谈能够反映贫困地区农村基础设施服务保障机制的真实情况，我们必须对相关领域进行足够的深入研究和认识。例如：我们认为民众对农村基础设施的满意程度体现了基础设施质量的高低，因而，对于民众满意度高的农村基础设施我们便认为该类设施修建的质量好，反之则质量不好。然而，我们的问卷并未涉及更进一步的问题，证明民众的满意度与农村基础设施修建的关系。因为民众的满意度高低，有可能受个体对基础设施的期望、个人的认知、经历甚至是面临的压力等因素的影响而并不是基础设施的质量本身。因而，本研究在数据的获取上还存在一定的缺陷和不足之处。

7.4.1.2 研究模型方面存在的不足

本研究构建了贫困地区农村基础设施服务保障机制研究的分析模型，但在进一步的研究中，仅运用了数据统计图表、案例分析等对相关问题进行分析，而全面、系统的模型验证还比较欠缺。主要原因是受调查数据、研究方法等因素的限制。这是本研究的一个缺憾和不足所在。

7.4.2 研究展望

在以后关于农村基础设施服务提供的研究中，可以从数据获取的科学性和有效性、合理运用研究方法、理论研究和实证研究的有效结合等方面入手，增强研究的理论意义和现实作用。

一是数据获取更具科学性和有效性。首先是相关研究指标的构建要更具科学性、系统性，使其更能反映农村基础设施真实的情况；其次，在问卷、访谈的设计和实施调查的过程中，一定要做到系统、深入，提升调研数据的有效性，并显示数据间内在的相关性。

二是加强对研究方法的运用，特别是比较分析法在数据整理和分析过程中的应用。在本研究中，选取了多个调查样本进行调研，但调研结果分析中并未对样本间的异同进行比较分析。因而，在以后的研究中，需加强对同类型或不同类型调研样本进行对比分析，鲜明地呈现不同调研样本间的性质、差异，从而也更能对症下药，针对不同地区农村基础设施修建的实际情况及存在的问题提出适当的政策建议，从而促进农村村基础设施高效、可持续的发展。

三是理论研究和实证研究更好地结合起来研究。首先，构建完善的农村基础设施服务提供的理论分析模型，使研究具有明确的方向性、目的性。其次，获取充分、有效的调研数据，这是进行模型验证的基础。最后，运用调研数据，对模型进行验证。将理论模型和现实数据相结合进行研究，更好地掌握农村基础设施建设取得的成绩和存在的不足，使政策建议的提出更加有的放矢。

参考文献

[1] 埃莉诺·奥斯特罗姆等著,陈幽泓等译. 制度激励与可持续发展 [M]. 上海三联书店,2000.

[2] 埃莉诺·奥斯特罗姆. 公共事务的治理之道 [M]. 上海三联书店,2000.

[3] 巴东县 2010 年国民经济和社会发展统计公报.

[4] 白永秀、赵伟伟. 新一轮西部大开发的背景、特点及其措施 [J]. 经济体制改革,2010(5).

[5] [美] 彼得.德鲁克. 后资本主义社会 [M]. 北京:东方出版社,2009.

[6] 薄磊、张晓静、解少勇. 农村基础设施建设中农民合作问题的思考 [J]. 商品与质量,2010(7).

[7] 曹健. 马秀珍委员:农田残膜污染不容忽视 [EB/OL].(2013-03-10)[2013-10-07]. http://news.xinhuanet.com/politics/2013-03/09/c_114963987.htm.

[8] 常雪梅. 中共中央关于推进农村改革发展若干重大问题的决定 [EB/OL].(2008-10-20)[2013-10-05]. http://cpc.people.com.cn/GB/64093/64094/8194418.html.

[9] 长阳县国民经济和社会发展统计公报.2012.

[10] 长顺县 2013 年政府工作报告.

[11] 陈绂、聂鸿音. 现代汉语词典(第一版)[M]. 北京师范大学出版社,1993.

[12] 陈党. 公民监督的功能及其实现途径探讨 [J]. 政治与法律,2008(7).

[13] 陈莉、何兆益、乔墩. 重庆市农村公路养护管理研究 [J]. 重庆交通大学学报(自然科学版),2008,27(3).

[14] 陈振明. 公共管理学——一种不同于传统行政学的研究途径 [M]. 中国人民大学出版社,2003.

[15] 陈振明. 加强对公共服务提供机制与方式的研究 [J]. 东南学术,2007(2).

[16] 陈振明. 公共管理学 [M]. 北京:中国人民大学出版社,2005.

[17] 陈振明. 政策科学——公共政策分析导论(第二版)[M]. 北京:中国人民

大学出版社, 2003.

[18] 陈振明. 公共政策学——政策分析的理论、方法和技术 [M]. 北京：中国人民大学出版社, 2004.

[19] 陈振明, 贺珍. 合约制政府的理论与实践 [J]. 东南学术, 2007(3).

[20] 陈振明、卢霞、张娜. 我国政府社会管理的现状及问题分析 [J]. 东南学术, 2005(4).

[21] 陈喜贵. 西部新农村建设战略思考 [J]. 经济与社会发展, 2008(7).

[22] 大卫·休谟. 人性论 [M]. 关文运译. 陕西：陕西人民出版社, 2007.

[23] 戴维·奥斯本, 特德·盖布勒著, 周敦仁等译. 改革政府 [M]. 上海译文出版社, 2006.

[24] [美] 戴维奥斯本、特德盖布勒《改革政府》, 周敦仁译, 上海译文出版社, 2006.

[25] [美] 道格拉斯.C.诺思. 制度、制度变迁与经济绩效 [M] 上海：上海人民出版社, 2008:3.

[26] [美] 丹尼尔.W.布罗姆利. 经济利益与经济制度—公共政策的理论基础 [M]. 上海：上海人民出版社, 2006.

[27] 丹尼斯·缪靳著, 张军译. 公共选择 [M]. 生活、读书、新知三联书店上海分店出版, 1993.

[28] 邓小平. 邓小平文选（第三卷）[M]. 中央要有权威 [C]. 北京：人民出版社, 1993.

[29] 邓小平《解放思想, 实事求是, 团结一致向前看》, 1978年11月.《邓小平文选》第2卷.

[30] 丁煌. 西方公共行政管理理论与精要 [M]. 中国人民大学出版社, 2005.

[31] 丁煌. 完善政府系统的权能配置是防治我国现阶段政策执行阻滞的关键 [J]. 南京社会科学, 2003(7).

[32] 丁煌. 论政策有效执行的合法性基础 [J]. 天津行政学院学报, 2004(2).

[33] 丁煌, 定明捷. 政策执行过程中政府与公众的谈判行为分析—非对称权力结构的视角 [J]. 探索与争鸣, 2010(7).

[34] 丁煌. 我国现阶段政策执行阻滞及其防治对策的制度分析 [J]. 政治学研究, 2002(1).

[35] 丁煌, 李晓飞. 逆向选择、利益博弈与政策执行阻滞 [J]. 北京航空航天大学学报（社科版）, 2010(1).

[36] 杜帮云. 分配公平论 [M]. 人民出版社, 2013.

[37] E·S·萨瓦斯. 民营化与公私部门的伙伴关系 [M]. 中国人民大学出版社, 2002.

[38] 发改委：确保西部经济增速超过东部..[EB/OL].(2012-02-23)[2015-01-15]. http://xwzx.ndrc.gov.cn/mtfy/zymt/201202/t20120229_464636.html.

[39] 冯林. 农村基础设施财政支出方式研究 [D]. 山东农业大学, 2010.

[40] 付池斌. 舆论监督司法的有效模式 [J]. 河南公安高等专科学校学报, 2006(3).

[41] 冯海波, 委托代理关系视角下的农村公共物品供给 [J]. 财经科学, 2005(3).

[42] 高布权. 西部欠发达地区新农村建设的主要问题及对策 [J]. 延安大学学报, 2007(2).

[43] 高兴武, 公共政策评估：体系与过程 [J]. 中国行政管理, 2008(2).

[44] 贾五贝. 从怎么看到怎么办·理论热点面对面 2011. 怎么解决分配不公 [EB/OL]. (2011-08-11) [2013-10-09]. http:// www.wenming.cn/ll_pd/llrdmdm/zxdt/201108/t20110816_285002_1.shtml.

[45] 关慧. 中国农村公共物品供给不足的财政政府研究 [D]. 辽宁大学, 2009.

[46] 古俊晖. 国库集中支付制度下财政直接支付方式的账务处理探讨 [J].2012(4).

[47] 顾夏良. 当前我国居民收入差距继续拉大的现状与对策 [J]. 科学·经济·社会, 2004(1).

[48] 郭鹰. 民间资本投资农村基础设施的必要性与可行性 [J]. 武汉商业服务学院学报, 2008(4).

[49] 郭瑞萍. 农村基础设施养护机制研究 [J], 西北大学学报, 2009(4).

[50] 郭洲. 西部地区新农村建设的基础分析与对策研究 [J]. 科学·经济·社会, 2007(2).

[51] 郭洲. 欠发达地区城镇化进程中的产业支撑 [J]. 天水行政学院学报, 2005(4).

[52] 国家统计局.2012 年国民经济与社会发展统计公报 [EB/OL].(2013-02-22)[2013-10-08].http://www.stats.gov.cn/tjgb/ndtjgb/qgndtjgb/t20130221_402874525.htm.

[53] 国家发展和改革委员会. 农村基础设施建设发展报告（2008 年）[M]. 北京：中国环境科学出版社, 2008.

[54]《国务院关于进一步推进西部大开发的若干意见》, 2004 年 3 月 22 日.

[55] 韩俊、徐小青、郭建军、于保平、秦中春、张云华、樊雪志."十二五"时期农村改革发展的基本思路与建议 [EB/OL].(2010-09-14)[2013-10-05].http://www.drc.

gov.cn/ncjjyjb/20100914/147-224-2859873.htm.

[56] 韩鹏云、刘祖云. 农村"一事一议"制度变迁：理论内涵与路劲创新 [J]. 山东大学农业大学学报（社会科学版），2012(2).

[57] 郝守义、安虎生主编. 区域经济学 [M]. 经济科学出版社，1999.

[58] 贺东伟、袁博、侯婷. 西部大开政策与西部经济发展的关联 [J]. 重庆社会科学，2009(2).

[59] 何四娥. 公共政策执行中人力资源管理存在的问题及对策研究 [D]. 湖南：湘潭大学，2010.

[60] 胡惊涛：今后10年中国西部经济实力大上台阶 [EB/OL].(2010-07-07)[2015-01-15].http://xbkfs.ndrc.gov.cn/gzdt/201007/t20100707_359518.html.

[61] 何润. 淳安建立农村基础设施维护长效机制 [EB/OL].(2013-10-16)[2013-10-29].http://www.qdh.gov.cn/issue/root/main/index/index_bmdt/20131016/297edff8414faa190141beae5de63f98/index.shtml.

[62] 胡武贤，江华. 农村公共物品市场化供给与政府监管 [J]. 改革与战略，2008(12).

[63] 胡长清. 共同富裕论 [M]. 湖南人民出版社，1998.

[64] 花垣县人民政府网. 花垣简介，2010.

[65] 花垣县国民经济和社会发展统计公报. 2010.

[66] 黄振辉. 多案例研究与单案例研究的差异与进路安排 [J]. 管理案例研究与评论，2010(2).

[67] 黄志冲. 农村公共产品供给机制创新 [J]. 现代经济探讨，2000(10).

[68] 侯岐军、任燕顺. 基于项目管理的农村基础设施建设与管理研究 [J]. 农业经济问题，2006(8).

[69] [英] 简. 莱恩. 新公共管理 [M]. 北京：中国青年出版社，2004.

[70] 建设社会主义新农村学习读本 [Z]. 新华出版社.2006.2.

[71] 《江泽民文选》第3卷 [M]. 人民出版社，2006.

[72] 蒋时节，申立银，彭毅，杨建伟. 农村基础设施投资效果评价的关键指标遴选 [J]. 农业工程学报，2010(9).

[73] 靳永翥. 关系资本：贫困乡村公共服务提供机制研究的新视阈 [J]. 东南学术，2009(5).

[74] 靳永翥. 公共服务提供机制 [M]. 社会科学文献出版社, 2009.

[75] 鞠晴江, 庞敏. 基础设施对农村经济发展的作用机制分析 [J]. 经济体制改革. 2005(4)

[76] [美] 肯尼斯.J. 阿罗. 社会选择与个人价值 [M]. 上海: 上海人民出版社, 2010.

[77] [德] 柯武刚, 史漫飞. 制度经济学: 社会秩序与公共政策 [M]. 上海: 商务印书馆, 2004.

[78] 孔伟艳. 制度、体制、机制辨析 [J] 重庆社会科学, 2010(2).

[79] 李秉龙、张立承等. 贫困、公共财政与公共物品 [M]. 中国农业出版社, 2004.

[80] 李萍、陈志舟、李秋红. 统筹城乡发展与效率公平的权衡 [J]. 西南财经大学出版社, 2006.

[81] 李爽. 起点公平和机会公平是现实分配公平的前提与基础 [J]. 中国金融, 2007(16).

[82] 李纯、何兆益和李丽民. 农村公路养护管理模式的研究 [J]. 公路, 2007(6).

[83] 李长文, 我国公共政策评估: 现状、障碍与对策 [J]. 兰州大学学报（社会科学版）, 第 37 卷第 4 期, 2009 年 7 月.

[84] 李秀梅, 席加. 农村基础设施建设融资方式思考 [J]. 经济论坛, 2009(21).

[85] 缪国亮. 公共财政的含义及我国财政模式的选择 [J]. 南方经济, 2000(9).

[86] 陆迁, 何学松. 民间资本介入农业基础设施领域的障碍与建议 [J]. 西北农林科技大学学报（社会科学版）, 2006.

[87] 吕维霞. 论公众对政府公共服务质量的感知与评价 [J]. 华东经济管理, 2010(9).

[88] 罗伯特·B·登哈特, 珍妮特·V·登哈特著, 丁煌译. 新公共服务: 服务, 而不是掌舵 [M]. 中国人民大学出版社, 2004.

[89] 理查德·C·博克斯著, 孙柏瑛译. 公民治理: 引领 21 世纪的美国社区 [M]. 中国人民大学出版社, 2005.

[90] 林万龙. 农村公共物品的私人供给: 影响因素及政策选择 [M]. 中国发展出版社, 2007.

[91] 林毅夫. 对新农村建设的几点建议 [J]. 科学决策, 2006(8).

[92] 林毅夫.加强农村基础设施建设启动农村市场农业 [J]. 经济问题,2000(7).

[93] 刘放.我国农村基础设施建设投融资模式创新研究 [J]. 中国农业银行武汉培训学院学报,2008(4).

[94] 刘巧艳.新时期我国政府职能研究综述 [J]. 四川理工学院学报(社会科学版),2013,28(1).

[95] 刘志生.论我国政府经济职能的定位及实现途径 [J]. 上海经济研究,2008(2).

[96] 刘天军.农业基础设施项目管理研究 [D]. 西北农林科技大学,2008.

[97] 刘溶沧.谈谈公共财政问题 [J]. 求实,2001(12).

[98] 刘尚希.消费公平、起点公平与社会公平 [J]. 税务研究,2010(3).

[99] 龙兴海、曾伏秋.农村公共服务研究 [M]. 湖南人民出版社,2009.

[100][美] 罗森斯坦·罗丹 (Paul Rosenstein-Rodan). 大推进理论笔记 [M]. 美国圣马丁出版社,1966.

[101] 罗斯托.从起飞进入持续增长的经济学 [M]. 成都：四川人民出版社,1988.

[102] 龙兴海,曾伏秋等.农村公共服务研究 [M]. 湖南人民出版社,2009.

[103] M.P. 托达罗.第三世界的经济发展 [M], 中国人民大学出版社,1988.

[104] 莫连光,谢征.湖南农村基础设施供给的社会路径 [J]. 湖南城市学院学报,2011(1).

[105] 彭代彦.农村基础设施投资与农业解困 [J]. 经济学家,2002,(5).

[106] 彭剑锋.人力资源管理概论 [M]. 复旦大学出版社,2003.

[107] 彭涛.情系农村百姓,关心农村发展 [EB/OL].(2010-10-09)[2013-10-06]. http://www.counsellor.gov.cn/Item/8041.aspx.

[108] 黔南州水利局.村民"一事一议"自主建水利——龙里县麻芝乡龙云村人畜饮水工程记实 [EB/OL].(2007-01-19)[2013-10-07].http://www.qngzmwr.gov.cn/article.asp?articleid=1503.

[109] 秦波.娄山关下美如画,三大产业铺就了小康路 [N]. 贵州日报,2013-03-28.

[110] 邱爱军、孟育建.我国农村政策决策机制分析 [J] 中国农业大学学报（社会科学版）,2009(3).

[111] 区莹.政府投资工程项目决策监督机制研究 [J]. 经济师,2007(2).

[112] 萨伊 (1803),王福生译.政治经济学概论 [M], 北京：商务印书馆,1997.

[113] 邵蕴然.教育公平呼唤教育起点公平 [J]. 经济师,2012(8).

[114] 宋鸽. 电子治理视野下新闻舆论监督模式的选择 [J]. 行政与法, 2006(7).

[115] 孙柏瑛. 当代地方治理：面向21世纪的挑战 [M]. 北京：中国人民大学出版社, 2004,

[116] 孙开、田雷. 农村基础设施建设与财政投入研究 [J]. 经济研究参考, 2005(18).

[117] 孙继军. 关于农村基础设施建设几个问题的思考 [J]. 西安邮电学院学报, 2011,16(5).

[118] 孙良. 我国农业基础设施存在的主要问题及对策 [J]. 农业经济, 2002,(4).

[119] 孙晖、张雪、孟令一. 农村基础设施建设调查研究 [J]. 金田社会视野，第304期.

[120]《十六大以来重要文献选编》（上）.

[121] 沈子兰, 小苗. 对我国农村公共产品供给决策机制的探讨. 法制社会 [J],2011(02).

[122] 世界银行. 世界银行发展报告(1994年)[M], 中国财政经济出版社, 1995.

[123] 世界银行.1997年世界发展报告 [M]. 蔡秋生等译. 北京：中国人民大学出版社，1997.

[124] 世界银行.1994世界发展报告 [R]. 北京：中国财政经济出版社,1994.

[125] 世界银行东亚与太平洋地区, 改善农村公共服务 [M]. 中信出版社, 2008年

[126][美] 斯蒂芬·P·罗宾斯（Stephen P.Robbins）、玛丽.库尔特（Mary Coulter 著, 孙建敏译. 管理学（第九版）[M]. 北京：中国人民大学出版社,2008.

[127][美] 斯蒂格利茨 (George Joseph Stigler). 经济学 (第二版)[M], 北京：中国人民大学出版社,2000.

[128] 斯蒂格利茨. 经济学 [M]. 北京：中国人民大学出版社，1997.

[129] 汤法远. 政府公共政策执行力弱化的原因及其强化对策—基于执行人员视角的分析 [J]. 毕节学院学报, 2006(6).

[130][美] 托马斯·戴伊. 理解公共政策 [M]. 北京：中国人民大学出版社, 2010(6).

[131] 王乐夫、蔡立辉. 公共管理学 [M]. 中国人民大学出版社,2008.

[132] 王磊、胡鞍钢. 结构、能力与机制：中国决策模式变化的实证分析 [J]. 探索与争鸣, 2010(6).

[133] 王宁.个案研究中的样本属性与外推逻辑 [J].公共行政评论,2008(3).

[134] 王伟.国务院扶贫办赴海南、四川、甘肃、内蒙古、宁夏五省区开展建议办理调研 [EB/OL].(2013-08-16)[2013-10-05].http://www.npc.gov.cn/npc/xinwen/dbgz/yajy/2013-08/16/content_1803193.htm.

[135] 王冬辉、宋亚军、王延平.完善行政权力运行监督机制问题研究 [A].吉林省行政管理学会"提高政府执行力"学术研讨会论文集,2009.

[136] 王浦劬.政治学基础 [M].北京:北京大学出版社,2005.

[137] 王绍光、樊鹏."集思广益"决策:比较视野下的中国智库 [J].中国图书评论,2012(8).

[138] 王广起,张德升.我国农村基础设施供给机制的完善与创新 [J].经济纵横,2006(5)

[139] 王昉,江建平.创新投资机制与农村基础设施建设:以长三角区域为视角 [M].上海财经大学出版社,2011.

[140] 温思美、张乐柱等.农村基础设置建设中的财政资金管理研究 [J].华南农业大学学报社会科学版,2009(1).

[141] 温思美,张乐柱,许能锐.农村基础设施建设中的财政资金管理研究 [J].华南农业大学学报(社会科学版),2012(1).

[142] 吴雷廷.关于加强农村公路基础设施管护落实乡村康庄工程道路养护责任建议 [EB/OL].(2007-05-22)[2013-11-01].http://www.zjt.gov.cn/art/2007/5/22/art_74_70401.html.

[143] 吴庆.基础设施融资指南 [J].中国投资,2001(1).

[144] 吴建南,张萌,黄加伟.基于ACSI的公众满意度测评模型与指标体系研究 [J].广州大学学报(社科版),2007(1).

[145] 武建权、史建、刘琦、张历军、郝晓慧.山东省农村公路养护管理机制研究 [J].山东交通科技,2008(4).

[146] 武高寿.健全决策民主体制完善民主决策机制 [J].理论探讨,2002(5).

[147] 武勇锋、李霖颖.政府社会职能的界定与履行 [J].电子科技大学学报(社科版),2012,14(3).

[148] 我国西部地区综合经济实力大幅提升 [EB/OL].(2012-02-23)[2015-01-15].http://xwzx.ndrc.gov.cn/mtfy/dfmt/201202/t20120229_464594.html.

[149]《西部经济十年发展报告及2009年经济形势预测(上)》,2009年9月17日,

中国网．

[150]《西部大开发"十一五"规划》，国家发展和改革委员会、国务院西部地区开发领导小组办公室．

[151] 西部新农村建设课题组．西部地区新农村建设的五大障碍及其突破 [J]．兰州大学学报，2006(3)．

[152]《西部大开发是一个长期奋斗的过程——专访国务院西部开发办曹玉书副主任》，《中国投资》2007(3)．

[153] 西奥多·W·舒尔茨．论人力资本投资 [M]．北京经济学院出版社，1992.

[154] 谢炜．中国公共政策执行过程中的利益博弈 [D]．上海：华东师范大学，2007．

[155] 徐勇、高秉雄．地方政府学 [M]．高等教育出版社，2005.

[156] 徐青云．我国横向转移支付制度研究 [D]．中南民族大学，2012,7.

[157] 徐锭明．加大政府投入力度，把农村沼气建设推向新阶段 [EB/OL].(2010-10-08)[2013-10-05].http://www.counsellor.gov.cn/Item/8065.aspx.

[158] 徐青云．我国横向转移支付制度研究 [D]．中南民族大学，2012.

[159] 徐克勤．我国农村基础设施融资方式创新初探 [J]．农村财政与财务，2005(3).

[160] 徐孝民，程晓晓．创新公共服务提供机制 [N]．经济日报，2007.

[161] 徐相锋．政府绩效评估方式的分析与建议 [J]．郑州大学学报 (哲学社会科学版),2011,44(4).

[162] 许为民、李稳博．浅析绩效内涵的国内外发展历程及未来趋势 [J]．吉林师范大学学报（人文社会科学版）,2009(6).

[163] 熊巍．我国农村公共产品供给分析与模式选择 [J]．中国农村经济，2002(7).

[164] 薛红焰、王义．论政府绩效评价中的社会公众评议 [J]．中国青岛市委党校．青岛行政学院学报，2005(4).

[165] 亚当·斯密．国民财富的性质和原因的研究 [M]．北京：商务印书馆，1979.

[166] 阳高县 2010 年国民经济和社会发展统计公报

[167] 杨杨、陈思．起点公平、过程公平和结果公平辨析 [J]．辽宁师范大学学报 (社会科学版),2010,33(3).

[168] 杨卫军、王永莲．农村公共产品供提供"一事一议"制度 [J]．财经科学，2005(1).

[169] 杨军．基础设施对经济增长作用的理论演进 [J]．经济评论，2000(6).

[170] 杨军.基础设施投资结构变动决定机制研究 [J].湖北经济学院学报,2003(5).

[171] 杨鹏.中国社会当前的主要矛盾是什么 [N].光明日报,2005-11-17(5)

[172] 严佳华、何植民.新农村建设中的公共物品有效供给的路劲选择 [J].社会科学家,2007(3).

[173] 鄢一龙、王绍刚、胡鞍钢.中国中央政府决策模式演变——以五年计划编制为例 [J].清华大学学报(哲学社会科学版),2013(3):114-122.

[174] 闫锡杰、卢丙文.完善财政支农政策体系研究 [J].农村财政与财务,2009(12).

[175] 叶兴庆.论农村公共产品供给体制的改革 [J].经济研究,1997(6).

[176] 尹力.政府投资代建项目成本管理与控制研究:[D].河北科技大学,2011,15.

[177] 于水,蒋辉,尹倩.我国农村基础设施建设保障机制研究 [J].湖北农业科学,2010(1).

[178] 余二元.挺进大西部 [J].《人民日报》2000年第十二期.

[179] 于水.农村基础设施建设机制创新 [M].社会科学文献出版社,2012.

[180] 约翰·罗尔斯.正义论 [M].中国社会科学出版社,1988.

[181] 约翰·克莱顿·托马斯.公共决策中的公民参与:公共管理者的新技能和新策略 [M].北京:中国人民大学出版社,2005.

[182] 余世喜等.中国农村公共服务存在的问题及其原因分析 [J].南方农村,2006(3).

[183] 曾峻.公共管理新论 [M].北京:人民出版社,2006.

[184][美] 詹姆斯·M.布坎南、理查德·A.马斯格雷夫.公共财政与公共选择:两种截然对立的国家观 [M].类承曜译,北京:中国财政经济出版社,2000年

[185] 臧红文.政府投资工程项目的成本管理研究:[D].中国海洋大学,2009,25.

[186] 张成福,党秀云.公共管理学 [M].北京:中国人民大学出版社,2001.

[187] 张丽琴、陈荣卓.《村组织法》实施办法中的村委会职能规定比较 [J].南京农业大学学报(社会科学版),2008(4).

[188] 张钢.公共管理学引论 [M].杭州:浙江大学出版社,2003.

[189] 张建伟.农村公路维护管决策方法研究 [D].陕西:长安大学硕士学位论文,2011.

[190] 张杰.中国农村金融制度:结构、变迁和政策 [M].中国人民大学出版社,2003,16.

[191] 张倩. 我国农村公共物品供给的财政保障问题 [D]. 大连理工大学, 2008.

[192] 赵冬媛等. 中国测贫指标体系及其量化研究 [J]. 中国农村经济, 1994(3).

[193] 赵冬辉. 中国农村基础设施建设融资问题研究 [D]. 东北林业大学, 2012.

[194] 赵尊飞. 全面预算控制流程再造机制研究 [D]. 财政部财政科学研究所, 20115.

[195] 詹国彬. 公共服务合同外包的理论逻辑与风险控制 [J]. 经济社会体制比较, 2011(5).

[196][美] 珍妮特·V·登哈特, 罗伯特·B·登哈特. 新公共服务：服务而不是掌舵 [M]. 北京：中国人民大学出版社 2004.

[197] 钟晓敏、岳瑛. 论财政纵向转移支付与横向转移支付制度的结合 [J]. 地方财政研究, 2009(5).

[198] 钟晓敏、岳瑛. 论财政纵向转移支付与横向转移支付制度的结合 [J]. 地方财政研究, 2009(5).

[199] 钟力平. 斯金纳的强化理论及其应用 [J]. 企业改革与管理, 2008(2).

[200]《中共中央关于制定国民经济和社会发展第十个五年计划的建议》, 2000年10月.

[201] 周光辉. 当代中国决策体制的形成与变革 [J]. 中国社会科学, 2011(3).

[202] 周辉. 公共政策执行监督的制约因素及其解决对策研究 [D]. 湖南：湘潭大学, 2011.

[203] 周三多、陈传明、鲁明泓. 管理学——原理与方法（第三版）[M]. 复旦大学出版社, 1999.

[204] 朱火弟、蒲勇健. 政府绩效评估研究 [J]. 改革, 2003(6).

[205] 祝遵宏. 审计监督发展的多维观察 [A]. 中国会计学会审计专业委员会 2010 年学术年会论文集 [C].2010.

[206]2012 年花溪区国民经济和社会发展统计公报（二号）.

[207]2012 年黔西县国民经济和社会发展统计公报.

[208]Arrow, Kenneth J.1951. Social Choice and Individnal Valuse. 2d ed .New York: John Wiley.

[209]WELLENIUS B, FOSTER V, MALMBERG-CALVO C. Private Provision of Rural Infrastructure Services : Competing for Subsidies[R/OL],2004.

[210]Aschauer,D.A.Is Public Expenditure Productive[J].Journal of Monetary

Economics.1989,23.

[211]Deborah Stone. Policy Paradox: The Art of Political Decision making,2001.

[212]Samuelson, P.A(1954).The pure theory of public expenditure. Review of Economics and Statistics.vol.36.

[213]Buchanan, J. M. Politics without Romance: A Sketch of Positive Public Choice Theory and Its Normative Implications [J]. Inaugural lecture, Institute for Advanced Studies, Vienna, Austria. HIS Journal, Zeitschrift des Instituts fur Hohere Studien 3: B1-B11,1979.

[214]Ambe J. Njoh. Municipal councils, international NGOs and citizen participation in public infrastructure development in rural settlements in Cameroon. Habitat international,2011.

[215]N.sang. Improving the rural data infrastructure: the problem of addressable spatial units in a rural context. Land Use Policy, 2005.

[216]Love P E D, Irani Z. A project management quality cost information system for the construction industry. Information & Management, 2003, 40(7).

附录一

西部大开发与贫困地区农村基础设施服务提供决策保障机制研究调查问卷

您好！感谢您在百忙之中抽出时间参加本次调查！本次调查是为了西部大开发与贫困地区农村基础设施服务提供决策保障机制的学术研究，采取不记名的方式。该调查仅用于学术，会为您严格保密。希望您认真填写。非常感谢您的参与！

第一部分：个人基本信息

1. 您的年龄是_____岁

2. 您的性别 A.男□ B.女□

3. 您的文化水平（ ）

  A.无□　B.小学文化□　C.初高中文化□　D.大学本科及以上□

第二部分：个人对农村基础设施决策保障机制的评价

4. 您了解本村基础设施建设情况吗？

  A.非常了解□　B.了解□　C.一般□　D.不清楚□

5. 据您了解，当地农村基础设施建设的相关决策制定前是否有专门人员进行实地考察（如选址、可行性等）？

  A.所有项目都有事先考察□　B.部分项目有事先考察□　C.从没考察过□

6. 修路前是否征求过村民的意见

  A.是□　B.否□

7. 修建该乡村公路是否必要

  A.非常必要□　B.必要□　C.无所谓□　D.不必要□　E.很不必要□

8. 你愿意为修建乡村公路提意见和建议吗？

  A.非常愿意□　B.愿意□　C.一般□　D.不愿意□　E.非常不愿意□

9. 你为修建乡村公路提出的意见和建议有用吗？

  A.受到高度重视、有用□　B.一般□　C.没有受到重视、无用□

10. 你村的乡村公路建设方案是以什么形式作出的？

A. 政府决定□　B. 村委会决定□

C. 村民自主决定□　D. 政府、村委会和村民协商决定□

11. 修建乡村公路的决定作出以后是否组织村民进行评估

A. 是□　B. 否□

12. 您对本村公路交通设施满意吗？

A. 非常满意□　B. 满意□　C. 一般□　D. 不满意□

13. 你愿意参与修建乡村公路吗

A. 非常愿意□　B. 愿意□　C. 一般□　D. 不愿意□　E. 非常不愿意□

14. 乡村公路建设方案的实施效果

A. 非常满意□　B. 满意□　C. 一般□　D. 不满意□　E. 非常不满意□

15. 乡村公路建设方案实施过程中的监督主体有哪些

A. 政府□　B. 村委会□　C. 村民□　D. 政府、村委会和村民□

16. 村民参与监督乡村公路建设方案实施的渠道畅通吗

A. 非常畅通□　B. 畅通□　C. 一般□　D. 不畅通□　E. 非常不畅通□

17. 乡村公路建设方案实施过程中的监督效果

A. 非常满意□　B. 满意□　C. 一般□　D. 不满意□　E. 非常不满意□

18. 乡村公路建设过程中的相关信息是否公开

A. 是□　B. 否□

19. 你通过什么途径了解乡村公路建设过程中的相关信息

A. 村务公开栏□　B. 政府公开栏□　C. 村民会议□

D. 其他途径□　E. 没有途径了解□

20. 你参与了乡村公路建设的哪些过程（多选）

A. 参与项目决策制定□　B. 参与项目执行□

C. 参与项目监督□　D. 参与项目评估□

E. 全都没有参与□

21. 您觉得在农村基础设施服务提供中哪些问题还是要加强的？

_____

_____

附录二

西部大开发与贫困地区农村基础设施服务提供资金保障机制研究调查问卷

您好！感谢您在百忙之中抽出时间参加本次调查！本次调查是为了西部大开发与贫困地区农村基础设施服务提供资金保障机制的学术研究，采取不记名的方式。该调查仅用于学术，会为您严格保密。希望您认真填写。非常感谢您的参与！

1. 您的家庭愿意出钱修建农村基础设施吗？

   A. 非常愿意□　B. 愿意□　C. 不愿意□　D. 非常不愿意□

2. 您认为除了政府投资提供农村基础设施外，还可引用哪些投资模式？

   A. 吸引私人投资□　B. 吸引金融机构投资□　C. 农民集资□

   D. 农村民间组织□　E. 其他□

3. 当地基础设施的建设方式是怎样的？

   A. 大家交钱让政府统一搞□　　B. 政府出资，群众投工投劳□

   C. 干部带头，农民自愿出工□　D. 强行分派□　E. 工程公司承包□　F. 其他□

4. 当地修建基础设施时，有相关人员对资金的使用等情况进行监督吗？

   A. 有专门人员进行监督□　B. 村民共同监督□　C. 没有进行监督□

附录三

西部大开发与贫困地区农村基础设施服务提供质量保障机制研究调查问卷

您好！感谢您在百忙之中抽出时间参加本次调查！本次调查是为了西部大开发与贫困地区农村基础设施服务提供质量保障机制的学术研究，采取不记名的方式。该调查仅用于学术，会为您严格保密。希望您认真填写。非常感谢您的参与！

1. 您的性别 A. 男□ B. 女□
2. 请问您一家的年收入是多少？
   A. 1万元以下□ B. 一万至五万□ C. 五万至十万□ D. 十万以上□
3. 您对本村公路交通设施满意吗？
   A. 非常满意□ B. 满意□ C. 一般□ D. 不满意□
4. 你对本村水利设施质量数量满意吗？
   A. 非常满意□ B. 满意□ C. 一般□ D. 不满意□
5. 你对本村医疗卫生设施及服务满意吗？
   A. 非常满意□ B. 满意□ C. 一般□ D. 不满意□
6. 你对本村电网改造满意吗？
   A. 非常满意□ B. 满意□ C. 一般□ D. 不满意□
7. 您对您所在村子的公共卫生设施是否满意？
   A. 非常满意□ B. 满意□ C. 一般□ D. 不满意□
8. 本村基础设施日常使用情况是如何反馈的？
   A. 政府派人巡查□ B. 村民自己上报□
   C. 承包工程公司定时检测□ D. 其他□
9. 你知道哪些人关心过本村村基础设施的使用情况？
   A. 自己□ B. 村委□ C. 乡政府干部□ D. 村庄精英□ E. 普通老百姓□
10. 本村的乡村道路正常使用年限如何？
    A. 质量很差，寿命很短□ B. 质量较差，寿命较短□
    C. 质量较好，寿命较长□ D. 质量很好，寿命很长□

11. 本村的水利设施（水库、节水灌溉设施等）使用年限如何？
A. 质量很差，寿命很短☐   B. 质量较差，寿命较短☐
C. 质量较好，寿命较长☐   D. 质量很好，寿命很长☐

12. 本村的电网使用效果如何？
A. 用电质量很差☐   B. 用电质量较差☐
C. 用电质量较好☐   D. 用电质量很好☐

13. 本村的饮水工程使用寿命如何？
A. 质量很差，寿命很短☐   B. 质量较差，寿命较短☐
C. 质量较好，寿命较长☐   D. 质量很好，寿命很长☐

14. 农村基础设施质量维护状况如何？
A. 经常维护☐   B. 很少维护☐   C. 出了故障才维护☐   D. 从不维护☐

15. 据您了解，当地农村基础设施建设的相关决策制定前是否有专门人员进行实地考察（如选址、可行性等）？
A. 所有项目都有事先考察☐   B. 部分项目有事先考察☐   C. 从没考察过☐

16. 农村基础设施修建时的资金监督主体
A. 专门人员进行监督☐   B. 村民共同监督☐   C. 专门部门进行监督☐
D. 没有监督☐   E. 不清楚☐

附录四

西部大开发与贫困地区农村基础设施服务提供维护保障机制研究调查问卷

您好！感谢您在百忙之中抽出时间参加本次调查！本次调查是为了西部大开发与贫困地区农村基础设施服务提供维护机制的学术研究，采取不记名的方式。该调查仅用于学术，会为您严格保密。希望您认真填写。非常感谢您的参与！

1. 您认为各级政府部门对农村基础设施维护的重视程度是
   A. 非常重视☐　B. 重视☐　C. 一般☐　D. 不重视☐　E. 非常不重视☐

2. 您认为在农村基础设施维护的投资中，主要采用了什么投资方式
   A. 政府投资☐　B. 农民集资☐　C. 吸引私人投资☐
   D. 民间组织投资☐　E. 其他☐

3. 您对当前农村基础设施维护管理的投入的满意程度是
   A. 非常满意☐　B. 满意☐　C. 一般☐　D. 不满意☐　E. 非常不满意☐

4. 对于农村公路的维护管理的相关政策最常见是以哪种方式出台的
   A. 政府决定☐　B. 村委会决定☐
   C. 村民自主决定☐　D. 政府、村委会和村民协商决定☐

5. 您认为普通人参与提供农村公路维护决策的程度有多大？
   A. 大范围参与☐　B. 一般☐　C. 很少参与☐　D. 没有参与☐

6. 相关部门是否对公路维护信息进行了公开
   A. 是☐　B. 否☐　C. 不了解☐

7. 你对村级公路的维护情况了解吗
   A. 非常了解☐　B. 了解☐　C. 一般☐　D. 不了解☐　E. 非常不了解☐

8. 乡村公路建设方案实施过程中的监督主体有哪些
   A. 政府☐　B. 村委会☐　C. 村民☐　D. 政府、村委会和村民☐

9. 您认为普通人参与提供农村公路维护监督的程度有多大
   A. 大范围参与☐　B. 有一些参与☐　C. 没有参与☐

10. 村民参与村级公路后期维护的监督渠道畅通吗

A. 非常畅通☐　　B. 畅通☐　　　C. 一般☐

D. 不畅通☐　　　E. 非常不畅通☐

11. 您认为普通人参与提供农村公路维护决策的程度有多大

A. 大范围参与☐　B. 有一些参与☐　C. 没有参与☐

12. 您认为普通人参与提供农村公路维护监督的程度有多大

A. 大范围参与☐　B. 有一些参与☐　C. 没有参与☐

13. 您认为普通人参与提供农村公路维护融资的程度有多大

A. 大范围参与☐　B. 有一些参与☐　C. 不参与☐

14. 您通过什么途径了解村级公路后期维护的相关信息

A. 村务公开栏☐　B. 政府公开栏☐　C. 村民会议☐

D. 其他途径☐　　E. 没有途径☐

附录五

贫困地区农村基础设施建设服务保障机制研究访谈设计

（一）访谈问题

（1）你乡（村）是否有必要修建乡村公路？为什么？

（2）你乡（村）的乡村公路项目建设规划是以什么形式做出的？如果是"一事一议"，需要具备哪些条件才能启动"一事一议"？是否所有受益主体都参与了议事？

（3）你乡（村）的乡村公路建设项目是怎样具体实施的？是否所有受益主体都参与了修建？对不参与修建的受益主体主要采取哪些措施？

（4）你乡（村）在修建乡村公路的过程中建立了哪些组织？制定了哪些规章制度？

（5）你乡（村）的乡村公路修建完工后是怎么评估的？

（6）请谈谈你乡（村）在修建乡村公路中取得的成绩以及存在的问题，可以采取哪些措施加以改进？这对你（乡）村今后的修路工作有什么启示？

（二）访谈设计

（1）样本选择与说明

样本选择涉及样本选择的原则，即在实际研究中如何选择样本，按照何种标准选择样本。从理论上考虑，本研究选择的样本具有代表性、典型性。通过对地域交通、人均纯收入、民族构成等几方面综合考虑来选择访谈样本。从实践上考虑，本研究选择的样本具有可操作性，或者说在访谈中易于获取研究资料。例如基于语言沟通的需要，或者合作的需要等。

通过坚持样本的代表性、典型性和可操作性原则，最后选择了众多的研究样本，如选取贵阳市花溪区桐木岭村、燕楼乡燕楼村、孟关乡五星村、贵州省高坪乡6个村、吴家山村和凯佐乡等地区。

（2）研究方法设计与研究过程

本研究主要运用结构式访谈、非结构式访谈以及半结构式访谈。

结构式访谈的访问对象必须按照统一的标准选取，而且通过事先设计有一定结构的问题进行访谈，做到访谈过程也实现标准化。本研究主要选取长期从事农村基础设施服务工作的人员和农村基础设施服务直接受益者进行访谈，并在访谈的前期工作中准备一些结构式问题，例如在贫困地区农村基础设施服务决策保障机制的实证研究部分根据农村基础设施建设决策过程设计了4个结构式问题。

非结构式访谈相对于结构式访谈来说是一种非标准式访谈。调查者给出一个题目，然后被访问者就这一题目随意说出自己的意见和感受。这样能够充分发挥被访问者的积极性也能使访问者对问题作全面、深入的了解。在本研究中主要是通过深度访谈来实现非结构式访谈。根据考察领域，分别进行了三种类型的访谈：一是选取县乡（镇）政府主管领导或者相关部门负责人访谈，收集官方信息；二是选取村委主要领导人作为访谈对象；三是选取民间精英人士进行访谈，了解民众真实想法。

半结构式访谈介于结构式访谈和非结构式之间，它的访问结构是松散的，但是访谈内容具有重心。本研究问卷设计是以封闭式问题和开放式问题相结合，对于开放式问题的作答必须通过访谈来实现，在这一过程中实行的就是半结构式访谈。

（3）研究结论呈现

研究结论主要通过对获取的研究资料进行分析而得出的。由于通过访谈法获取的资料内容带有强烈的价值倾向、主观动机和个人感情色彩，没有或者难以获得数量资料，所以以定性分析为主，辅之以定量分析。本研究贫困地区农村基础设施后期维护保障机制的实证研究部分就是定性分析，辅之以定量分析的典型部分。

（4）小结

由于问卷调查法具有一定的缺陷，例如受被调查者文化水平要求、回答率以及问卷的填答质量难以保证等问题，使问卷调查所获取资料的质量难以保障。而访谈法能够弥补这一缺陷。访谈法既可以用于高水平层次的调查对象也可以用于文化水平较低的调查对象。访谈是面对面的社会交流过程，在调查对象对问题有误解或者回答错误，通过面对面的访谈能够得到及时的更正。所以访谈法可以提高调查工作的可靠性，并保障所获取的资料具有较高的信度和效度。

后　记

　　自 2009 年被破格评为教授多年之后，在业务繁忙之余，为第二本著作准备耗费了我数载青丝白发的人生回溯与冥思。课业论文项目，就如一张挣不脱的网；讲坛思考论辩，就如一团黏稠的浆糊。

　　博士毕业至今，除了功利性的一本著作、一个国家课题和一个省一等奖，尚无任何建树。恍惚之间，青春已逝，不惑壮年残忍得犹如暮钟敲响。稀有的闲暇之时，我会选择陪着在我曾经于鄂西山野莽撞跌宕磨难之时不离不弃的爱人身边，陪她散步聊天，追忆那更少幸福庇荫更多苦涩沧桑的童年和少年往事。理性记住痛苦的根源，可以让人少犯错，就如我们对于十年动乱的深刻反思。

　　功利时代的浮华，几乎洗刷掉我曾经对于坎坷人生际遇的执着与坚忍；学术政务的羁绊，已经令我找不回那些曾经桀骜不驯勇猛向前的豪气与坦荡。我一直在挣扎着，挣扎着试图保持一个所谓知识分子的独立人格和学术尊严，但在现时代，它似乎已异化为一种奢侈品。

　　唯一让我能保持丁点自信的，就是我对于专业的敬仰，以及针对不同层次和对象的传道授业解惑，尚能挽回学员们或多或少的掌声、微信群或者 QQ 群的刷屏。但受制于目前的多种困局，在既定的地理、资源和"懒学"环境条件下，我几乎蜕化为缺乏闪光思想的废人一枚。所以，来日并非方长，我需要整理那差点被我废弃的行囊，再次出发。

　　我出生于农村成长于农村，因此血液里多少还残存着乡土情结。同时，基于专业和研究兴趣，对于农村公共事务和乡村社会复兴还充满着关注的热情和政策的期许。因此，目前申报的项目大抵都与此相关。概言之，我还是力求在功利背后寻找自己的真实和良心。因次，这本书可以算作《公共服务提供机制——以欠发达农村地区为研究对象》的连续篇。无论质量如何，已经交付印刷，唯有期待读者评判。——哪怕只是读到我的后记中的只言片语有所感悟，我都心满意足诚惶诚恐，希望没有浪费读者的宝贵时光。

  著作得以完成，首先得到了研究团队的支持。当时，在读的研究生如杨胜美、谢德根、万伟、徐鑫钰、靳佩鑫、王岚和杨柳等在调研、资料整理和部分初稿撰写中都付出了一定努力。

  特别感谢的是谢德根单独撰写了第四章。

  同时，感谢相关调研部门给予我们的方便，在此不一一列举。最后，感谢孔令钢老师的联络，使得著作得以提前面世。

靳永翥

2016 年 4 月于贵州大学北区慎思楼 701